KDJ指标精讲与实战操盘

郭晓静 / 编著

中国宇航出版社

· 北京 ·

图书在版编目（C I P）数据

KDJ指标精讲与实战操盘 / 郭晓静编著. -- 北京：中国宇航出版社，2021.6

ISBN 978-7-5159-1926-3

Ⅰ. ①K… Ⅱ. ①郭… Ⅲ. ①股票交易－基本知识 Ⅳ. ①F830.91

中国版本图书馆CIP数据核字(2021)第105729号

责任编辑 吴媛媛　　**封面设计** 宇星文化

出版发行	中国宇航出版社		
社　址	北京市阜成路8号	**邮　编**	100830
	(010)60286808		(010)68768548
网　址	www.caphbook.com		
经　销	新华书店		
发行部	(010)60286888		(010)68371900
	(010)60286887		(010)60286804(传真)
零售店	读者服务部		
	(010)68371105		
承　印	北京天顺鸿彩印有限公司		
版　次	2021年6月第1版		2021年6月第1次印刷
规　格	710×1000	**开　本**	1/16
印　张	13.5	**字　数**	190千字
书　号	ISBN 978-7-5159-1926-3		
定　价	39.00元		

本书如有印装质量问题，可与发行部联系调换

让 KDJ 指标助你在短线交易中获利

（代序）

按照经典投资理论，股市往往是经济走势的一面镜子。随着国民经济的不断发展，股市肯定会逐渐上行。但长期以来，A 股市场的投资者发现事实并非如此。在多数情况下，A 股市场都处于一种振荡波动状态，某一阶段可能涨幅巨大，但随后又可能出现大幅下挫。正因如此，很多投资者才会更加青睐短线交易。

A 股市场与其他国家或地区的股市最大的不同点在于散户投资者居多，且短线交易者居多，这也从另一个方面反映出短线交易可能比较适合 A 股市场，至少对于大多数股票来说是如此。

同样，因为短线交易者众多，短线交易所需的分析工具也受到了极大的关注。在众多短线交易分析工具中，KDJ 指标无疑是非常经典且应用广泛的一种。

KDJ 指标在投资领域能够得到广泛的认可，有几方面的原因：第一，KDJ 指标灵敏度较高，与 A 股市场波动性大的特性比较吻合；第二，KDJ 指标被称为短线交易的最佳拍档，因其独特的设计原理，使其总能在股价运行趋势反转前发出交易指示信号，大受短线交易者的欢迎；第三，能够在期货市场、股票市场、外汇市场等多种市场中发挥作用。

总之，我们学习技术指标，重点在于理解和掌握技术指标运行的原理。同时，必须根据市场环境和自己的交易策略，有选择、有变化地使用。这就如同一部很有用的兵法，主力在读，散户也在读，当散户与主力相遇，那么只有将兵书灵活运用的人才会笑到最后。如果投资者只知道刻板地套搬兵书，只会输得很惨。包括 KDJ 指标在内的所有技术指标，使用过程中都要遵循这一原理，我们要学会这些技术指标的用法，同时也不要拘泥于这些用法，还要大胆地去尝试技术指标新的应用方法。

在本书中，为了帮助投资者在短线交易、波段交易以及趋势判断等方面获得更为清晰、准确的交易信号，我们还尝试将 KDJ 指标与其他技术指标进行组合分析，以提升交易信号的有效性和准确性。对此，可能有些投资者存在一些疑问：单独的技术指标就可以发出买卖信号，为何还要与其他技术指标结合分析，这不是多此一举吗？其实，这就如同股价已经出现了反弹，但我们还要看技术指标是相同的道理。我们的交易必须以资金安全为前提，单独的交易信号，准确性肯定有所不足，通过多指标交易信号共振，无疑可以增加交易信号的有效性。将 KDJ 指标与其他技术指标结合分析，也是基于这样的考虑，即一切为了资金安全，降低判断失误的概率。

股市中，能够最终获得胜利的人肯定不是看了很多投资理论的人，而是那些懂得灵活运用这些投资理论和技术分析工具的人。

目录

第三章 进取之道——KDJ 指标曲线形态技法

第一章

短线精灵——窥探 KDJ 指标的奥秘

在各类技术指标中，KDJ 指标被认为是灵敏度最高的指标之一，也正因其灵敏度高，准确性相对较好，因此受到短线和超短线交易者的青睐。

第一节　KDJ 指标的产生与设计原理

KDJ 指标又称随机指标，是一种在市场上应用非常广泛的技术分析工具，该指标主要用来反映市场上买卖力量的强弱和超买超卖现象，能够在股价尚未上升或下降之前发出准确的买卖信号。KDJ 指标如图 1-1 所示。

KDJ 指标主要由曲线 K、曲线 D、曲线 J、中轴 50 线四部分构成。因股价所处的短线趋势不同，KDJ 指标的三条指标线也会呈现完全不同的排列方式。

一、KDJ 指标是如何产生的

KDJ 指标由乔治·兰恩博士首创。创立初期，KDJ 指标主要应用在期货市场上。该指标是根据统计学原理，将某个周期内出现过的最高价、最低价及最后一个收盘价作为基本数据，来计算最后一个计算周期的未成熟随机值 RSV，然后根据平滑移动平均的方法来确定 K 值、D 值与 J 值，并绘制相应的曲线图来研判行情。这里有一点需要注意：乔治·兰恩发明的 KDJ 指标只有曲线 K 和曲线 D 两条指标线，正因如此，很多外版书籍中，提及 KDJ 指标时，使用的都是“KD 值随机指标”这一称呼。

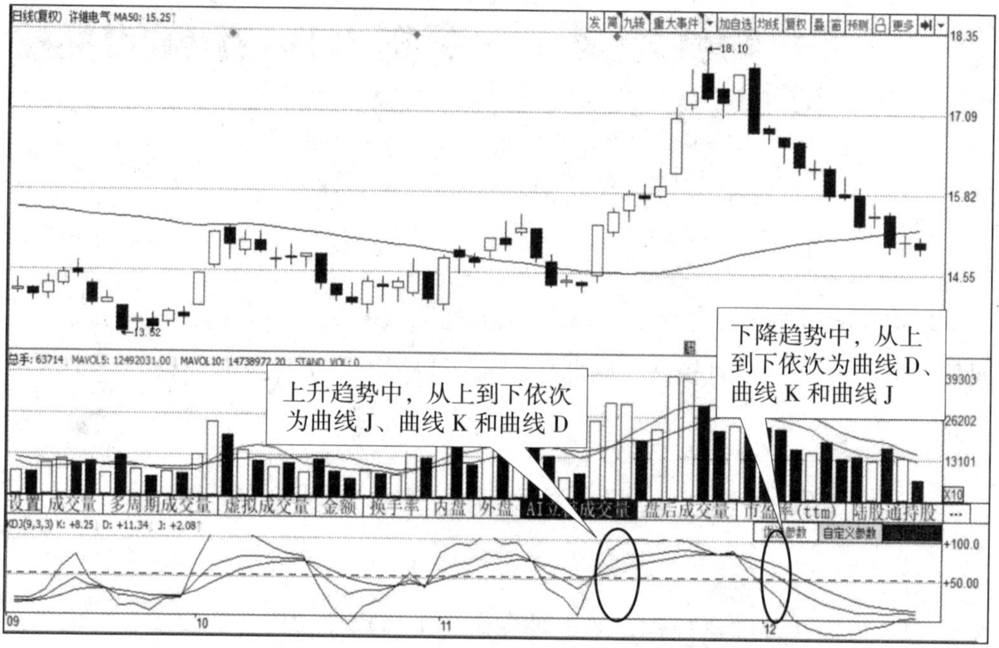

图 1-1　KDJ 指标图示

就曲线 K 和曲线 D 本身来说，两者之间并无本质区别，只是其中一条指标线属于快速随机指标线（曲线 K），另一条属于慢速随机指标线（曲线 D）。

二、KDJ 指标基本参数设置

KDJ 指标中，指标参数设置不同，其交易信号发出的时间也会有所不同。投资者在使用 KDJ 指标时，需要着重考虑一下 KDJ 指标的参数设置问题。

1. 设置时间参数

在大多数证券交易软件中，KDJ 指标默认的参数均为（9,3,3）。（9,3,3）指的是以 9 个交易日为基础计算最低价和最高价，并以 3 个交易日为限分别计算平滑移动平均数。当然，投资者可根据个人需要和经验修改 KDJ 指标的参数，具体方法如下。

第一步，将鼠标移至 KDJ 指标线的位置，曲线 K 或曲线 D 均可。

第二步，右键单击鼠标，在弹出的快捷菜单中选择“修改指标参数”命令。

第三步，在弹出的对话框中重新设置指标参数，如图 1-2 所示。

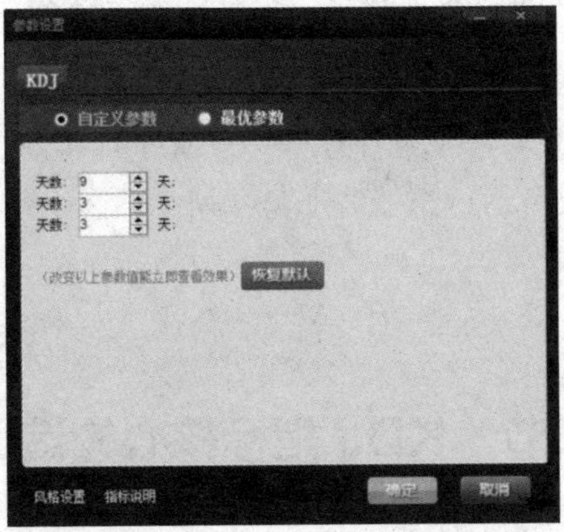

图 1-2 KDJ 指标参数设置

2. 设置时间参数的依据

大多数交易软件默认的时间参数都是（9,3,3），有些投资者根据个人喜好将其换成（5, 3, 3）（18,3,3）等。

（9,3,3）这一组时间参数主要是按照该指标引入我国股市时的休市时间来设置的。当时，我国执行每周休一天的工作休息制度，因而，“9”是一周半交易日的天数；“3”是 KDJ 指标为了能够及时反映股价变化而设置的平滑天数。

关于平滑天数的设置，一般而言并没有多大的不同，区别在于 RSV 计算周期上，后面章节会详细讲解 KDJ 指标的计算过程。投资者可以按照目前的市场休假安排，将指标参数换成一周的交易天数（5,3,3）。

个别经验丰富的投资者，会将时间参数分为三组来观察 KDJ 指标的走势，如（5,3,3）（8,3,3）（13,3,3），这主要是按照斐波那契数列的排列顺序设置的。投资者也可以根据个人喜好修改参数，如（15,3,3）（21,3,3）（34,3,3）等。

斐波那契数列由一串神奇的数字构成：1，2，3，5，8，13，21，34，55，89，144，233，377，610，987，1597……直至无限。构成斐波那契神奇数字系列的基础非常简单，由 1，2，3 开始，产生无限数字系列，3 实际上为 1 与 2 之和，以后出现的一系列数字，全部依照上述简单的原则，两个连续出现的相邻数字相加，等于后面的数字。

很多投资者相信，斐波那契数列是一串神奇的数字，其中也蕴含了股市涨跌变化的规律。即当股价运行至斐波那契数列中某一个数字所代表的时间点时，可能会发生反转或加速。

第二节　KDJ 指标核心构造原理

KDJ 指标所能发挥的作用，依赖于其内在的设计原理，也就是其统计和计算方法。这些统计与计算方法的不同，会对技术指标发出的交易信号产生直接的影响。

一、RSV 的计算及交易含义

RSV 即未成熟随机值（Raw Stochastic Value）。RSV 反映了股票收盘价在某一周期内最高价与最低价构成的区间内所处的位置。

按照一般的理解，当股价在某一周期内接近最高价，则说明股价走势较强，短线走强的概率可能会高一些；当股价接近最低价，则说明股价走势较弱，短线走弱的概率会大一些。其实，这也是 KDJ 指标与短线交易比较契合的核心所在。短线交易者在选股时，肯定要选择短线走势较强的股票。“强者恒强”是短线交易者信奉的金科玉律，而 RSV 反映的正好是当前股价在最近周期的位置，因此，借助以 RSV 为基准构建的 KDJ 指标，可以比较容易地看出股价在某一周期内所处的位置以及运行态势。

1. RSV 的计算

以 9 日为周期，按照 RSV 的概念，可以得到当日 RSV 的计算公式为：

当日 RSV =（当日收盘价 –9 日内的最低价）÷（9 日内的最高价 –9 日内的最低价）× 100%

下面以某股票为例，介绍 RSV 的计算过程。

某股票连续 9 个交易日的每日收盘价如表 1–1 所示。

表 1–1　某股票的收盘价

交易日	1	2	3	4	5	6	7	8	9
收盘价	9.4	9.2	9.1	9	9.3	9.6	10	9.4	9.6

由表 1–1 可知，该股票在 9 个交易日内的最低价是 9 元，最高价为 10 元，其第 9 个交易日的收盘价为 9.6 元，那么，按照 RSV 的计算方法可以得到下面的公式：

第 9 日 RSV =（9.6–9）÷（10–9）× 100%
= 60%

也就是说，如果 KDJ 指标中有一条 RSV 走势线，那么，当日该条曲线的数值就是 60%。

2. RSV 的交易含义

RSV 体现了股价在所处期间内的相对位置，当 RSV 越接近 100% 线时，说明当前股价越接近一段时间内的最高值，股价越强势；当 RSV 越接近 0 线时，说明其越接近一段时间内的最低值，股价越弱势，但未来有反弹的可能，如图 1–3 所示。

基于 RSV 曲线的走势特征，可以得出如下交易指导原则。

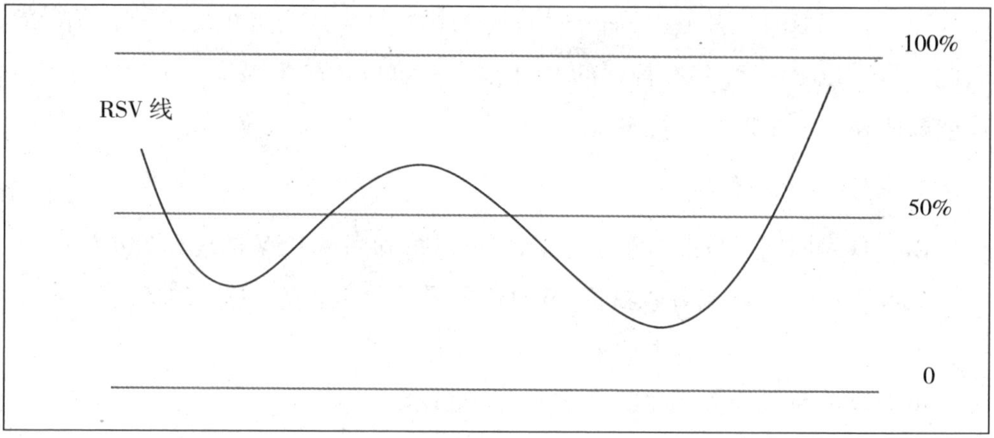

图 1-3　理想化的 RSV 曲线走势图

第一，当 RSV 大于 50% 时，说明股价比较接近周期内高点，股价走势较强；反之，当 RSV 值小于 50% 时，说明股价比较接近周期内低点，股价走势较弱。

第二，当 RSV 向上进入 80% 区域时，说明股价已经超买，未来将会出现回调；当 RSV 向下进入 20% 区域时，说明股价已经超卖，未来将会出现反弹。

第三，当 RSV 达到 80% 以上区域时，尽管存在股价超买的情况，但这也是该股票处于强势上升周期的一个显著特征，只要 RSV 不拐头向下，投资者就可以继续持股。

第四，当 RSV 达到 20% 以下区域时，尽管存在股价超卖情况，但这也是该股票处于弱势下行周期的一个显著特征，只要 RSV 不拐头向上，投资者就不应该入场买入股票。

二、曲线 K 的计算及交易含义

曲线 K 本质上是对 RSV 数值的平滑处理，其计算公式为：

$$当日K值 = 2/3 \times 前日K值 + 1/3 \times 当日RSV值$$

与 RSV 相比，曲线 K 的走势更加平滑，波动也相对平缓，不过，在所有技术指标中，曲线 K 以及 KDJ 指标仍是波动最为敏感的指标。

曲线 K 的交易含义与 RSV 类似，主要包括以下三个方面。

第一，当曲线 K 靠近 100 线时，说明指标已经进入短线顶部区域，未来必然会向下回调；当曲线 K 靠近 0 线时，说明指标已经进入短线底部区域，有向上反弹的可能。

第二，曲线 K 若未进入 80 线区域即回调，则说明上涨势能不足（进入 90 线以上更好）；反之，若曲线 K 未进入 20 线区域即反弹向上，则说明下降势能不足（进入 10 线以下更好）。

第三，曲线 K 向右上方运行时，说明股价处于上涨趋势；反之，当曲线 K 向右下方倾斜时，说明股价处于回调或下跌趋势。

第四，曲线 K 位于 50 线上方，且向右上方倾斜，说明股价短线呈强势；反之，则说明股价呈弱势。

下面来看新媒股份的案例，如图 1–4 所示。

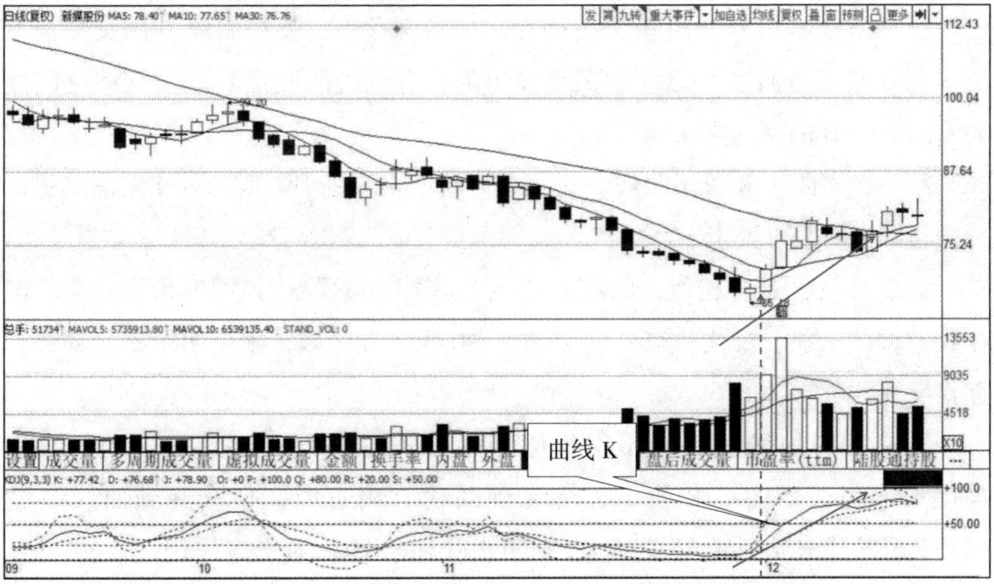

图 1–4　新媒股份（300770）KDJ 指标走势图

新媒股份的股价 2020 年下半年出现了振荡下跌走势，在股价振荡过程中，KDJ 指标随之波动。曲线 K 拐头向下运行时，往往是股价下跌时期；曲线 K

扬头向上时，股价处于反弹趋势。

自 2020 年 12 月开始，股价与曲线 K 同步上扬，由此可见股价与曲线 K 运行的一致性。2020 年 11 月底之前，曲线 K 大部分时间位于 50 线下方，说明空头占据优势。曲线 K 多次到达 20 线位置后上涨，说明股价下跌强度并不大，投资者应密切关注股价走势，不可贸然采取行动。进入 2020 年 12 月之后，股价上涨，曲线 K 迅速上攻至 80 线附近，说明股价走势较强。

三、曲线 D 的计算及交易含义

曲线 D 与曲线 K 之间的关系，与曲线 K 和 RSV 值之间的关系完全相同。曲线 D 本质上是对曲线 K 的平滑处理，更接近于曲线 K 的一条均线，其计算公式为：

当日 D 值= 2/3× 前日 D 值 +1/3× 当日 K 值

正是由于曲线 D 与曲线 K 之间存在的特殊关系，使得曲线 D 的交易信号更多地是基于与曲线 K 之间的关系发出的，有点类似股价 K 线与均线之间的关系。曲线 D 的交易含义如下。

第一，当曲线 K 位于曲线 D 上方时，说明多方强势，股价处于上涨趋势；反之，则说明股价处于下降趋势。

第二，与曲线 K 相似，曲线 D 进入 80 线上方区域，说明股价呈强势，但存在回调的可能；反之，当曲线 D 进入 20 线下方区域，则说明股价呈弱势，存在反弹的可能。

第三，与均线发挥的作用相似，曲线 D 对曲线 K 也具有一定的支撑与阻力作用。当曲线 K 自下而上来到曲线 D 附近时，便会受到曲线 D 的阻力，若曲线 K 成功上穿曲线 D，则阻力作用会转化为支撑作用；反之亦然。但是，由于 KDJ 指标具有高度灵敏的特点，这种支撑与阻力作用并不是很明显。

下面来看三只松鼠的案例，如图 1–5 所示。

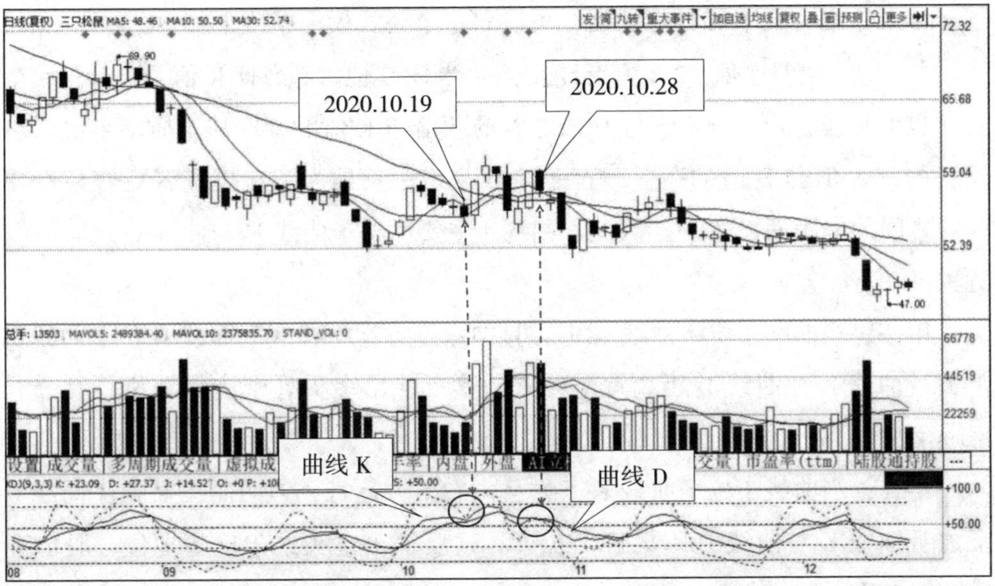

图 1-5　三只松鼠（300783）KDJ 指标走势图

三只松鼠的股价在 2020 年下半年经历了一段振荡下跌走势。在股价下跌过程中，曾出现过一波反弹。

在股价反弹过程中，由于 2020 年 10 月 19 日出现的调整，处于上升趋势中的曲线 K 向曲线 D 回落，但因受曲线 D 的支撑而重新上扬。其后，该股股价开始下跌走势，曲线 K 跌破曲线 D，此后，曲线 D 对曲线 K 的支撑作用转为阻力作用。2020 年 10 月 28 日，该股股价在前日上扬的基础上高开低走，曲线 K 在反弹至曲线 D 位置时，因受曲线 D 的阻力而重新下跌，说明曲线 D 对曲线 K 具有较强的阻力作用。

四、曲线 J 的计算及交易含义

前面介绍过，在乔治·兰恩发明 KDJ 指标时，这个指标系统中是没有曲线 J 的。曲线 J 是用来反映曲线 K 与曲线 D 之间关系的一个辅助指标线，其计算公式为：

$$当日 J 值 = 3 \times 当日 K 值 - 2 \times 当日 D 值$$

如果这个公式不够直观的话，可以对这个公式做一下变形：

当日 J 值 =2×（当日 K 值 – 当日 D 值）+ 当日 K 值

也就是说，J 值是 K 值与 D 值之差的两倍与 K 值的和。从本质上来说，它反映的是 K 值与 D 值的落差，至于倍数关系，只是为了让投资者更容易看清两者之间的差距而设置的。因此，曲线 J 主要反映了曲线 K 与曲线 D 之间的位置关系。

第一，当曲线 J 位于曲线 K 上方且向右上方运行，表明曲线 K 位于曲线 D 上方且曲线 K 与曲线 D 距离逐渐拉开，这反映出多头处于优势地位，股价上涨速度加快。

第二，当曲线 J 位于曲线 K 下方且向右下方运行，表明曲线 K 位于曲线 D 下方且曲线 K 与曲线 D 距离逐渐拉开，这反映出空头处于优势地位，股价下跌速度加快。

第三，当曲线 J 位于曲线 K 上方且向右下方运行，表明曲线 K 仍位于曲线 D 上方，但曲线 K 与曲线 D 距离逐渐拉近，这反映出多头处于优势地位但力度减弱，未来股价有下跌风险。

第四，当曲线 J 位于曲线 K 下方且向右上方运行，表明曲线 K 仍位于曲线 D 下方，但曲线 K 与曲线 D 距离逐渐拉近，这反映出空头处于优势地位但力度减弱，未来股价有反弹的可能。

第五，当曲线 J 进入 90 线及以上区域时，说明股价出现超买现象，未来存在回调的风险；当曲线 J 进入 10 线及以下区域，说明股价出现超卖现象，未来存在反弹的可能。

第六，当 J 值到达 100 及以上时，超过了 KDJ 指标波动区间的限制，其发出的超买信号就会失灵；当 J 值低于 0 时，也会超过 KDJ 指标波动区间的限制，其发出的超卖信号就会失灵。但是，当曲线 J 自 100 线或 0 线拐头时，则意味着股价运行趋势发生了变化，投资者可重新制订交易计划。

下面来看国林科技的案例，如图 1–6 所示。

国林科技的股价自 2020 年 10 月启动了一波振荡上涨行情，KDJ 指标也随之上升。曲线 J 不断快速上攻，说明曲线 K 上涨的速度要快于曲线 D 的速度，反映出股价上涨态势良好。2020 年 10 月 13 日，该股股价继续上涨时，曲线 J 到达 100 线位置，并横在了 100 线位置，此时曲线 J 无法发出交易信号。直到曲线 J 自 100 线返回超买区域，才能正确反映曲线 K 与曲线 D 之间的落差。

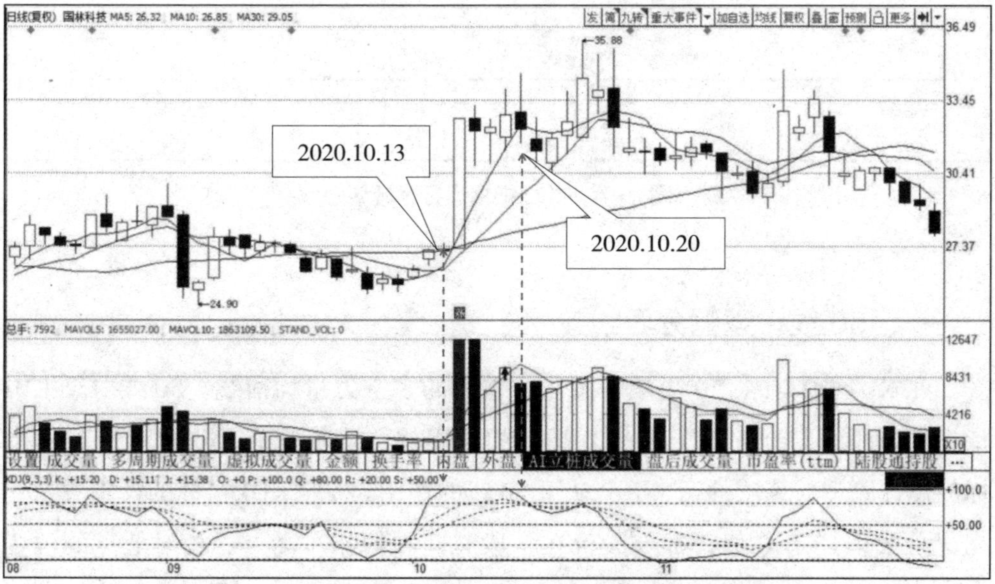

图 1-6 国林科技（300786）KDJ 指标走势图

第三节 KDJ 运行区域划分及交易含义

与各条指标线相似，KDJ 指标运行区域内的各个区间，也具有完全不同的交易含义。当曲线 K、曲线 D、曲线 J 进入超买超卖区域时，往往会发出不同的交易信号。

按照 KDJ 指标的波动区间，可以将其运行区域划分为超买区、徘徊区和超卖区，如图 1-7 所示。

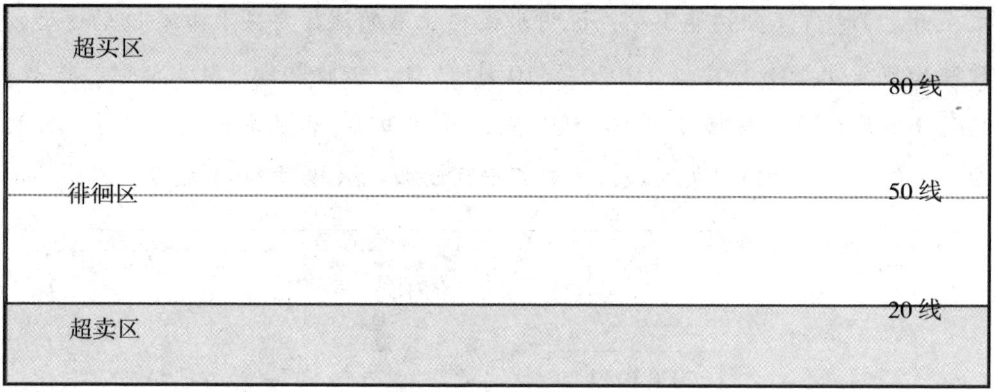

图 1-7　KDJ 指标运行区域划分

一、50 线：强弱分界线

在 KDJ 指标中，50 线是一条非常重要的多空力量均衡线。50 线对于 KDJ 指标的作用，与 0 轴对于 MACD 指标的作用相仿。若投资者非常清楚 KDJ 指标的设计原理与算法的话，更会认可 50 线的作用。按照 KDJ 指标的计算方法，无论是 K 值还是 D 值，都与股价在一段时间内的相对高点、相对低点的位置有关。换句话说，50 线位置就是一段时间内股价波动的中心点。

基于以上分析，可以确认 50 线就是一条多空双方力量对比的分界线。其交易含义包括如下几点。

第一，当 KDJ 指标（主要以曲线 K 为准，下同）运行于 50 线上方时，说明股价处于相对高位，即多方占据优势。很多上涨行情中的股票，KDJ 指标都处于 50 线上方。

第二，当 KDJ 指标运行于 50 线下方时，说明股价处于相对低位，即空方占据优势，很多处于下降行情中的股票，KDJ 指标都处于 50 线下方。

第三，KDJ 指标自高位回落至 50 线位置时，多方也可能为维持优势地位而发动反击，这就使得 KDJ 指标在 50 线位置获得了一定的支撑；反之，当 KDJ 指标自低位反弹向上时，也可能因为空方的阻碍，在此位置获得一定的阻力。

下面来看大豪科技的案例，如图 1–8 所示。

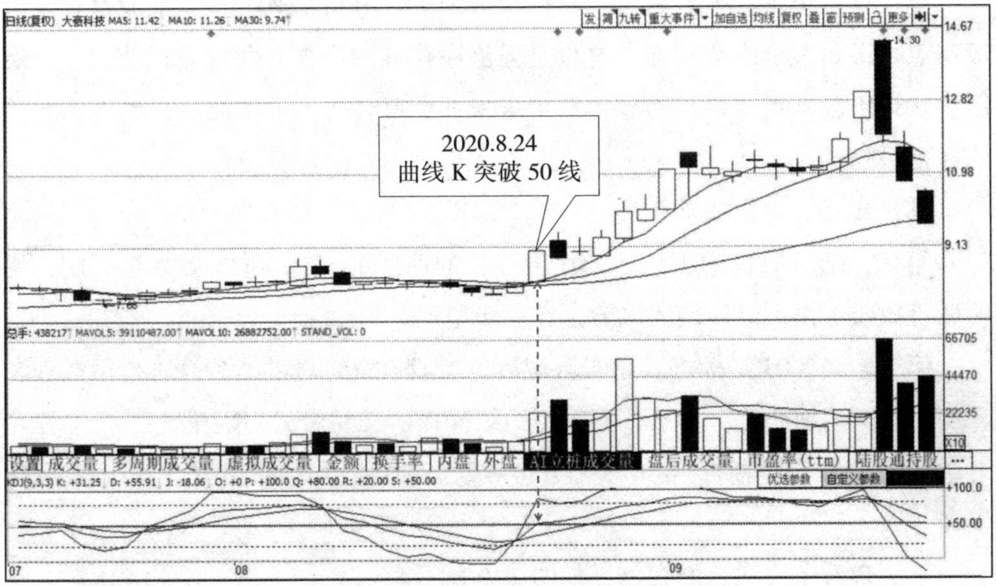

图 1–8　大豪科技（603025）KDJ 指标走势图

进入 2020 年 7 月之后，大豪科技的股价出现了横向振荡态势，KDJ 指标随之出现大幅波动。

2020 年 8 月 24 日，该股股价放量上攻，KDJ 指标出现黄金交叉后，曲线 K 向上突破了 50 线，这意味着多方开始占据主导优势。此后，该股股价进入振荡上升趋势，KDJ 指标也同步长时间运行于 50 线上方。

二、80 线上方的超买区

KDJ 指标整个运行区域是以某一阶段的最高价和最低价为限设置的，因而，KDJ 指标中的曲线 K 和曲线 D 的最大值理论上可以达到 100%，最小值可以是 0。在实际交易过程中，当曲线 K 或曲线 D 接近 100，甚至接近 80 时，就表明当前的股票价格已经接近该时段的最高价，这是一种买方力量达到极强状态的表现。但股价若继续上行，就需要买方力量继续增强，而买方力量不可能无限增强，说明此时股价进入了超买区域。

出现这种情形，投资者可以从两个方面进行分析：其一，短期股价接近阶段高点，说明股价走势较强，这也是强势股具有的一个共同特点；其二，短线股价接近阶段高点，盛极而衰，股价未来存在反转向下的可能，投资者需要注意防范风险。

其操作要点包括如下几点。

第一，随着股价的上扬，KDJ 指标中的曲线 K 进入 80 线上方超买区，说明股价短线走强，但回调的风险也在逐步增加。

第二，当 KDJ 指标进入超买区域后，持股投资者可继续持仓；持币投资者一般不宜再追加仓位。当然，喜欢超短线操作的交易者另当别论。

第三，当 KDJ 指标自 80 线上方区域跌破 80 线位置时，可执行减仓或离场操作。

下面来看宁波联合的案例，如图 1–9 所示。

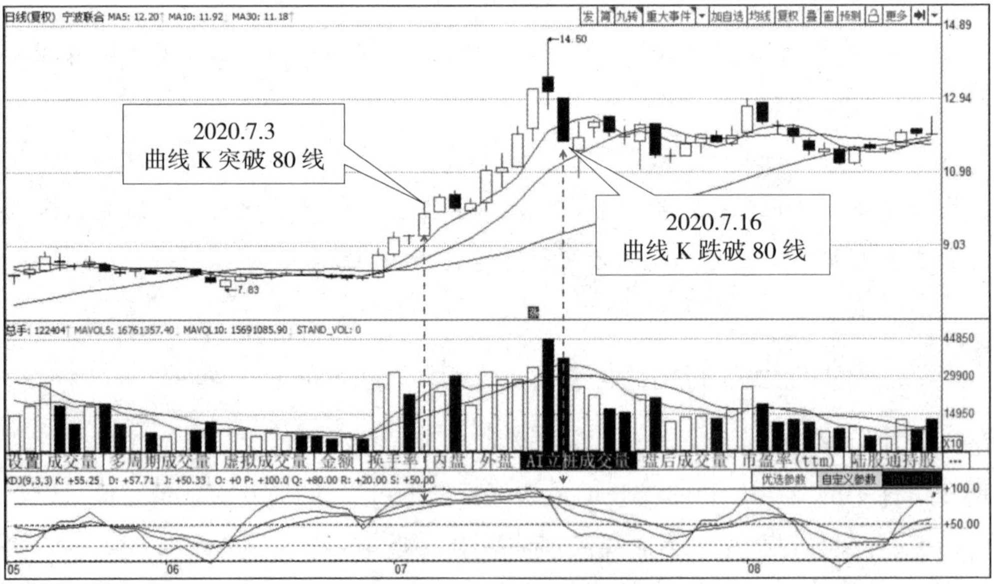

图 1–9　宁波联合（600051）KDJ 指标走势图

宁波联合的股价自 2020 年 6 月底启动了一波快速拉升行情。随着股价的上涨，KDJ 指标快速上行，曲线 K 在 2020 年 7 月 3 日向上突破了 80 线，进入了超买区域，说明股价短线走势较强，但也存在一定的回调风险。

此后，该股股价经过了一波快速拉升后，于 2020 年 7 月 16 日出现了大幅调整，曲线 K 向下跌破了 80 线，说明 KDJ 指标离开了超买区域，回归了正常区间，股价将会出现下行，投资者宜减仓或清仓。

三、20 线下方的超卖区

与 80 线上方区域相对的，是 20 线下方的超卖区域。在实际交易过程中，当曲线 K 或曲线 D 接近 0 线，甚至接近 20 线时，就表明当前的股价已经接近该时段低点，这是一种卖方力量达到极强状态的表现。但若股价继续下行，就需要卖方力量继续增强，而卖方力量不可能无限增强，说明此时股价进入了超卖区域。

出现这种情形，投资者可从两个方面进行分析：其一，短期股价接近阶段低点，说明股价走势较弱，这也是熊股具有的一个共同特点；其二，短线股价接近阶段低点，但在未来存在反转向上的可能。

其操作要点包括如下几点。

第一，随着股价的下行，KDJ 指标中的曲线 K 进入 20 线下方超卖区，说明股价短线走弱，但反弹的可能也在逐步增加。

第二，当 KDJ 指标进入超卖区域后，持币投资者可继续观望。

第三，当 KDJ 指标自 20 线下方区域向上突破 20 线位置时，可执行买入操作。

下面来看老白干酒的案例，如图 1-10 所示。

老白干酒的股价自 2020 年 9 月初启动了一波快速下跌行情。随着股价的下行，KDJ 指标快速下降。曲线 K 在 2020 年 9 月 16 日向下跌破了 20 线，进入超卖区域，说明股价短线走势较弱，投资者不宜买入该股。

该股股价经过一波下跌后，于 2020 年 9 月 30 日出现了大幅上攻，曲线 K

向上突破了 20 线，说明 KDJ 指标离开了超卖区域，回归到正常区间，股价将会出现上涨，投资者可考虑适当建仓。

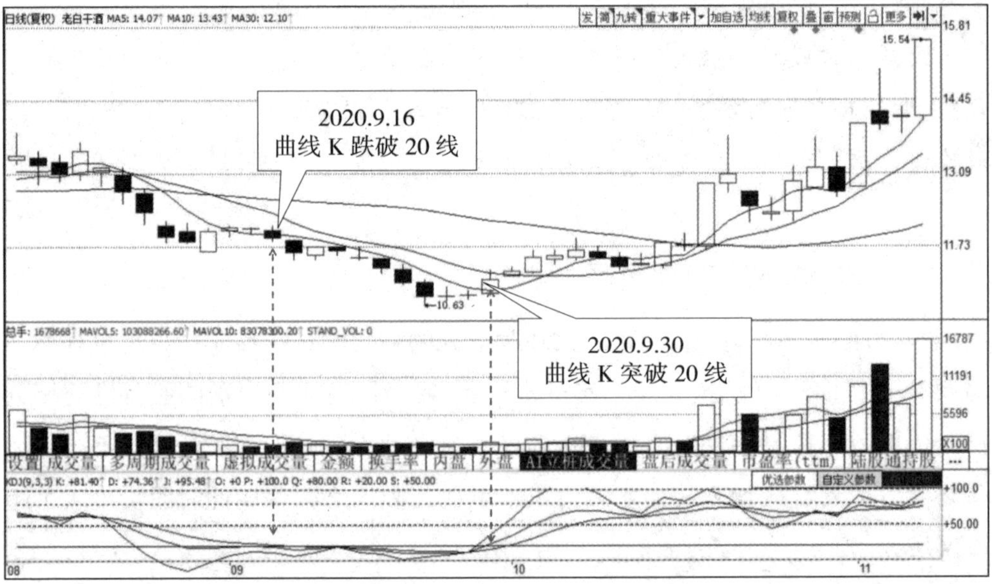

图 1-10 老白干酒（600559）KDJ 指标走势图

第二章

核心用法——KDJ 指标经典技法

实战中，KDJ 指标中的三条指标线会随着股价的波动而出现波动，并展现出不同的形态。这些形态对未来股价的走势往往能够起到一定的指示作用。

第一节　KDJ 指标的交叉

KDJ 指标中曲线 K 与曲线 D 交叉，是 KDJ 指标最重要的一种形态，也是对之后股价运行趋势最具影响的一种形态。一般而言，KDJ 指标的交叉所指均为曲线 K 与曲线 D 的交叉，至于曲线 J，因其本身属于诠释曲线 K 与曲线 D 两者之间关系的一个指标，可以不做过多研究。实质上，当曲线 K 与曲线 D 出现交叉时，曲线 J 必然也会同步交叉，这是由其内在设计原理决定的。

一、KDJ 指标的黄金交叉形态

通常情况下，大家习惯将曲线 K 自下而上穿越曲线 D 形成的交叉称为黄金交叉，即金叉。这就如同股价 K 线自下而上穿越了均线，股价 K 线未来继续上升的概率很大。一般而言，当曲线 K 向上穿越了曲线 D 形成黄金交叉后，股价都可能会出现一波上升走势，当然，这种上升能够持续多久有很大的不确定性。

下面来看山东威达的案例，如图 2-1 所示。

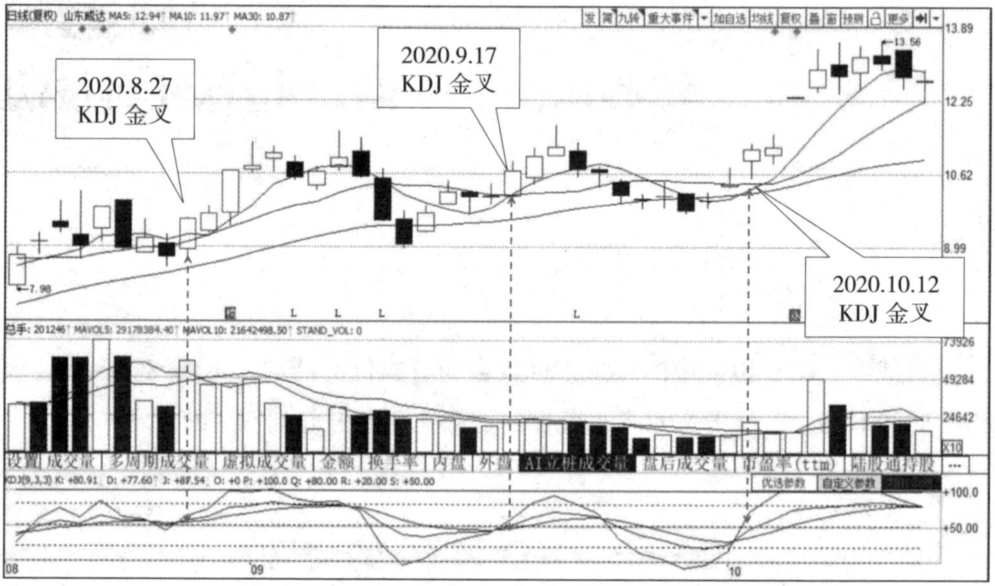

图 2-1　山东威达（002026）KDJ 指标走势图

山东威达的股价在 2020 年下半年出现了一波振荡上升走势，KDJ 指标逐步走高。在此期间，KDJ 指标分别于 2020 年 8 月 27 日、9 月 17 日和 10 月 12 日出现黄金交叉形态。出现这些黄金交叉形态后，股价都走出了一波上升走势，区别在于有的涨幅较大，有的涨幅较小。从另一方面也可以看出，KDJ 指标的交叉要比 MACD 等指标更为频繁，比较适合短线或超短线交易者使用。

通常情况下，按照黄金交叉出现位置的不同，可以大致将黄金交叉分为低位黄金交叉和高位黄金交叉两类。

二、低位黄金交叉形态

通常情况下，我们习惯将 20 线附近形成的黄金交叉称为低位黄金交叉。实战中，KDJ 指标出现低位金叉后，股价上涨的幅度可能更大，但也存在很大的失败风险，有些低位金叉仅仅是股价下行趋势中的一次反弹。

在判断低位金叉的质量上，投资者需要从以下几个方面入手。

第一，曲线 K 自下而上穿越曲线 D，交叉点最好位于 20 线附近，这说明股价已经启动反弹或上涨，且短期内存在一定的反弹或上涨区间。若交叉点太低，说明股价仍处于下行趋势，金叉可能带来反弹，但无法保证股价短期内能够成功反转。

第二，股价 K 线应该已经完成了对某一重要阻力位的突破，特别是下降趋势线或中长期均线。

第三，出现低位金叉时，股价 K 线应以阳线收盘，且成交量同步放大。

第四，出现低位金叉前，若 KDJ 指标已经在短期内出现过一次位低金叉，那么此时的金叉成色更足。

下面来看维维股份的案例，如图 2-2 所示。

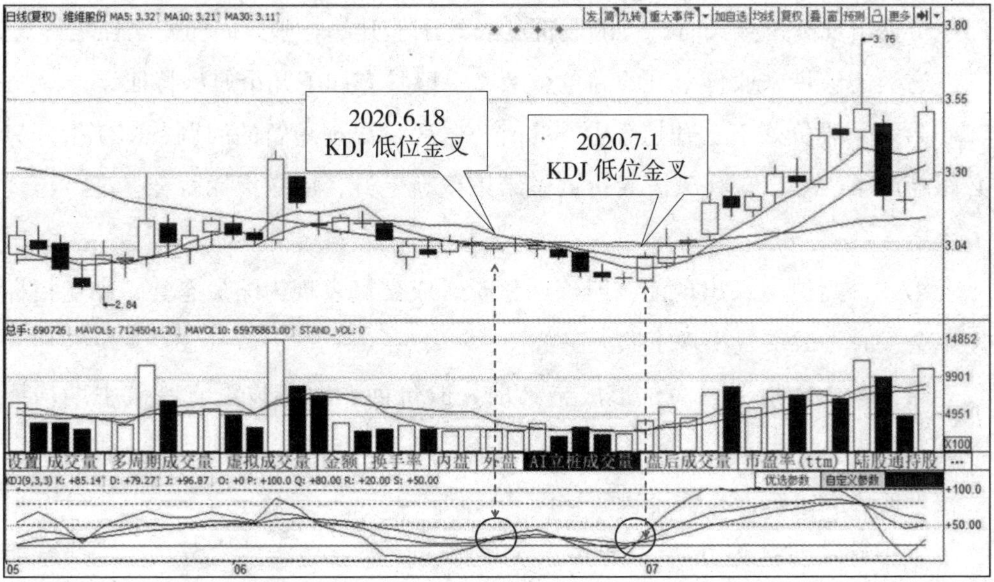

图 2-2　维维股份（600300）KDJ 指标走势图

维维股份的股价自 2020 年上半年出现了一波振荡下行走势，KDJ 指标逐步走低。

2020 年 6 月 18 日，该股股价处于横向振荡走势，KDJ 指标出现低位金叉。不过，由于股价 K 线运行在均线下方，且金叉出现当日，股价 K 线与成交量均未出现放大的情况，因此，KDJ 指标很快又开始下行。

2020 年 7 月 1 日，该股股价放量大涨，KDJ 指标再度在 20 线附近出现金叉。当日股价 K 线向上突破了 5 日均线和 10 日均线，同时，鉴于该金叉出现前的 6 月 18 日，KDJ 指标已经出现了低位金叉，也就是说，此时的低位金叉相当于短期内的二度金叉，看涨意味较为明确。

此后，该股股价出现了一波振荡上升走势。

三、高位黄金交叉形态

通常情况下，KDJ 指标在 50 线上方形成的金叉，可称为高位黄金交叉。相比低位金叉，高位金叉形成后，KDJ 指标上升空间相对有限。不过，有时候 KDJ 指标出现高位金叉时，可能股价已经处于上升趋势中，因而安全性更好。

这类能够带来股价上升的高位金叉，一般具有如下几个典型特征。

第一，股价处于上升趋势中，此时，若股价出现短暂的回调，KDJ 指标势必跟随调整，并出现死叉。股价调整结束重新上升，KDJ 指标就会在高位出现一个金叉。

第二，高位金叉出现前，股价调整时，成交量表现为缩量态势，KDJ 指标出现金叉时，成交量出现了放大态势。

第三，KDJ 指标在高位形成金叉前，股价回调时应以没有跌破中期均线为佳。

下面来看宝钢股份的案例，如图 2-3 所示。

宝钢股份的股价自 2020 年上半年出现了一波振荡上升走势，KDJ 指标逐步走高。

2020 年 10 月 23 日，该股股价开始加速上升，KDJ 指标在 50 线上方出现高位金叉，且之前股价回调遇 10 日均线支撑转而重新上攻，因此，可将此时的 KDJ 高位金叉看成一次加速上涨的机会，投资者可考虑加仓买进。

2020 年 11 月 2 日，该股股价在前日回调的情况下（遇 10 日均线支撑重新上升），反向放量拉升，KDJ 指标再度在 80 线附近出现金叉。该金叉与前一金叉时间间隔较短，可以看成短期内的二度金叉，投资者可积极入场加仓该股。

此后，该股股价出现了一波振荡上升走势。

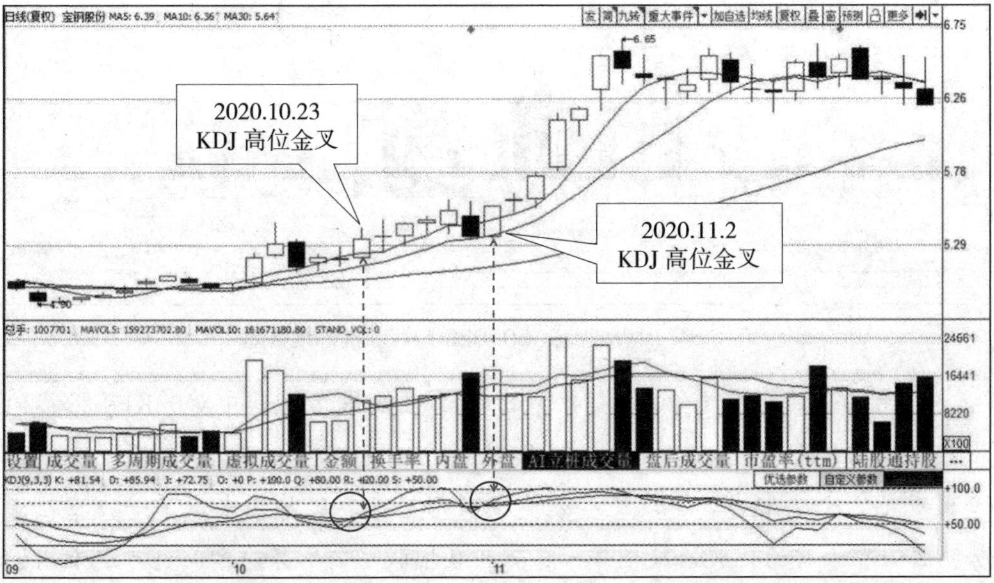

图 2-3　宝钢股份（600019）KDJ 指标走势图

四、KDJ 指标的死亡交叉形态

与黄金交叉形态相似，大家习惯将曲线 K 自上而下穿越曲线 D 形成的交叉称为死亡交叉。这就如同股价 K 线自上而下穿越了均线，股价 K 线未来继续下跌的概率很大。一般而言，当曲线 K 向下穿越了曲线 D 形成死亡交叉后，股价都可能会出现一波下跌走势，当然，这种下跌能够持续多久有很大的不确定性。

下面来看中原高速的案例，如图 2-4 所示。

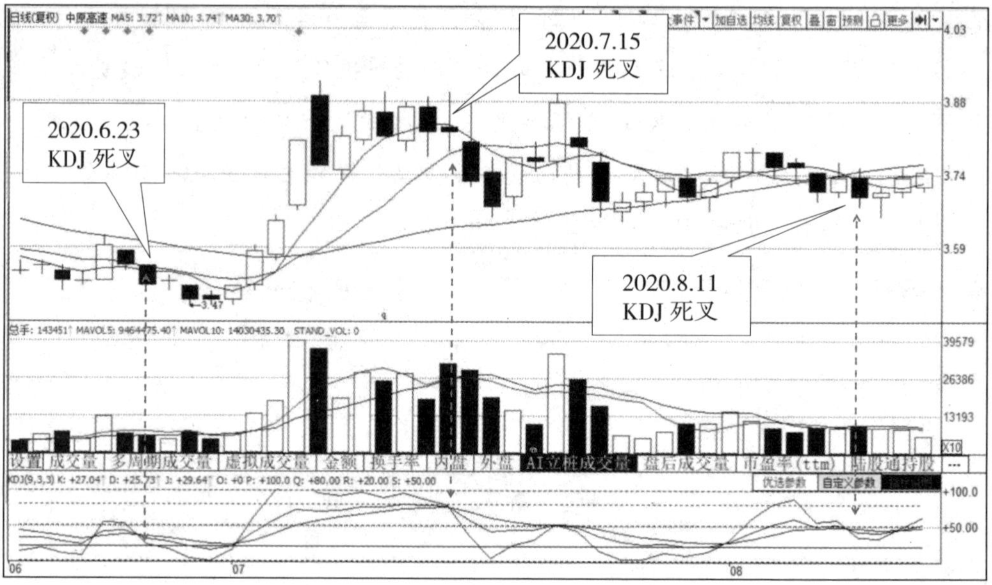

图 2-4　中原高速（600020）KDJ 指标走势图

中原高速的股价自 2020 年年中出现了一波振荡上升走势，KDJ 指标同步振荡。在此期间，KDJ 指标分别于 2020 年 6 月 23 日、7 月 15 日和 8 月 11 日出现死亡交叉形态。出现这些死亡交叉形态后，股价都走出了一波下跌走势，区别在于有的死叉后跌幅较大，有的跌幅较小。从另一方面也可以看出，KDJ 指标的交叉要比 MACD 等指标更为频繁，比较适合短线或超短线交易者使用。

通常情况下，按照死亡交叉出现的位置不同，可以大致将死亡交叉分为高位死亡交叉和低位死亡交叉两类。

五、高位死亡交叉形态

通常情况下，我们习惯将 80 线附近形成的死亡交叉称为高位死亡交叉。实战中，KDJ 指标出现高位死叉后，股价下跌的幅度可能更大，但也存在很大的失败风险，有些高位死叉仅仅是股价上涨趋势中的一次调整。

在判断高位死叉的质量上，投资者需要从以下几个方面入手。

第一，曲线 K 自上而下穿越曲线 D，交叉点最好位于 80 线附近，这说明股价已经启动回调或下跌走势，且短期内存在一定的回调或下跌空间。交叉点太高，说明股价仍处于上行趋势，无法确定股价短期内是否能够下跌。

第二，股价 K 线应该已经完成了对某一重要支撑位的突破，特别是上升趋势线或中长期均线。

第三，出现高位死叉时，股价 K 线应以阴线收盘。

第四，出现高位死叉前，若 KDJ 指标已经在短期内出现过一次死叉，则此时的死叉可信度更高。

下面来看上海电力的案例，如图 2–5 所示。

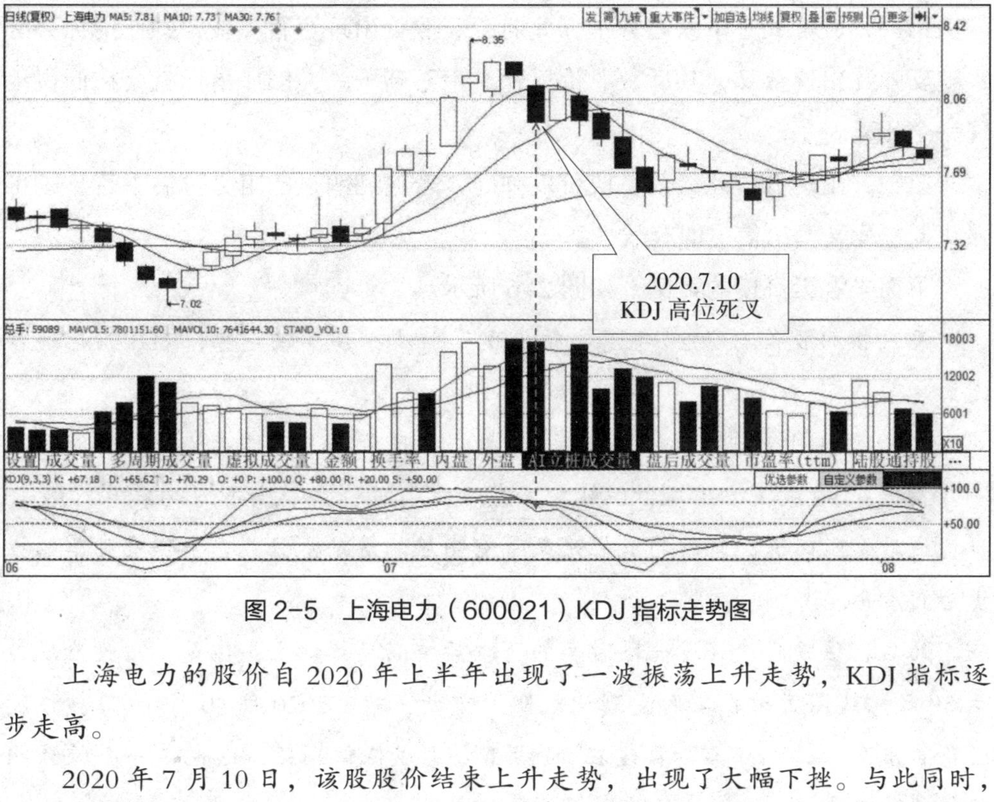

图 2–5　上海电力（600021）KDJ 指标走势图

上海电力的股价自 2020 年上半年出现了一波振荡上升走势，KDJ 指标逐步走高。

2020 年 7 月 10 日，该股股价结束上升走势，出现了大幅下挫。与此同时，KDJ 指标在 80 线上方出现高位死叉，且股价同步向下跌破了 5 日均线。KDJ

死叉出现的位置较高，且股价下跌时并未出现缩量，股价未来走低的概率很大，投资者可考虑暂时离场。

此后，该股股价出现了一波下跌走势。

六、低位死亡交叉形态

通常情况下，KDJ 指标在 50 线下方形成的死亡交叉，就可称为低位死亡交叉。相比高位死叉，低位死叉形成后，KDJ 指标下跌空间相对有限。不过，有时候，KDJ 指标低位死叉出现时，可能股价已经处于下跌趋势中，此时的死叉只会对股价的下跌起到一定的助推作用。

这类低位死叉具有如下几个典型特征。

第一，股价处于下跌趋势中，此时，若股价出现短暂反弹，KDJ 指标势必跟随反弹并出现金叉，其后，股价反弹结束重新下跌，KDJ 指标就会在低位出现一个死叉。

第二，出现低位死叉前，股价反弹时，若遇到明显的阻力位后下行，则可强化低位死叉卖出信号的有效性。

下面来看天汽模的案例，如图 2-6 所示。

天汽模的股价自 2020 年下半年出现了一波振荡下跌走势，KDJ 指标逐步走低。

2020 年 9 月 22 日，该股股价横向盘整多日后出现下挫走势，与此同时，KDJ 指标在 50 线下方出现低位死叉。鉴于之前股价 K 线与 5 日均线双双遇 10 日均线后受阻回落，此时的低位死叉带有明显的看跌意味，手中仍有股票的投资者宜清仓。

此后，该股股价经过一段时间的下跌后重新反弹向上，但是，当股价反弹至 30 日均线附近时，又因受到均线阻力重新下行。2020 年 10 月 16 日，该股股价再度下行，KDJ 指标再度在 50 线下方形成低位死叉，这也是一个较为明确的看跌信号。

此后，该股股价出现了一波下跌走势。

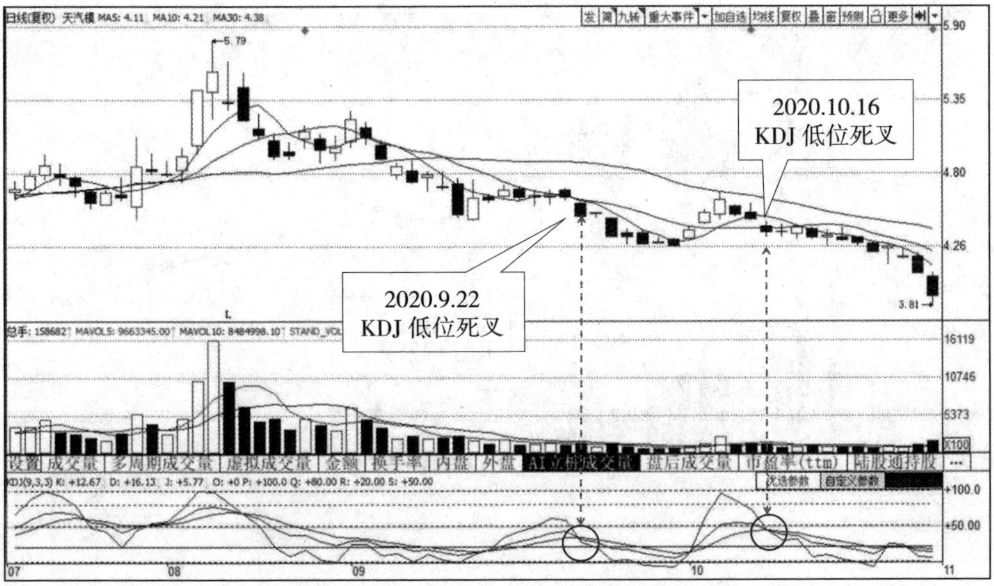

图 2-6　天汽模（002510）KDJ 指标走势图

七、无效的交叉形态

由于 KDJ 指标非常灵敏，这就使得当股价处于某一单边趋势时，可能会失去其应有的作用。比如，在股价处于单边下行或单边上行趋势时，KDJ 指标的各数值都会偏向于低点或高点，此时，若股价稍稍出现反弹或回调，都可能引起 KDJ 指标出现交叉形态。那么，此时的交叉形态就会失去原有的交易指示意义。

下面来看腾邦国际的案例，如图 2-7 所示。

自 2020 年 9 月 8 日创下阶段高点后，腾邦国际的股价开启了一波振荡下行走势。该股股价下行过程中，曾出现了若干次规模较小的反弹与加速下跌，KDJ 指标随着股价的波动出现了多次金叉与死叉形态。

股价处于单边下行趋势，对于 KDJ 指标呈现的各种交叉形态，投资者可以直接忽略。一般来说，只有在确认股价终结下行趋势后，投资者才可以借助 KDJ 指标研判短线的买点与卖点。

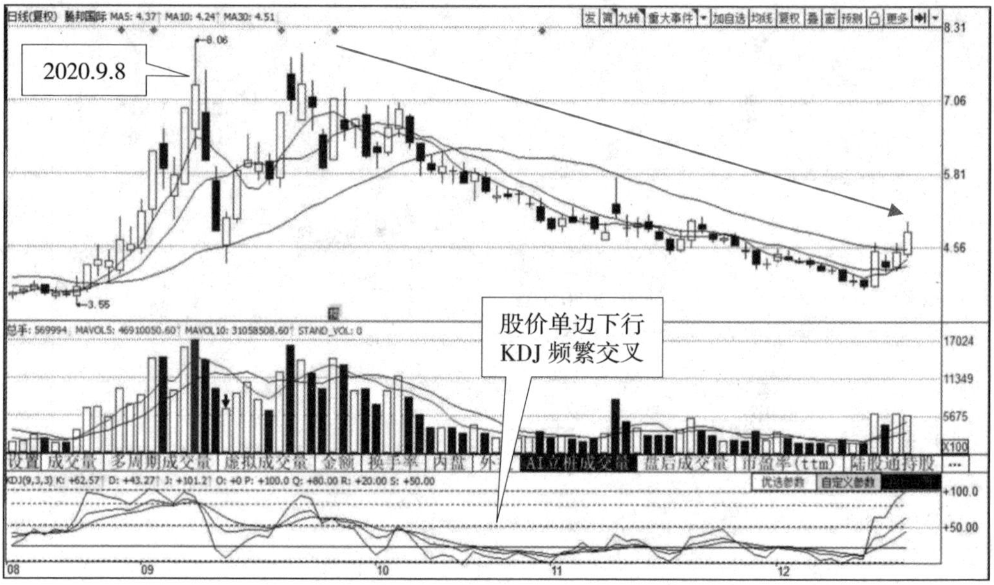

图 2-7　腾邦国际（300178）KDJ 指标走势图

第二节　KDJ 指标超买超卖

从某种意义上来说，KDJ 指标超买超卖才是其最核心、最重要的一种用法。尽管很多技术指标都具有超买超卖功能，但 KDJ 指标独特的设计，使其超买超卖信号的及时性、可靠性更高。

一、KDJ 指标超买形态

KDJ 指标超买，是指在股价上涨过程中，买盘逐渐放大，KDJ 指标逐步走高；当买盘放大到一定程度无法继续放大时，KDJ 指标上升的难度会越来越大，此时，就说明指标已经进入超买区域，未来有下跌的风险。

从 KDJ 指标设计的角度来看，当股价以接近某一阶段内最高价收盘时，就说明股价已经进入超买区域。这种走势的股票往往具有几个特点：一是，只有短线走强的股票，才会出现这种特征；二是，一只股票无法长期保持以接近某一阶段最高价的价格收盘，也就意味着未来股价很快会出现反转向下的走势。

KDJ 指标出现超买，说明上涨行情很难持续，股价未来有下跌的风险。通常情况下，KDJ 指标超买具有如下几个特征。

第一，股价经过一段时间的上涨后，KDJ 指标中的曲线 J、曲线 K 和曲线 D 先后进入超买区域，即 80 线上方。大多数情况下，以曲线 K 进入 80 线以上区域为股价进入超买区域的标志。

第二，当股价进入上升趋势时，投资者需要动态调整超买区域的界限，比如，有时需要曲线 K 进入 90 线以上区域才看作超买，或者当曲线 J 达到 100 线时才认定为超买。

下面来看科恒股份的案例，如图 2–8 所示。

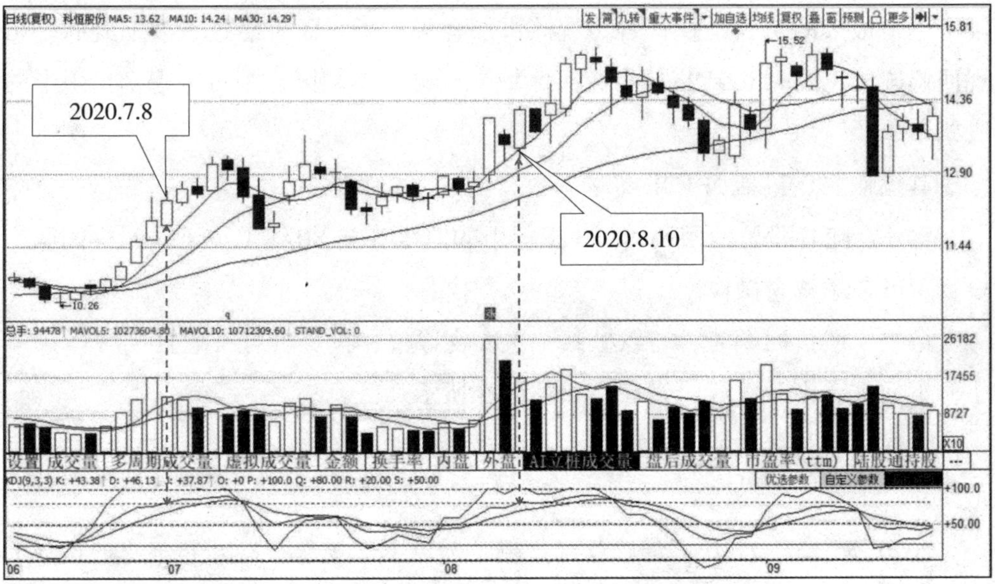

图 2–8 科恒股份（300340）KDJ 指标走势图

科恒股份的股价 2020 年下半年出现了一波振荡上涨走势，KDJ 指标逐步走高。

2020 年 7 月 8 日，该股股价在之前几个交易日连续上攻的基础上继续走高，KDJ 指标中的曲线 K 进入超买区域，说明由于股价短期走强，已经进入高风险区域，投资者一般不宜再入场加仓。

此后，该股股价出现了一波回调走势。2020 年 8 月初，科恒股份的股价横向盘整多日后重新上升。2020 年 8 月 10 日，KDJ 指标中的曲线 K 再度进入超买区域，这一方面说明股价走势较强，另一方面也说明股价可能运行至高位区域，投资者应关注未来可能到来的风险。

二、KDJ 指标超买与短线卖点

KDJ 指标进入超买区域，仅说明股价进入了高风险区域，并不意味着投资者应该立即卖出手中的股票。很多时候，进入超买区域后，股价上升的力度和幅度也是最大的，只是投资者不应该再加仓买入了。股价经过一波上升后，出现回调迹象，此时 KDJ 指标自超买区域下行进入徘徊区，则可考虑卖出手中的股票。

其操作要点包括如下几点。

第一，随着股价的回调，KDJ 指标中的曲线 K 自 80 线上方下跌至徘徊区，投资者可考虑减仓操作。

第二，股价回调时，若跌破某一重要支撑位，投资者可考虑直接清仓。

下面来看中联重科的案例，如图 2-9 所示。

中联重科的股价在 2020 年 11 月出现了一波振荡上涨走势，KDJ 指标逐步走高。

2020 年 11 月 27 日，该股股价出现了加速上涨迹象，KDJ 指标中的曲线 K 随之进入超买区域，说明股价短期走强，已经进入高风险区域，持股的投资者可继续持股，持币的投资者一般不宜再入场加仓。

2020 年 12 月 9 日，该股股价向下跌破了 5 日均线，KDJ 指标中的曲线 K 向下跌破了 80 线，意味着 KDJ 指标已经离开了超买区域，投资者宜执行减仓或清仓操作。

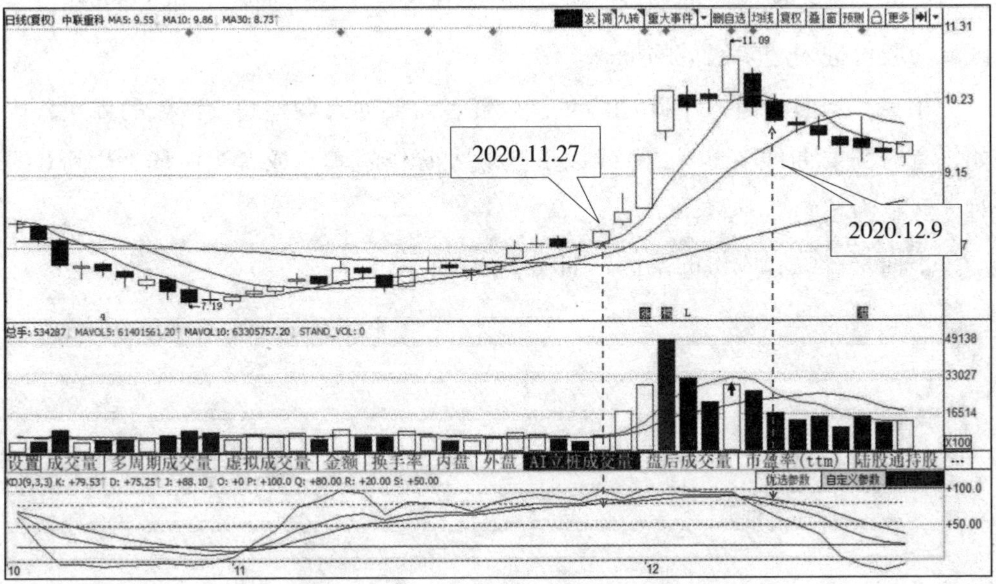

图 2-9 中联重科（000157）KDJ 指标走势图

三、KDJ 指标超卖形态

KDJ 指标超卖，是指在股价下跌过程中，卖盘逐渐放大，KDJ 指标逐步走低；当卖盘放大到一定程度无法继续放大时，KDJ 指标下行的难度会越来越大，此时说明指标已经进入超卖区域，未来有反弹的可能。

从 KDJ 指标设计的角度来看，当股价以接近某一阶段内的最低价收盘时，说明股价进入超卖区域。这种走势的股票往往具有几个特点：一是，只有短线走弱的股票，才会出现这种特征；二是，一只股票无法长期保持以接近某一阶段最低价的价格收盘，也就意味着未来股价很快会出现反转向上的走势。

KDJ 指标出现超卖，说明下降趋势很难持续，股价未来有反弹的可能。通常情况下，KDJ 指标超卖具有如下几个特征。

第一，股价经过一段时间的下跌后，KDJ 指标中的曲线 J、曲线 K 和曲线 D 先后进入超卖区域，即 20 线下方。大多数情况下，以曲线 K 进入 20 线以下区域为股价进入超卖区域的标志。

第二，当股价进入下降趋势时，投资者需要动态调整超卖区域的界限，比如，有时需要曲线 K 进入 10 线以下区域才看作超卖，或者当曲线 J 达到 0 线时才认定为超卖。

下面来看胜利股份的案例，如图 2–10 所示。

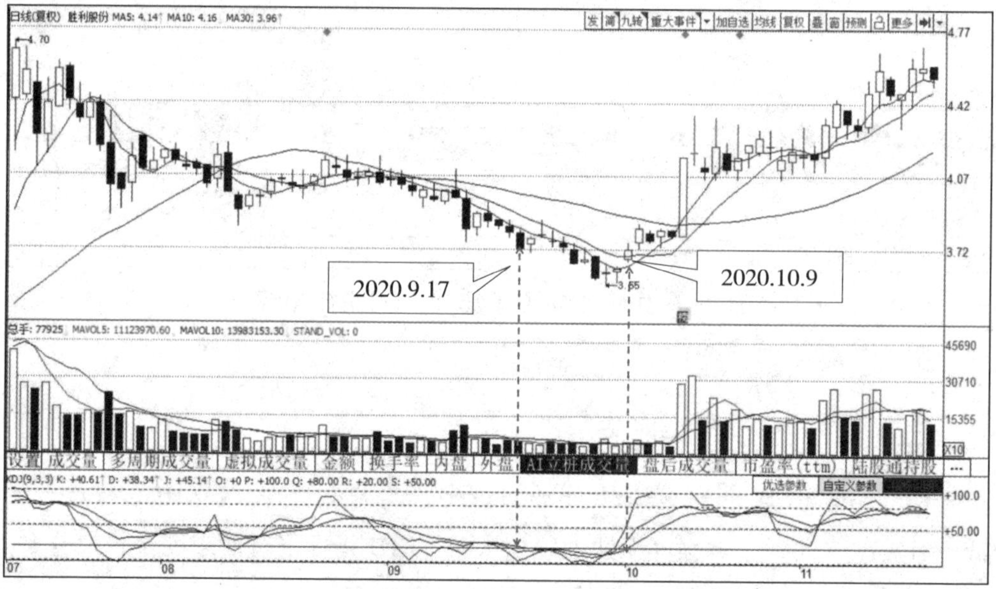

图 2–10 胜利股份（000407）KDJ 指标走势图

胜利股份的股价自 2020 年 9 月出现了一波振荡下跌走势，KDJ 指标逐步走低。

2020 年 9 月 17 日，该股股价出现了加速下跌迹象，KDJ 指标中的曲线 K 随之进入超卖区域，说明股价短期走弱。

2020 年 10 月 9 日，该股股价向上突破了 5 日均线和 10 日均线，KDJ 指标中的曲线 K 向上突破了 20 线，意味着 KDJ 指标已经离开了超卖区域，激进型投资者可考虑少量建仓。

四、KDJ 指标超卖与短线买点

KDJ 指标进入超卖区域，仅说明股价进入了下跌势能衰弱区域，并不意味着投资者应该立即买入股票。很多时候，KDJ 指标进入超卖区域后，股价下跌的力度和幅度也是最大的。股价经过一波下跌后，出现反弹迹象，而 KDJ 指标自超卖区域上行进入徘徊区，则可考虑少量买入股票。

其操作要点包括如下几点。

第一，随着股价的反弹，KDJ 指标中的曲线 K 自 20 线下方上攻至徘徊区，投资者可考虑少量建仓。

第二，股价反弹时，若放量突破某一重要阻力位，投资者可考虑加大仓位入场。

下面来看英特集团的案例，如图 2-11 所示。

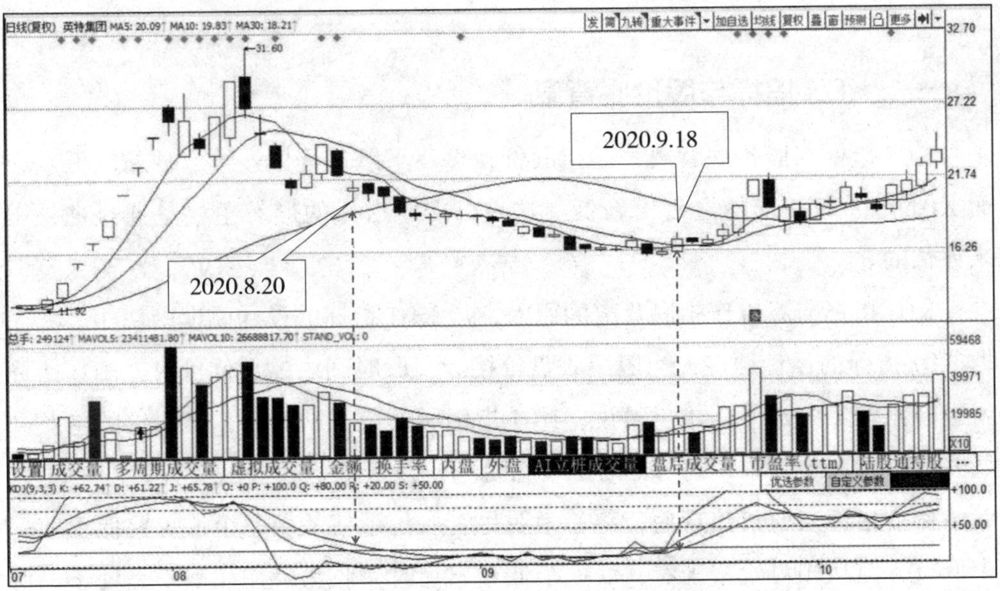

图 2-11 英特集团（000411）KDJ 指标走势图

英特集团的股价自2020年8月中旬出现了一波振荡下跌走势，KDJ 指标逐步走低。

2020年8月20日，该股股价出现了加速下跌迹象，KDJ 指标中的曲线K随之进入超卖区域，说明由于股价持续走弱，下行的动能有可能不足，投资者宜保持观望。

2020年9月18日，该股股价向上突破了5日均线和10日均线，KDJ 指标中的曲线K向上突破了20线，意味着KDJ 指标已经离开了超卖区域，激进型投资者可考虑少量建仓。

第三节　KDJ 指标背离

与其他指标背离形态的研判相似，KDJ 指标与股价的背离，也是指股价创出新的高点或低点时，KDJ 指标并未随之创出新高或新低的现象。出现这种情形说明股价原有的运行趋势存在终结的可能。

一、KDJ 指标与股价底背离

KDJ 指标与股价底背离，是指股价在振荡下跌过程中连续出现新的低点，而 KDJ 指标却并未随之创出新低。这里，KDJ 指标的形态主要是通过曲线 K 来评估的。

KDJ 指标与股价产生底背离的原因，与 KDJ 指标的设计原理密切相关。根据 KDJ 指标的设计原理，当股票收盘价接近一段时间内的最低价时，KDJ 指标就会降至较低的水平。也就是说，KDJ 指标所处位置的高低，与股价的绝对高低并没有太大的关系，只与当时的收盘价与阶段最低价、最高价有关。

KDJ 指标与股价出现底背离，说明尽管股价形成的后一个低点要低于前一个低点，但从相对价格来看，后一个低点出现时，收盘价往往都不是处于最低的位置，这就使得 KDJ 指标的相对位置并没有随着股价创出新低。从另一方面来看，出现此类情况，也说明空方实力已经不足，未来趋势出现反转的可能性很大。

通常情况下，底背离具有如下几个特征。

第一，股价经过一段时间的下跌后，出现了反弹走势，随后再度启动下跌走势并创下新低，与此同时，曲线 K 也随着股价的再度下跌而下降，但没有突破前期低点。

第二，股价下行过程中，有时与 KDJ 指标出现一次底背离后就可能反弹向上，有时则需要两次或三次底背离后才出现反弹走势。

下面来看莲花健康的案例，如图 2–12 所示。

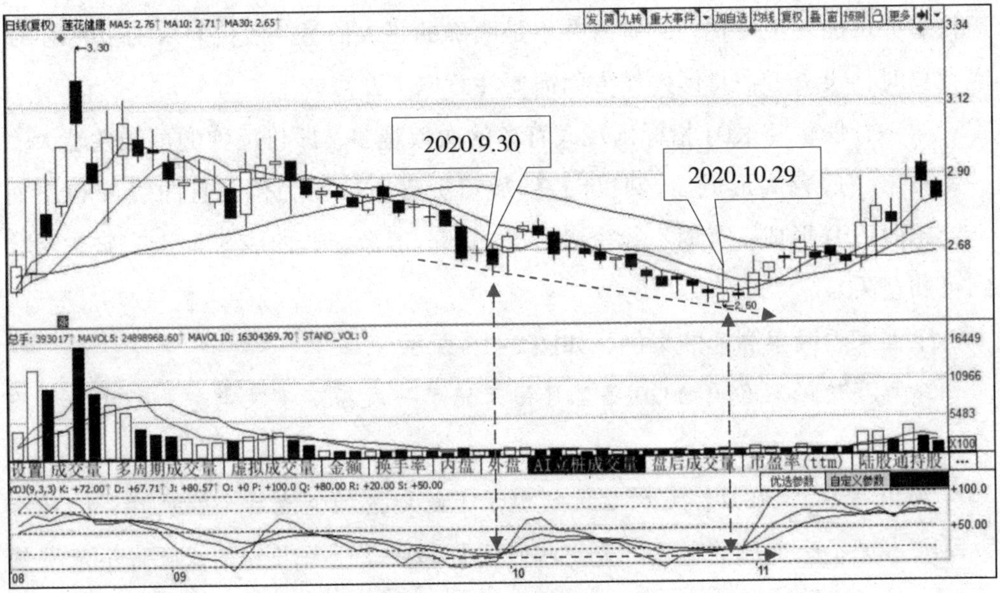

图 2–12 莲花健康（600186）KDJ 指标走势图

莲花健康的股价自 2020 年 8 月下旬出现了一波振荡下跌走势，KDJ 指标逐步走低。

2020 年 9 月 30 日，该股股价创出了下跌以来的低点后小幅反弹，KDJ 指标随之出现了一个低位金叉。鉴于此时股价仍处于下行趋势，投资者不应贸然进场。

2020 年 10 月 29 日，该股股价再度创下阶段新低，此后股价开始反弹。与此同时，KDJ 指标又一次在低位出现金叉。观察股价 K 线与 KDJ 指标的运行态势可知，股价在 10 月 29 日形成的低点要明显低于 9 月 30 日，而 10 月 29 日对应的 KDJ 指标中曲线 K 的位置却高于 9 月 30 日曲线 K 的位置，说明 KDJ 指标与股价出现了底背离形态，未来股价有很大机会出现反弹走势。

投资者可在股价 K 线向上突破重要阻力位后执行买入操作。

二、KDJ 指标底背离与买点

从某种意义上来说，KDJ 指标出现底背离形态，只是提醒投资者注意股价运行趋势可能发生变化，它本身并不是明确的买入信号。股价与 KDJ 指标出现底背离时，投资者在具体操作方面需要注意以下几点。

第一，股价与 KDJ 指标出现底背离的次数越多，股价反弹的可能性越大。

第二，底背离形成后，股价 K 线放量突破重要阻力位，且曲线 K 自下而上穿越曲线 D 形成交叉时，投资者可买入部分股票，若曲线 K 向上突破 50 线，则可加仓买入。

下面来看赣粤高速的案例，如图 2-13 所示。

赣粤高速的股价自 2020 年 7 月初开始了一波振荡下跌走势，KDJ 指标逐步走低。

2020 年 9 月 30 日，该股股价创出了下跌以来的低点后小幅反弹，KDJ 指标随之出现了一个低位金叉。鉴于此时股价仍处于下行趋势，投资者不应贸然进场。

2020 年 11 月 2 日，该股股价再度创下阶段新低，此后股价重新开始反弹。与此同时，KDJ 指标又一次在低位出现金叉。观察股价 K 线与 KDJ 指标的运行态势可知，股价在 11 月 2 日形成的低点要明显低于 9 月 30 日，而 11 月 2 日对应的 KDJ 指标中曲线 K 的位置却高于 9 月 30 日曲线 K 的位置，说明 KDJ 指标与股价出现了底背离形态，未来股价有很大的机会出现反弹走势。

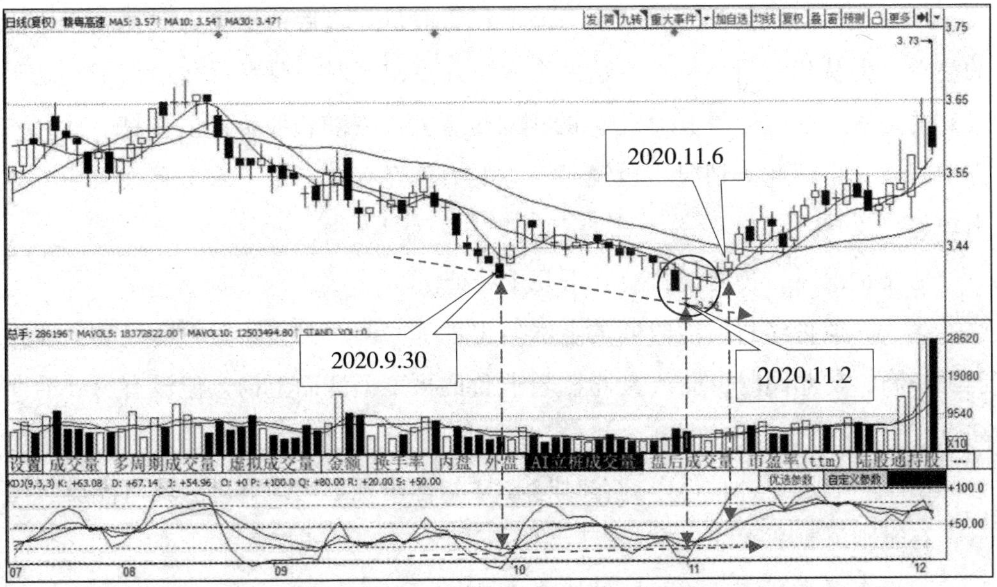

图 2-13 赣粤高速（600269）KDJ 指标走势图

观察 2020 年 11 月 2 日前后的 K 线形态可知，此时股价 K 线形成了一个早晨之星形态，这属于典型的反转形态。此后该股股价连续上升，并于 2020 年 11 月 6 日放量向上突破 10 日均线，且 KDJ 指标中的曲线 K 在完成金叉后向上突破了 50 线。

基于以上分析，投资者可在 2020 年 11 月 6 日入场建仓。

三、KDJ 指标与股价顶背离

KDJ 指标与股价顶背离，是指股价在振荡上升过程中连续出现新的高点，而 KDJ 指标却并未随之创出新高。在这里，KDJ 指标的形态主要是通过曲线 K 来评估的。

KDJ 指标与股价产生顶背离的原因，与 KDJ 指标的设计原理密切相关。根据 KDJ 指标的设计原理，当股票的收盘价接近一段时间内的最高价时，KDJ 指标就会上升至较高的水平。也就是说，KDJ 指标所处位置的高低与股价的绝对高低并没有太大的关系，只与当时的收盘价与阶段最高价有关。

KDJ 指标与股价出现顶背离，说明尽管股价形成后一个高点时要高于之前的高点，但从相对价格来看，后一个股价高点出现时，收盘价往往都不是处于最高的位置，这就使得 KDJ 指标的相对位置并没有随着股价创出新高。从另一方面来看，出现此类情况，也说明多方实力已经存在不足，未来有很大的可能出现趋势反转。

通常情况下，顶背离具有如下几个特征。

第一，股价经过一段时间的上涨后出现了回调走势，随后再度启动上涨并创下新高，与此同时，曲线 K 也随着股价的再度上涨而上扬，但没有突破前期高点。

第二，股价上升过程中，有时与 KDJ 指标出现一次顶背离后就可能反转向下，有时则需要两次或三次背离后才向下反转。

下面来看开开实业的案例，如图 2–14 所示。

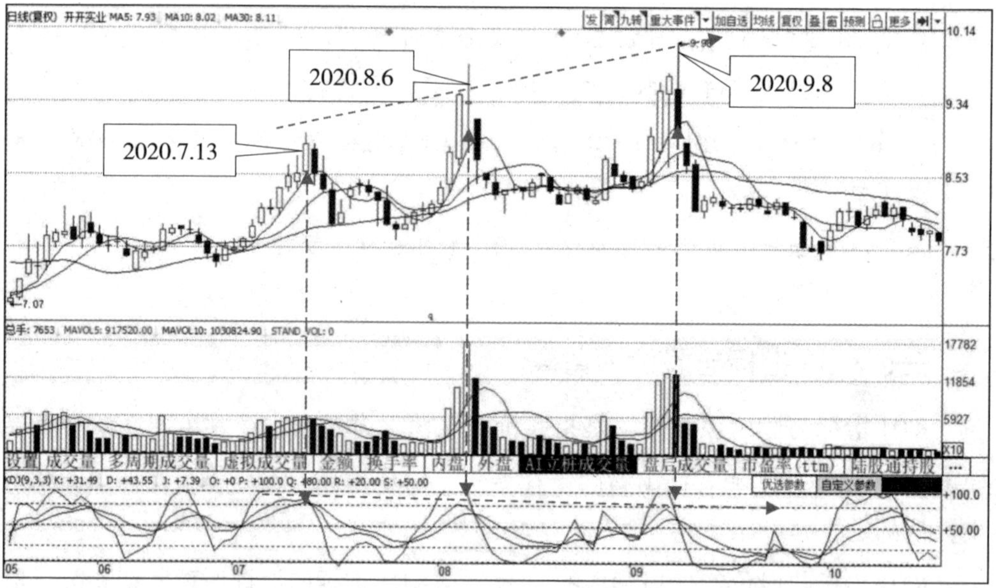

图 2–14　开开实业（600272）KDJ 指标走势图

开开实业的股价自 2020 年 5 月下旬出现了一波振荡上升走势，KDJ 指标逐步走高。

2020 年 7 月 13 日，该股股价创出了上涨以来的高点后小幅回落，KDJ 指标随之出现了一个高位死叉。鉴于此时股价仍处于上升趋势，投资者不应贸然离场。

2020 年 8 月 6 日和 9 月 8 日，该股股价两度创下阶段新高，此后股价开始回调。不过，后两个股价高点与 2020 年 7 月 13 日的高点相比，出现了一个比一个高的态势。与此同时，KDJ 指标尽管也随之出现了高点，从三个高点位置来看，却一个比一个低，说明 KDJ 指标与股价之间出现了顶背离，未来股价很可能会出现下跌走势。投资者可在顶背离出现时先行卖出部分股票，并在股价跌破重要支撑位或 KDJ 指标跌破 50 线后卖出全部股票。

四、KDJ 指标顶背离与卖点

从某种意义上来说，KDJ 指标出现顶背离形态，只是提醒投资者注意股价运行趋势可能的变化，它本身并不是明确的卖出信号。股价与 KDJ 指标出现顶背离时，投资者在具体操作方面需要注意以下几点。

第一，成交量的变化。股价与 KDJ 指标出现顶背离时，若又同步与成交量指标出现顶背离，则意味着股价下跌的可能性非常大。

第二，股价与 KDJ 指标出现顶背离的次数越多，说明股价下跌的可能性越大。

第三，顶背离形成后，曲线 K 自上而下穿越曲线 D 形成交叉时，投资者可卖出部分股票；若股价跌破重要支撑线或曲线 K 跌破 50 线，则可清仓。

下面来看凤凰光学的案例，如图 2-15 所示。

凤凰光学的股价自 2020 年 7 月初开始了一波大幅上升走势，KDJ 指标逐步走高。

2020 年 7 月 13 日，该股股价创出了上涨以来的高点后开始回落，KDJ 指标随之出现了一个高位死叉，并跌破了 50 线，保守型投资者可考虑减仓，激进型投资者可继续持股，毕竟股价仍运行于 30 日均线上方。

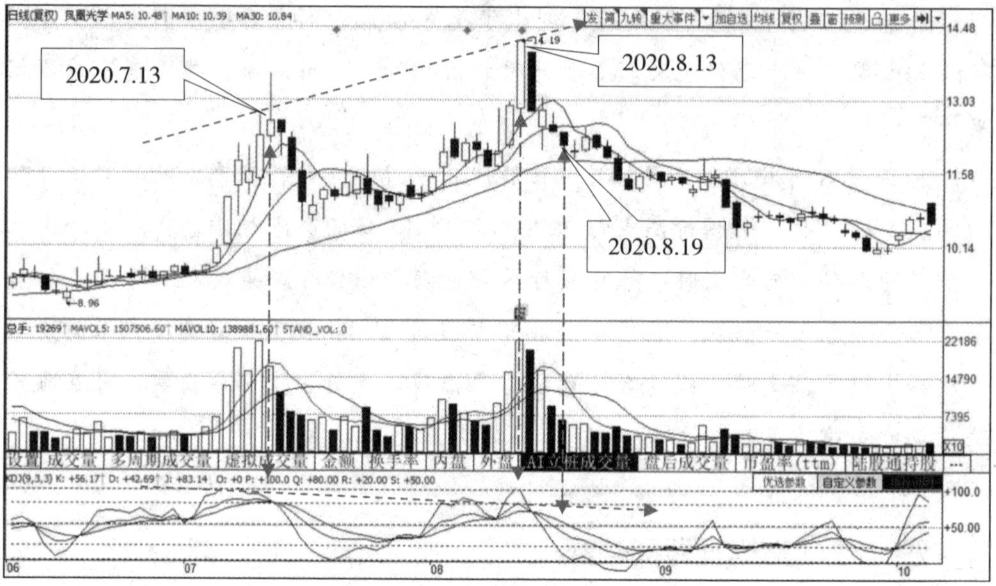

图 2-15　凤凰光学（600071）KDJ 指标走势图

2020 年 8 月 13 日，该股股价再度创下阶段新高，此后股价重新开始回调。与此同时，KDJ 指标又一次在高位出现死叉。观察股价 K 线与 KDJ 指标的运行态势可知，股价在 2020 年 8 月 13 日形成的高点要明显高于 7 月 13 日形成的高点，而 8 月 13 日对应的 KDJ 指标中曲线 K 的位置却低于 7 月 13 日曲线 K 的位置，说明 KDJ 指标与股价出现了顶背离形态，未来股价很可能出现下跌走势。

从投资安全角度考虑，投资者应采取减仓或清仓操作。仍旧选择持股的投资者，也应该在 2020 年 8 月 19 日股价跌破 10 日均线且 KDJ 指标跌破 50 线时卖出手中的股票。

顶背离卖点的判断与底背离买点的判断不同。从投资安全角度考虑，当股价进入顶部后，投资者就需要择机卖出手中的股票，无须为了最后一波拉升牺牲掉到手的利润。底背离的判断则不同，投资者需谨慎应对，同时要结合多种分析手法，只有在确认股价已经启动上涨后才能入场。

第四节 KDJ 指标钝化

指标钝化是很多指标都可能存在的一种现象，是指随着股价的波动，技术指标频繁交叉或黏合，导致技术指标发出的交易信号失去价值。KDJ 指标也存在钝化的情况。实战中，KDJ 指标一旦出现钝化，则意味着其发出的金叉、死叉等信号将毫无意义。KDJ 指标钝化形态中，有两类需要投资者特别关注，一为低位钝化，二为高位钝化。

一、KDJ 指标低位钝化形态

KDJ 指标低位钝化，是指随着股价的持续下行，KDJ 指标在下降到低位水平后，因股价小幅波动而频繁产生交叉、黏合等形态。KDJ 指标出现低位钝化，说明股价波动幅度减小，也是股价重新选择突破方向的机会。

KDJ 指标低位钝化的产生与 KDJ 指标的设计原理有关。当股价持续下行时，KDJ 指标势必也会随之下行。当股价下行力度减弱，甚至出现盘整时，某一阶段的最高点和最低点也会逐渐接近，与此同时，曲线 D 也会逐渐接近曲线 K。因此，当股价出现相对较大的波动时，曲线 K 就会随之摆动，并与曲线 D 形成交叉，这就是 KDJ 指标低位钝化产生的原因。一般而言，当 KDJ 指标结束低位钝化后，股价上升的可能性更大一些，但只要股价没有选定突破方向，投资者就不应该过早入场。

下面来看云天化的案例，如图 2-16 所示。

云天化的股价从 2020 年 8 月中旬启动了一波下跌行情，KDJ 指标同步下降。进入 2020 年 9 月以后，股价一直持续下跌走势。KDJ 指标到达低位后，随着股价的波动出现了一些波动形态，曲线 K 甚至多次与曲线 D 形成低位金叉与死叉，但股价仍处于下跌趋势，说明 KDJ 指标出现了低位钝化现象。此时，KDJ 指标发出的买入或卖出信号对交易无任何指导意义。

2020 年 10 月 9 日，该股股价跳空上升，KDJ 指标在形成金叉后向上突破 50 线，标志着 KDJ 低位钝化形态终结。

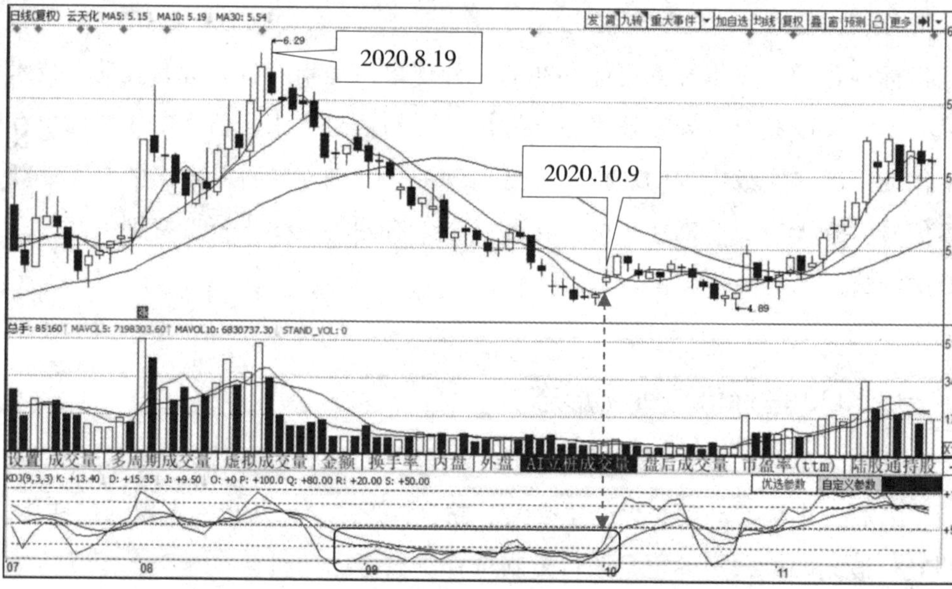

图 2-16　云天化（600096）KDJ 指标走势图

二、KDJ 指标高位钝化形态

KDJ 指标高位钝化，是指随着股价的持续上升，KDJ 指标在上升到高位水平后，因股价的小幅波动而频繁产生交叉、黏合等形态。KDJ 指标出现高位钝化，说明股价波动幅度减少，也是股价重新选择突破方向的机会。

KDJ 指标高位钝化的产生与 KDJ 指标的设计原理有关。当股价持续上行时，KDJ 指标势必也会随之上行。可是当股价上升力度减弱，甚至出现盘整时，某一阶段的最高点和最低点也会逐渐接近，与此同时，曲线 D 也会逐渐接近曲线

K。因此，当股价出现相对较大的波动时，曲线 K 就会随之摆动，并与曲线 D 形成交叉，这就是 KDJ 指标高位钝化产生的原因。一般而言，当 KDJ 指标结束高位钝化后，股价下跌的可能性更大一些。

下面来看上汽集团的案例，如图 2–17 所示。

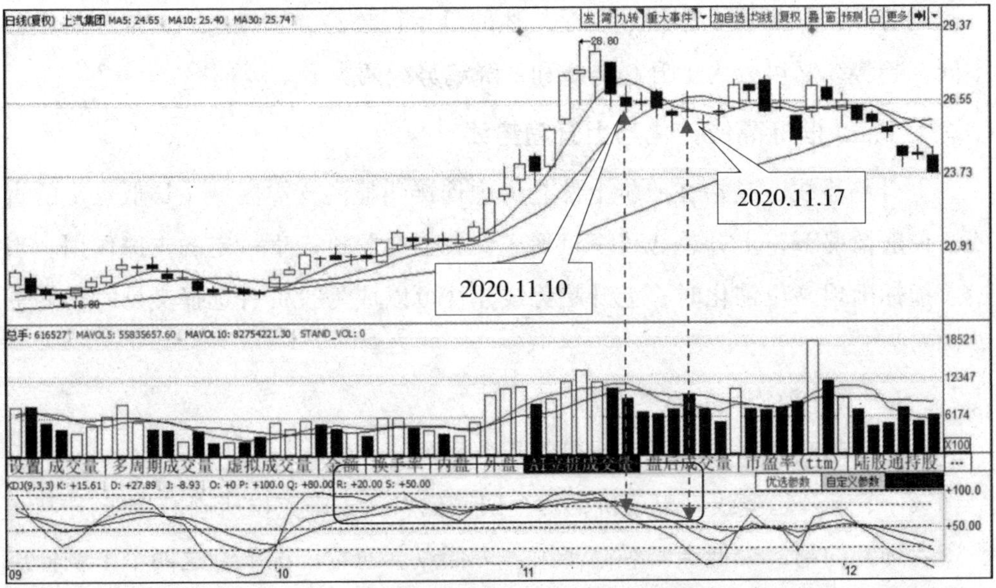

图 2–17 上汽集团（600104）KDJ 指标走势图

上汽集团的股价从 2020 年 9 月底启动了一波快速上升行情，KDJ 指标同步上升。进入 2020 年 10 月以后，股价一直持续上升走势。KDJ 指标达到高位后，随着股价的波动出现了一些波动形态，曲线 K 甚至多次与曲线 D 形成高位金叉与死叉，而股价仍处于上升趋势，这说明 KDJ 指标出现了高位钝化现象。此时，KDJ 指标发出的买入或卖出信号对交易无任何指导意义。

2020 年 11 月 10 日，该股股价大幅下跌，KDJ 指标出现高位死叉。此后，KDJ 指标跌破 80 线，这是股价走弱的明显信号，投资者可执行减仓操作。2020 年 11 月 17 日，KDJ 指标向下跌破 50 线，标志着 KDJ 高位钝化形态终结。

三、KDJ 指标钝化与趋势线

一般而言，当 KDJ 指标出现高位钝化或低位钝化时，往往都是股价处于某种单边运行趋势时。此时，投资者无法利用 KDJ 指标的交叉或超买超卖信号判断买卖点，可以引入趋势线理论，借助趋势线来判断股价的买卖点。

趋势线，从本质上来说，就是描述股价运行趋势的直线。因其描述的趋势不同，趋势线又可分为上升趋势线和下降趋势线两类。

1. KDJ 指标高位钝化与上升趋势线

上升趋势线，是指在股价上涨趋势中连接明显的支撑区域（最低点）的直线。一般情况下，上升趋势线一旦形成，就会对股价产生一定的支撑作用。当 KDJ 指标出现高位钝化时，上升趋势线往往可以成为投资者选择交易时机的重要参考。

（1）上升趋势线的基本画法。

画上升趋势线时，需要掌握以下几个要领。

第一，上升趋势线是以股价的两个回调低点为关键点位所画的直线，因此，投资者选择的第二个低点必须高于第一个低点。通常情况下，这两个下跌低点应该是股价两次回调后重新上涨的转折点。

第二，两个下跌低点之间必须有一定的距离，不能是两个紧紧相邻的低点。

第三，通过两个上升的低点连线所画的上升趋势线，必须经过第三个低点确认方可。该 K 线的实体或影线触及趋势线均可，稍有距离也不影响上升趋势线的有效性。

第四，画上升趋势线时，必须以 K 线实体最低点为出发点，即以阳线的开盘价或阴线的收盘价为基点。

下面来看宇通客车的案例，如图 2–18 所示。

宇通客车的股价自 2020 年 2 月下旬出现振荡下跌走势。该股 2020 年 6 月 18 日触底后反弹向上，并于 8 月 26 日创下了一段时间内的回调低点。同时，8 月 26 日形成的低点高于 6 月 18 日形成的低点，说明该股处于上升趋势中。此时，投资者可以用 8 月 26 日形成的低点与 6 月 18 日形成的低点画出一条上升趋势线。

2020 年 9 月 11 日，股价回调几日后到达趋势线附近时，因受趋势线支撑重新上涨，说明此趋势线具有一定的支撑作用。

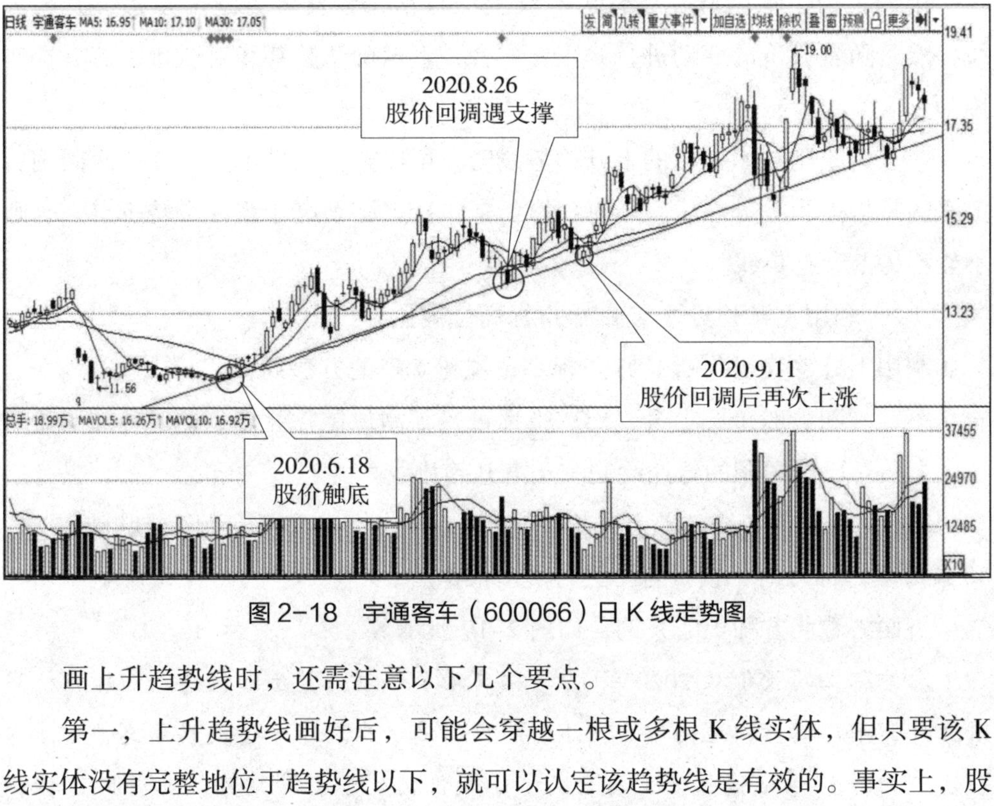

图 2–18 宇通客车（600066）日 K 线走势图

画上升趋势线时，还需注意以下几个要点。

第一，上升趋势线画好后，可能会穿越一根或多根 K 线实体，但只要该 K 线实体没有完整地位于趋势线以下，就可以认定该趋势线是有效的。事实上，股价在回调过程中形成的短期底部，往往相邻的几根 K 线价格趋近，这时，我们选择其中的最低价与其他的低点相连时，不可避免地会穿越某根 K 线的实体。图 2–18 中，我们选择了 2020 年 6 月 18 日的 K 线收盘价（该价格为临近的几根 K 线实体的最低价）为基点，趋势线事实上也穿越了后一个交易日的 K 线实体。

第二，在基准日价格的选择方面，历来有很多不同的意见。比如，有的投资者喜欢单纯地选择收盘价，包括阳线的收盘价，也有人选择最低价即下影线最低点。这些选择本身没有对错之分，不过，笔者仍倾向于使用实体最低点，即阳线的开盘价或阴线的收盘价。

第三，绘制上升趋势线时，还要考虑股价的除权、除息等问题。如果一只股票近期（即绘制趋势线跨越的周期）有过除权或除息，投资者在绘制股价上升趋势线前，应该先将其复权，然后再绘制。

第四，为了保险起见，针对一波上涨行情，投资者可画出多条上升趋势线，然后随着股价的变动进行修正、取舍，直至确认趋势线对股价确有支撑作用为止。

第五，绘制技术指标的上升趋势线时，可以直接以技术指标线两次回调后上涨的转折点为关键点位。同时，第二个转折点必须高于第一个转折点，否则不能称为上升趋势线。

（2）利用上升趋势线与 KDJ 指标高位钝化寻找卖点。

利用上升趋势线判断 KDJ 指标高位钝化卖点的方法如下。

第一，随着股价的上升，KDJ 指标进入了高位钝化状态，这时，在股价 K 线图上针对股价回调的低点绘制一条上升趋势线。

第二，当股价 K 线跌破上升趋势线后，KDJ 指标出现高位死叉或跌破 80 线、50 线等卖出信号时，投资者可进行卖出操作。

下面来看北方稀土的案例，如图 2-19 所示。

北方稀土的股价从 2020 年 11 月初启动了一波强势上涨行情，KDJ 指标同步上升。KDJ 指标到达高位后，随着股价的波动出现了一些波动形态，曲线 K 多次与曲线 D 形成高位死叉与金叉，而股价仍处于上升趋势，说明 KDJ 指标出现了高位钝化现象。此时，KDJ 指标发出的买入或卖出信号对交易无任何指导意义。

投资者可沿股价运行方向绘制一条上升趋势线。在这一波上涨过程中，股价回调至趋势线位置，都因趋势线的支撑作用而再度上升，因此，投资者可将上升趋势线作为重要的参考指标，当股价跌破上升趋势线后，再借助 KDJ 指标分析买入或卖出情形。

2020 年 12 月 3 日，股价跌破上升趋势线，此时，KDJ 指标也自超买区下行，这属于比较典型的卖出信号，投资者可在当日卖出股票。

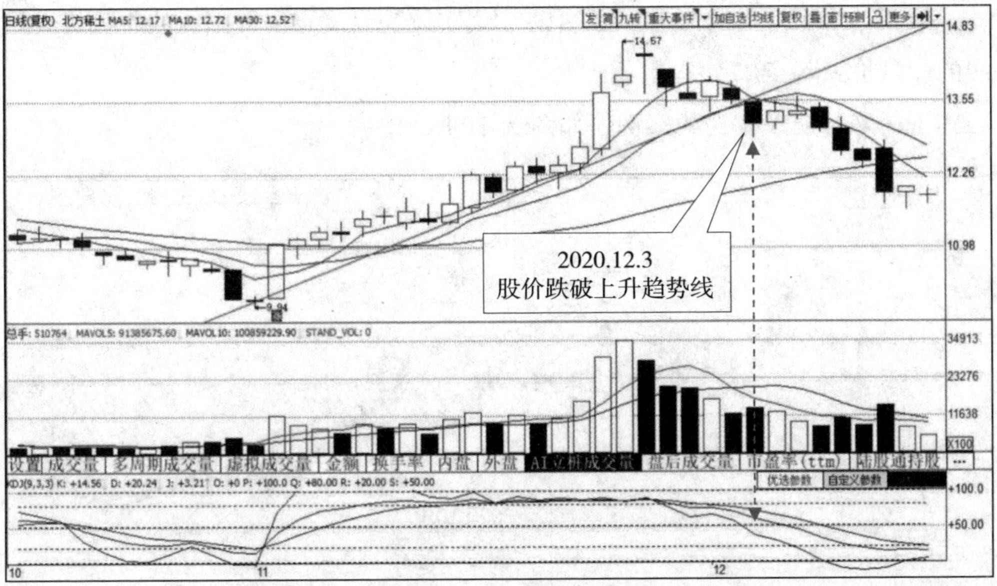

图 2-19 北方稀土（600111）日 K 线走势图

2. KDJ 指标低位钝化与下降趋势线

下降趋势线，是指在股价下跌趋势中连接明显的阻力区域（最高点）的直线。一般情况下，下降趋势线一旦形成，就会对股价产生一定的阻力作用。当 KDJ 指标出现低位钝化时，下降趋势线往往可以作为投资者选择交易时机的重要参考。

（1）下降趋势线的基本画法。

画下降趋势线时，需要掌握以下几项要领。

第一，下降趋势线是以两个反弹高点为关键点位所画的直线，因此，投资者选择的第二个高点必须低于第一个高点。通常情况下，这两个反弹高点应该是股价两次反弹后重新下跌的转折点。

第二，两个反弹高点之间必须有一定的距离，不能是两个紧紧相邻的高点。

第三，通过两个下跌的高点连线所画的下降趋势线，必须经过第三个低点确认方可。该 K 线的实体或影线触及趋势线均可，稍有距离也不影响下降趋势线的有效性。

第四，画下降趋势线时，必须以 K 线实体为出发点，即阳线的收盘价或阴线的开盘价为基点。

下面来看羚锐制药的案例，如图 2-20 所示。

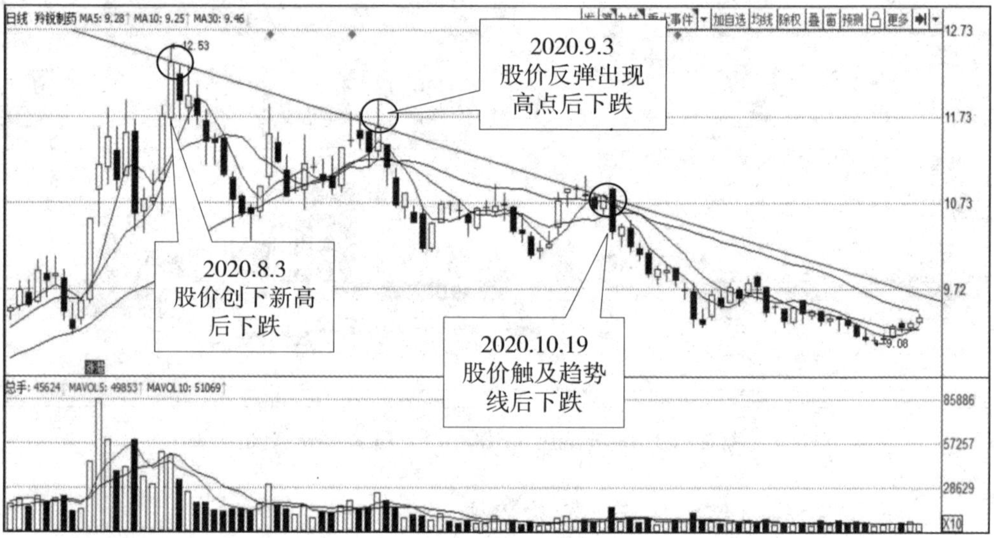

图 2-20 羚锐制药（600285）日 K 线走势图

羚锐制药从 2020 年 8 月 3 日创下阶段高点后开始走出了一波下跌行情，股价沿下降趋势线运行。

2020 年 9 月 3 日，羚锐制药延续了前几日的反弹行情，但盘中遭到强力打压，在 K 线图上留下了长长的上影线。其后，该股股价再度回归下跌通道。2020 年 9 月 3 日所创的高点明显低于 8 月 3 日所创的高点，投资者可连接 9 月 3 日的高点与 8 月 3 日的高点，绘制一条下降趋势线。

2020 年 10 月 19 日，该股股价直接高开于趋势线之上，但被反向大幅打压，进而重新下跌，说明此趋势线具有一定的阻力作用。

此后，该股一路沿着趋势线下跌，股价回调到趋势线附近时，都因受到趋势线的阻力而重新下跌。

画下降趋势线时，还需注意以下几项要点。

第一，与上升趋势线相似，下降趋势线画好后，可能会穿越一根或多根 K

线实体，但只要该 K 线实体没有完整地位于趋势线以上，就可以认定该趋势线是有效的。事实上，股价在反弹过程中形成的短期顶部，往往相邻的几根 K 线价格趋近，这时选择其中的最高价与其他高点相连，不可避免地会穿越某根 K 线的实体。

第二，与上升趋势线相似，下降趋势线的基准日价格选择方面，也有很多不同的意见。比如，有的投资者喜欢单纯地选择收盘价，包括阴线的收盘价，有的会选择最高价即上影线最高点，这些选择本身没有对错之分。不过，笔者仍倾向于使用实体的最高点，即阴线的开盘价或阳线的收盘价。

第三，绘制下降趋势线时，还要考虑股价的除权、除息等问题。如果一只股票近期（即绘制趋势线跨越的周期）有过除权或除息，投资者在绘制股价下降趋势线前，应该先将其复权，然后再绘制。

第四，为了保险起见，针对一波下降行情，投资者可以画出多条下降趋势线，然后随着股价的变动进行修正、取舍，直至确认趋势线对股价确有阻力作用为止。

第五，绘制技术指标的下降趋势线时，可以直接以技术指标线两次反弹后下跌的转折点为关键点位。同时，第二个转折点必须低于第一个转折点，否则不能称为下降趋势线。

（2）利用下降趋势线与 KDJ 指标低位钝化寻找买点。

利用下降趋势线判断 KDJ 指标低位钝化买点的方法如下。

第一，随着股价的下降，KDJ 指标进入了低位钝化状态，此时，在股价 K 线图上针对股价反弹的高点绘制下降趋势线。

第二，当股价 K 线向上突破下降趋势线后，KDJ 指标出现低位金叉或突破 20 线、50 线等买入信号后，投资者可进行买入操作。

下面来看两面针的案例，如图 2-21 所示。

两面针的股价从 2020 年 8 月下旬启动了一波强势下跌行情，KDJ 指标同步下降。KDJ 指标到达低位后，随着股价的波动出现了一些波动形态，曲线 K 多次与曲线 D 形成低位死叉与金叉，而股价仍处于下降趋势，说明 KDJ 指标出现了低位钝化现象。此时，KDJ 指标发出的买入或卖出信号对交易无任何指导意义。

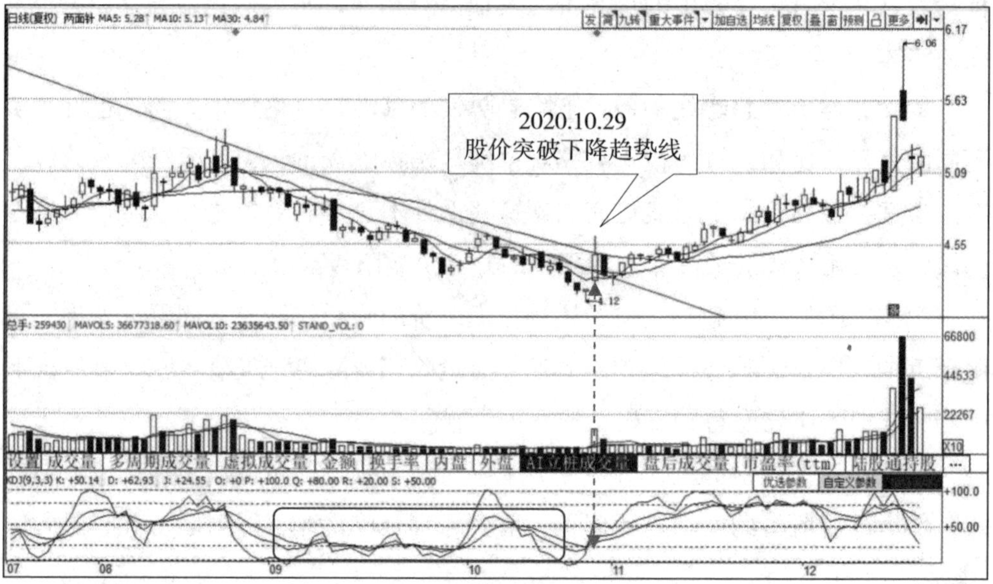

图 2-21 两面针（600249）日 K 线走势图

投资者可沿股价运行方向绘制一条下降趋势线。在这一波下跌过程中，股价反弹至趋势线位置，都因趋势线的阻力作用再度下行，因此，投资者可将下降趋势线作为重要参考指标，当股价向上突破下降趋势线后，再借助 KDJ 指标分析买入或卖出情形。

2020 年 10 月 29 日，股价向上突破下降趋势线，此时 KDJ 指标在出现低位金叉后上升，这属于比较典型的买入信号，投资者可在当日买入股票。

四、KDJ 指标钝化与均线

KDJ 指标钝化时，往往是股价正沿着某一趋势平稳运行之时，如单边上升行情或单边下跌行情。此时，投资者可考虑按照股价与 10 日均线（或 20 日均线）的关系来判断买卖点。

通常情况下，单边趋势下，股价会沿着特定的均线上升或下跌，如 10 日均线或 20 日均线。在股价上升过程中，只有当股价跌破 10 日均线（或 20 日均线）后，才可以考虑借助 KDJ 指标识别买卖信号，在股价跌破均线前，KDJ 指标发出的信号应一律无视。

下面来看永兴材料的案例，如图 2-22 所示。

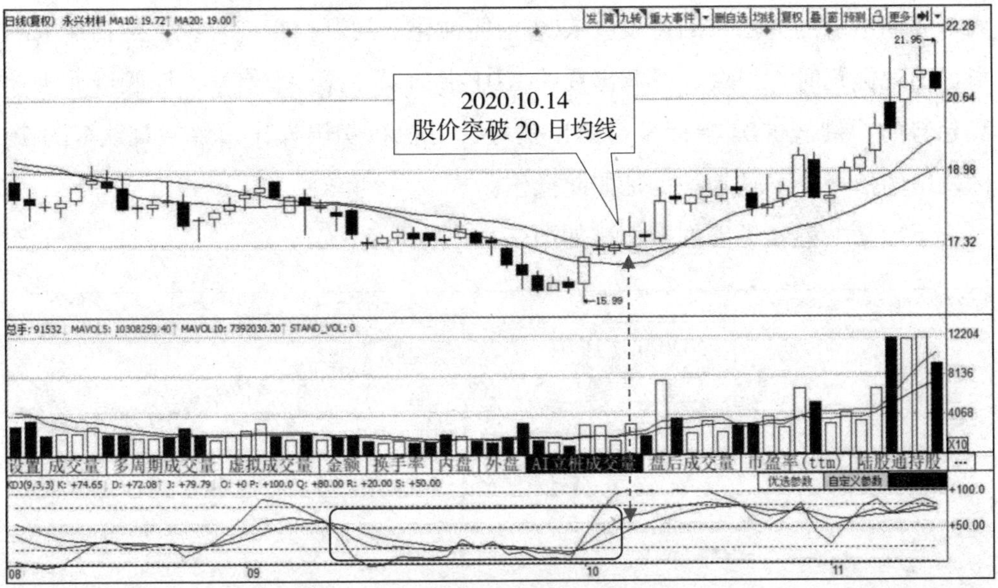

图 2-22　永兴材料（002756）日 K 线走势图

永兴材料的股价从 2020 年 7 月初启动了一波下降行情，KDJ 指标同步下行。

进入 2020 年 9 月以后，股价一直持续下行走势。KDJ 指标到达低位后，随着股价的波动出现了一些波动形态，曲线 K 多次与曲线 D 形成低位金叉，而股价仍处于下降趋势，说明 KDJ 指标出现了低位钝化现象，KDJ 指标发出的买入或卖出信号对交易无任何指导意义。

此时，投资者可观察股价与 20 日均线的关系。在这一波下跌过程中，股价回调时，从未有效突破过 20 日均线，因此，投资者可将 20 日均线作为重要参考指标，当股价有效突破 20 日均线后，再借助 KDJ 指标分析买入或卖出情形。

2020 年 10 月 14 日，股价向上突破 20 日均线，此时 KDJ 指标也自超卖区上行，这属于比较典型的买入信号，投资者可在当日买入股票。

五、KDJ 指标钝化与多周期共振

KDJ 指标钝化，是由于某一周期内多次出现金叉和死叉造成的，在这种情况下，投资者可将分析周期扩大来观察 KDJ 指标的走势情况。例如，可采用日线与周期结合的方法来回避日线 KDJ 指标钝化的问题。也就是说，当日线 KDJ 指标出现钝化时，投资者可调出周线 KDJ 指标来寻找买卖信号，即股价处于上涨趋势时，周线 KDJ 指标发出卖出信号，可执行卖出操作，忽视日线 KDJ 指标发出的信号。下跌趋势也是如此操作。

下面来看盛新锂能的案例，如图 2-23 所示。

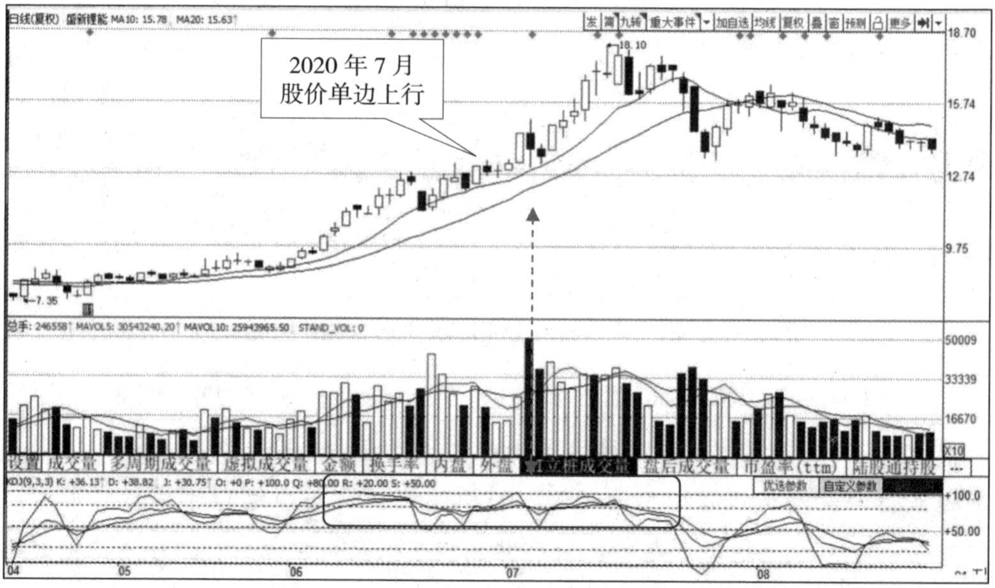

图 2-23　盛新锂能（002240，现为威华股份）KDJ 指标日线走势图

盛新锂能的股价从 2020 年 5 月中旬启动了一波强势上涨行情，KDJ 指标同步上行。进入 2020 年 7 月，KDJ 指标到达高位后，随着股价的波动出现了一些波动形态，曲线 K 多次与曲线 D 形成高位死叉，而股价仍处于上升趋势，

说明 KDJ 指标出现了高位钝化现象。此时，KDJ 指标发出的买入或卖出信号对交易无任何指导意义，投资者可将日 K 线图换成周 K 线图，再来观察一下股价的走势情况，如图 2-24 所示。

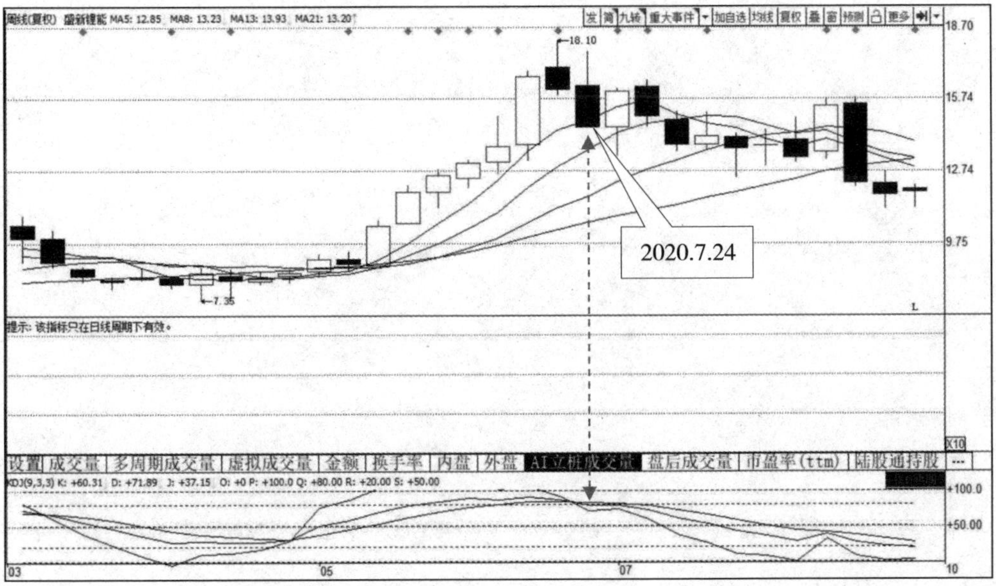

图 2-24 盛新锂能（002240，现为威华股份）KDJ 指标周线走势图

盛新锂能在日线 KDJ 指标出现高位钝化时，周线 KDJ 指标并未钝化，且在 2020 年 7 月 24 日出现了高位死叉，并跌破了超买区域，说明股价上涨趋势已经结束，投资者此时应立即卖出手中的股票。

第三章

进取之道——KDJ 指标曲线形态技法

KDJ 指标中各条指标线的运行状态、趋势，反映了多空双方的力量对比变化情况，会对股价未来的走势产生一定的预警作用。

第一节 曲线 K 的形态及交易含义

在 KDJ 指标中，曲线 K 是一条核心指标线，随着股价的波动，曲线 K 的一些运行状态或波动情况，可以为投资者判断股价未来运行趋势提供支持。

一、曲线 K 在 80 线上方拐头

在 KDJ 指标中，曲线 K 属于反映比较灵敏的一条指标线。随着股价的波动，曲线 K 也会随之摆动。当股价出现振荡上涨行情时，曲线 K 也会随之上行并进入 80 线超买区域。不过，当曲线 K 自 80 线上方超买区域拐头向下（以跌破 80 线为宜），往往意味着股价可能会出现一波回调或下跌走势。

下面来看大有能源的案例，如图 3–1 所示。

大有能源的股价在 2020 年 7 月初出现了一波上涨走势。股价上涨过程中，KDJ 指标也同步上升，曲线 J 和曲线 K 先后进入 80 线上方超买区域。2020 年

7 月 14 日，该股触及短期阶段高点后回落，在 K 线图留下了一根带长上影线的小阳线。2020 年 7 月 15 日，曲线 K 和曲线 J 全部拐头，特别是曲线 K 自超买区域拐头向下并跌破了 80 线，说明该股股价短期存在回落或下跌的可能，投资者宜暂时减仓或离场。

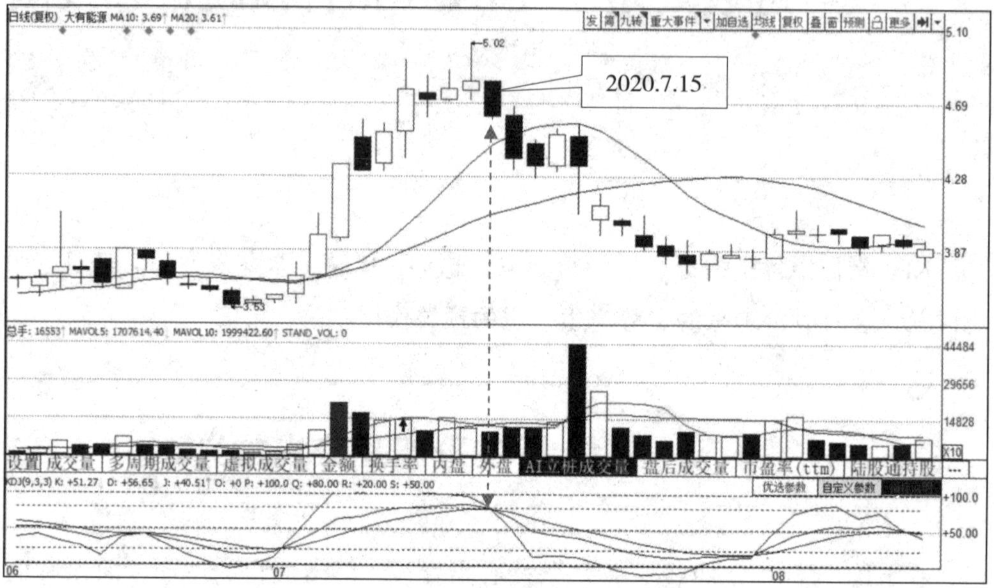

图 3-1　大有能源（600403）KDJ 指标走势图

二、曲线 K 在 20 线下方拐头

与上升趋势相反，当股价处于下行趋势时，曲线 K 也会随之下行至 20 线以下的超卖区域。此后，若股价出现反弹，曲线 K 在 20 线下方有拐头向上（以突破 20 线为宜）的迹象，则意味着股价未来有企稳上升的可能。

下面来看东风汽车的案例，如图 3-2 所示。

东风汽车的股价自 2020 年 12 月初出现了一波振荡调整走势。股价调整过程中，KDJ 指标也同步下跌，曲线 J 和曲线 K 先后进入 20 线下方超卖区域。2020 年 12 月 10 日和 11 日，该股触及短期阶段低点后持续振荡，在 K 线图上留下了两根小十字线，说明股价未来运行趋势存在很大的不确定性。2020 年 12 月 14 日，曲线 K 和曲线 J 全部拐头，特别是曲线 K 自超卖区域拐头向上突破了 20 线，说明该股股价短期存在反弹向上的可能。

此后，该股股价连续多日出现了快速上攻走势。

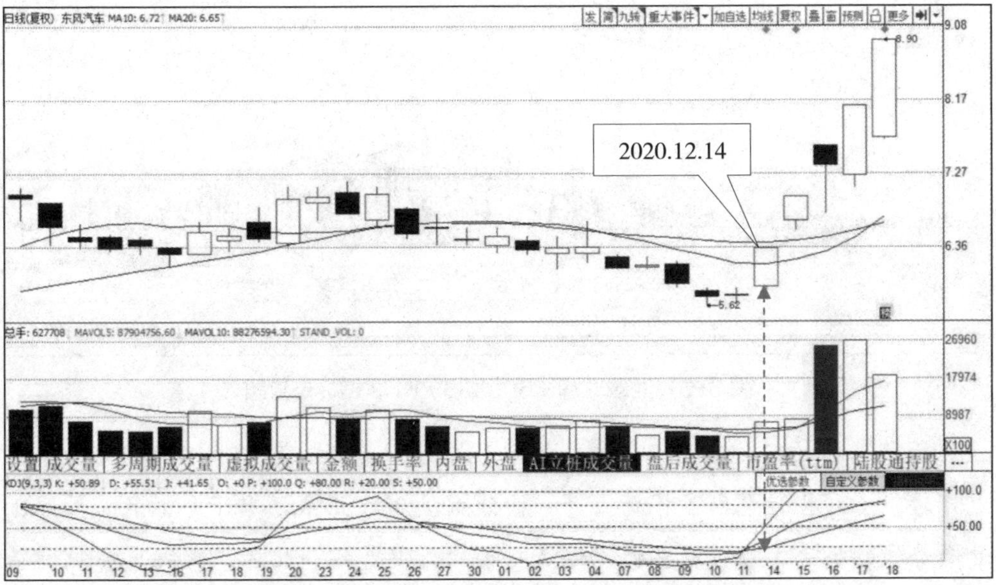

图 3-2 东风汽车（600006）KDJ 指标走势图

三、曲线 K 与上升趋势线

前面章节介绍过上升趋势线的绘制方法和用法，事实上，上升趋势线也可以用来描述曲线 K 的运行趋势。正常情况下，股价上涨，曲线 K 也会同步上行，股价回调，曲线 K 也会同步回落。将曲线 K 回落的低点相连，就得到一条上升趋势线，当曲线 K 向下跌破上升趋势线，则意味着股价上升趋势存在终结的可能。特别是在曲线 K 自 80 线上方向下跌破上升趋势线时，更可印证股价上升趋势的终结。

下面来看西藏珠峰的案例，如图 3-3 所示。

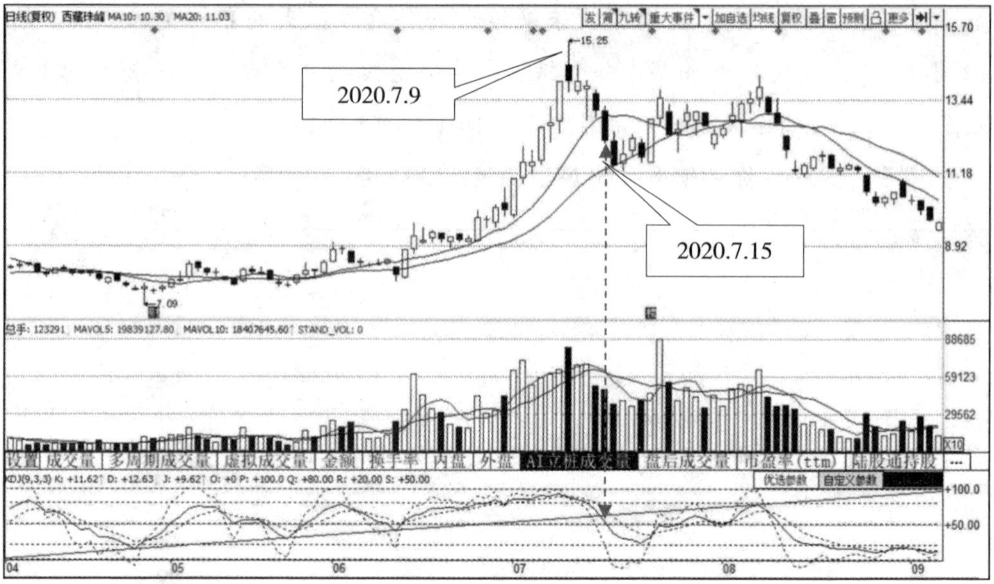

图 3-3　西藏珠峰（600338）KDJ 指标走势图

西藏珠峰的股价自 2020 年 4 月下旬出现了一波振荡上涨行情。股价振荡上升时，KDJ 指标也同步振荡上升，曲线 K 也随之形成了若干个低点。按照上升趋势线的画法，可将这些低点连成一条上升趋势线。此后，曲线 K 每次随着股价回调，低点都大致落在上升趋势线上，由此可见，该趋势线对曲线 K 具有支撑作用。

2020 年 7 月 9 日，股价出现了筑顶迹象。2020 年 7 月 15 日，该股股价连续大幅下挫，曲线 K 率先跌破了上升趋势线和 80 线，说明短期内股价有可能出现一波较大的下跌，投资者宜卖出一部分股票。

此后，该股股价出现了一波反弹，曲线 K 反弹至上升趋势线位置，因受上升趋势线的阻力作用重新下行，说明该股股价已经进入下行通道，投资者宜离场。

四、曲线 K 与下降趋势线

前面章节介绍过下降趋势线的绘制方法和用法，下降趋势线也可以用来描述曲线 K 的运行趋势。正常情况，股价下跌，曲线 K 也会同步下行，股价反弹，曲线 K 也会同步上升。将曲线 K 反弹的高点相连，就得到一条下降趋势线，当曲线 K 向上突破下降趋势线，则意味着股价下降趋势存在终结的可能。特别是曲线 K 自 20 线下方向上突破下降趋势线时，则意味着股价存在启动上升的可能。

通常情况下，对下降趋势终结的研判要比上升趋势终结的研判更为复杂，也应更谨慎。曲线 K 向上突破下降趋势线的同时，需要满足以下条件。

第一，曲线 K 向上突破时，股价 K 线同步向上突破重要的阻力位或中期均线位，这是股价启动的前提条件。

第二，曲线 K 向上突破时，成交量需要同步放大，这是新的资金入场的一个显著迹象。

第三，曲线 K 向上突破下降趋势线时，应同步向上突破 20 线或 50 线位置。

下面来看永兴材料的案例，如图 3–4 所示。

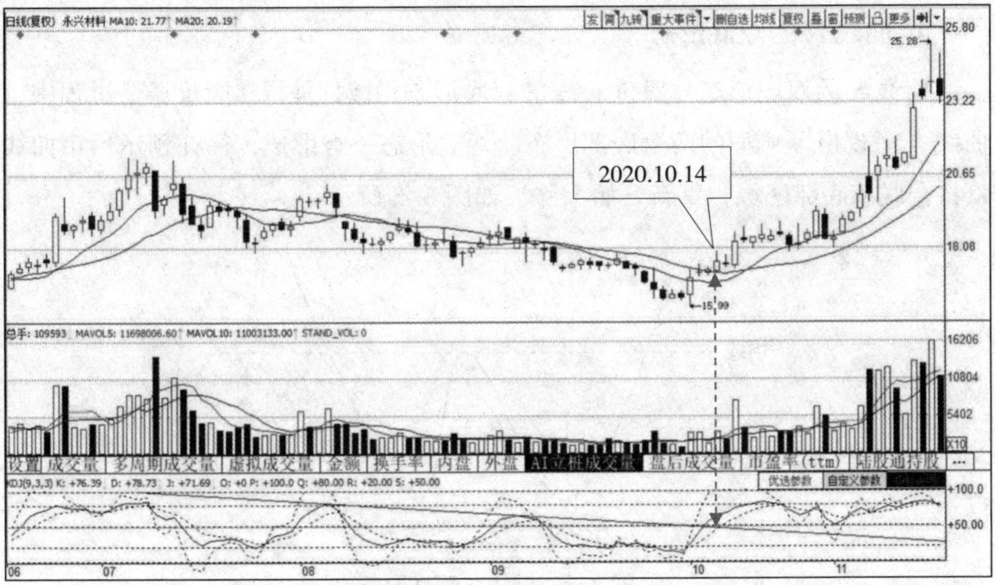

图 3–4　永兴材料（002756）KDJ 指标走势图

永兴材料的股价自 2020 年 7 月开始了一波振荡下跌行情。股价振荡下行时，KDJ 指标也出现了振荡下跌走势，曲线 K 随之形成了若干个反弹高点。按照下降趋势线的画法，将这些高点连成一条下降趋势线。此后，曲线 K 每次随着股价反弹，高点都大致落在下降趋势线上，由此可见，该趋势线对曲线 K 具有阻力作用。

2020 年 10 月 14 日，该股股价放量向上突破了 20 日均线，曲线 K 也同步向上突破下降趋势线，并返回 50 线上方区域，说明短期内股价有可能出现一波较大的上涨行情，投资者宜买入股票。

此后，该股股价出现了一波快速上升走势。

五、曲线 K 的双底与双顶形态

随着股价的波动，曲线 K 也可能会呈现出类似 K 线的底部或顶部形态。实战中，曲线 K 呈现的双底或双顶形态，往往能够对股价未来走势起到一定的指引作用。

1. 曲线 K 的双底形态

曲线 K 的双底形态与股价 K 线的双底形态相似，是指在股价振荡过程中，曲线 K 呈现出了典型的两个底部形态。双底形态一旦形成，往往预示后市曲线 K 将会脱离底部区域，重新开始上涨，如图 3-5 所示。

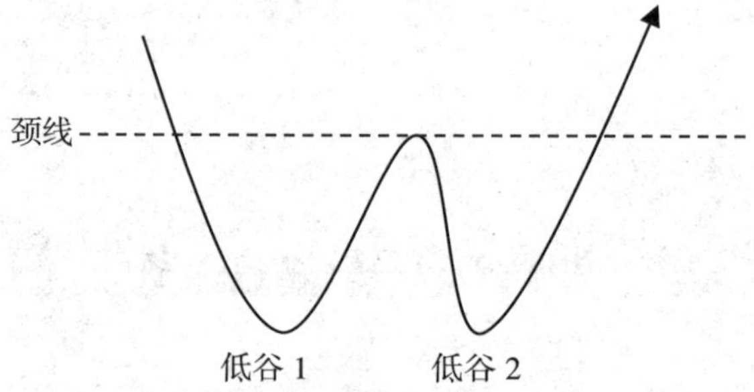

图 3-5　曲线 K 双底形态

曲线 K 双底形态的具体交易含义如下。

第一，与股价 K 线的双底形态相似，投资者也可以在双底中间反弹的高点处画一条直线，即颈线。曲线 K 如果向上突破颈线位，说明曲线 K 将要展开一波上涨行情，投资者可以考虑买入股票。

第二，双底形态中的两个最低点若全部位于 20 线下方，则看涨的指示作用更强。

第三，第二个低点高于第一个低点，则看涨信号更为强烈。

第四，曲线 K 形成双底形态后，向上突破颈线位时，如同步向上突破 50 线，则看涨意味更浓。

第五，随着曲线 K 向上突破双底颈线位，如股价 K 线同步结束调整或突破某一重要阻力位，则可增强股价走高的概率。

下面来看平煤股份的案例，如图 3–6 所示。

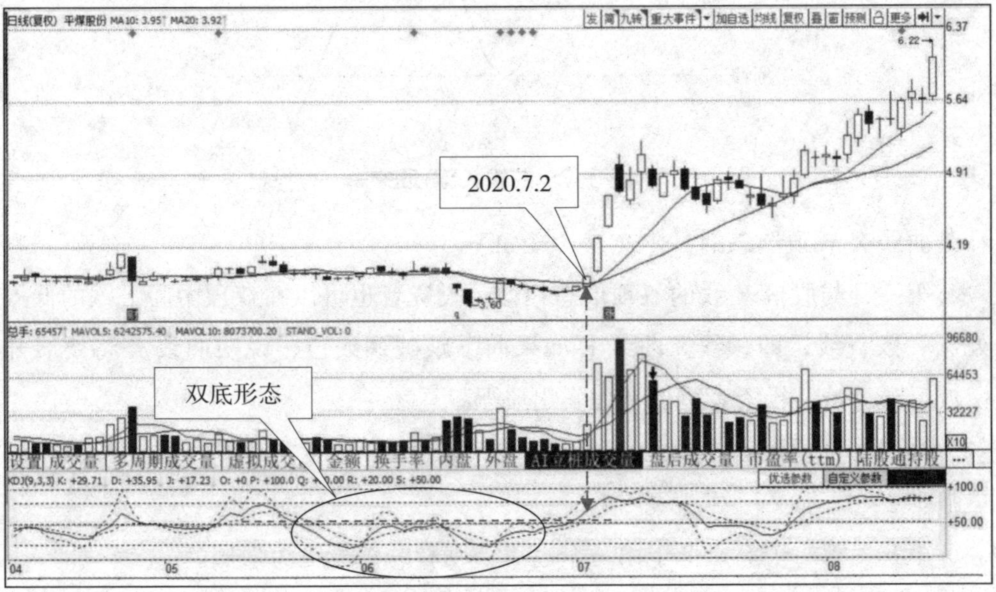

图 3–6　平煤股份（601666）KDJ 指标走势图

平煤股份的股价自 2020 年 3 月开始走出了一波振荡下跌盘整行情，与此同时，曲线 K 连续两次下跌的低点构成了双底形态。2020 年 7 月 2 日，曲线 K 快速突破了双底形态的颈线位，当日曲线 K 也同步向上突破了 50 线，说明曲线 K 将会出现一波上升走势，股价也会随之上涨，此时就是一个较佳的买点。

此后，该股股价出现了一波振荡上升走势。

2. 曲线 K 的双顶形态

曲线 K 的双顶形态与股价 K 线的双顶形态相似，是指在股价振荡过程中，曲线 K 呈现出了典型的两个顶部形态。双顶形态一旦形成，往往预示后市曲线 K 将会脱离顶部区域，开始下跌，如图 3–7 所示。

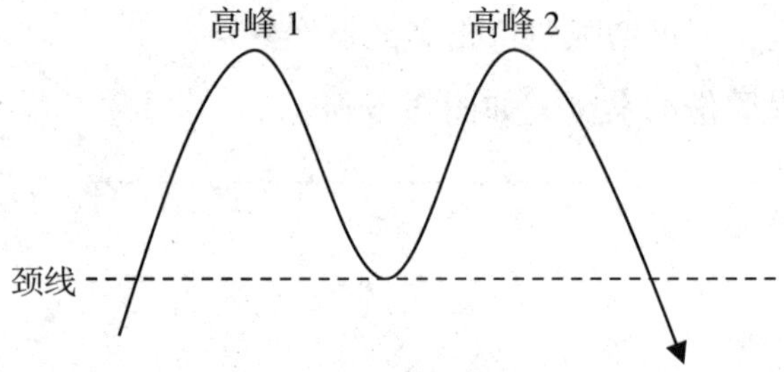

图 3–7　曲线 K 双顶形态

曲线 K 双顶形态的具体交易含义如下。

第一，与股价 K 线的双顶形态相似，投资者也可以在双顶中间下跌的低点处画一条直线，即颈线。曲线 K 如果向下跌破颈线位，说明曲线 K 将要展开一波下跌行情，投资者可以考虑卖出股票。

第二，双顶形态中的两个高点若全部位于 80 线上方，则看跌的指示作用更强。

第三，第二个高点低于第一个高点，则看跌信号更为强烈。

第四，曲线 K 形成双顶形态后，向下跌破颈线位时，若同步向下跌破 50 线，则看跌意味更浓。

第五，随着曲线 K 向下跌破双顶颈线位，如股价 K 线同步跌破某一重要支撑位，则可增强股价走跌的概率。

下面来看神力股份的案例，如图 3–8 所示。

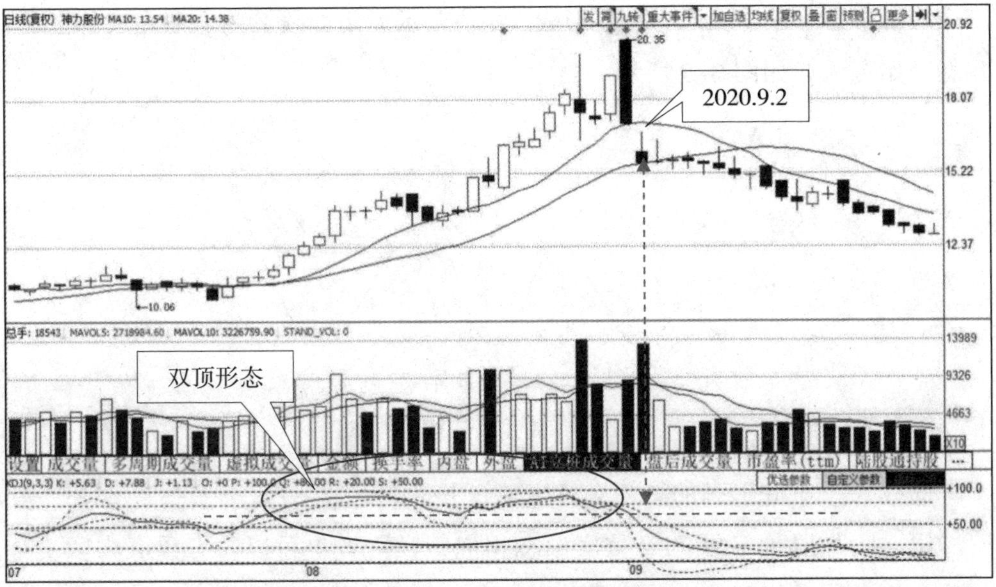

图 3-8　神力股份（603819）KDJ 指标走势图

神力股份的股价自 2020 年 7 月启动了一波振荡上涨行情，与此同时，曲线 K 随之振荡走高。曲线 K 连续两次上涨后回调的高点构成了双顶形态。2020 年 9 月 2 日，曲线 K 快速跌破了双顶形态的颈线位，说明曲线 K 将会出现一波下降走势，股价也会随之下跌。由于双顶的高点全部位于 80 线上方，因此，此时看跌的意味更浓。

此后，该股股价开始了一波振荡下跌之路。

六、曲线 K 的三重底与三重顶形态

三重底与三重顶形态是与双底与双顶形态相似的形态，也可以看成是双底与双顶形态的增强版。通常情况下，三重底与三重顶形态比双底与双顶形态具有更强的交易指引作用。

1. 曲线 K 的三重底形态

曲线 K 的三重底形态，是指在股价振荡过程中，曲线 K 呈现出了典型的

三个底部形态。三重底形态一旦形成，往往预示后市曲线 K 将会脱离底部区域，重新开始上涨，如图 3-9 所示。

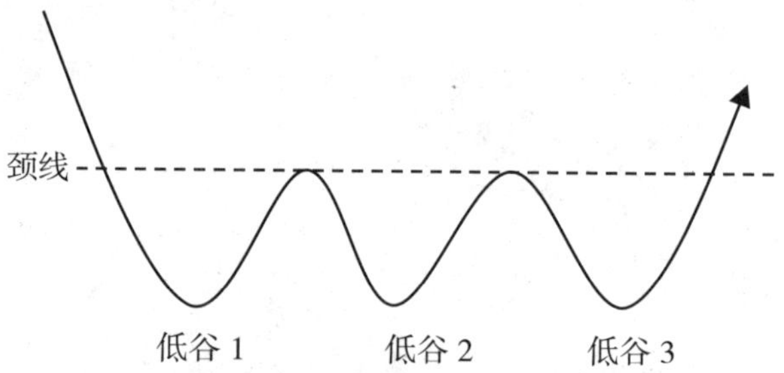

图 3-9　曲线 K 三重底形态

曲线 K 三重底形态的具体交易含义如下。

第一，与股价 K 线的三重底形态相似，投资者也可以在三重底中间反弹的两个高点处画一条直线，即颈线。曲线 K 如果向上突破颈线位，说明曲线 K 将要展开一波上涨行情，投资者可以考虑买入股票。

第二，三重底形态中的三个最低点若全部位于 20 线下方，则看涨的指示作用更强。

第三，最后一个低点高于前两个低点，则看涨信号更为强烈。

第四，曲线 K 形成三重底形态后，向上突破颈线位时，如同步向上突破 50 线，则看涨意味更浓。

第五，随着曲线 K 向上突破三重底颈线位，如股价 K 线同步结束调整或突破某一重要阻力位，则可增强股价走高的概率。

第六，与股价 K 线三重底形态相似，曲线 K 突破颈线位后，也有可能会出现回调走势，当其回调至颈线位时，因受颈线的支撑重新上涨，更可增强信号看涨的意味。

下面来看云海金属的案例，如图 3-10 所示。

云海金属的股价自 2020 年 8 月初开始走出了一波振荡下跌行情，与此同时，曲线 K 一路下跌，并迅速进入 20 线以下区域。此后，该股股价出现了阶梯式下跌，曲线 K 同时形成了三重底形态。2020 年 10 月 12 日，曲线 K 向上突破了三重底形态的颈线位，说明曲线 K 将会出现一波上升走势，股价也会随之上涨，此时就是一个较佳的买点。三重底形成过程中，三个底部均位于 20 线以下区域，这更增加了其后股价上涨的可能性，投资者可考虑适当加大建仓的仓位。

此后，曲线 K 与股价 K 线同步出现回调走势。2020 年 10 月 28 日，当曲线 K 回调至颈线位时，因受颈线位的支撑重新上攻，此时就是投资者最佳的加仓时机。

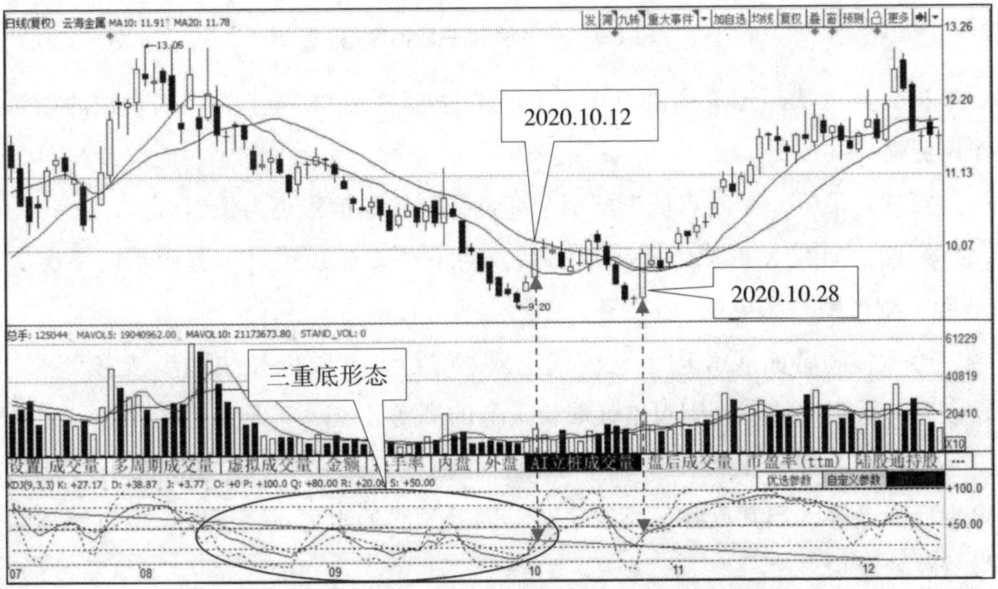

图 3–10　云海金属（002182）KDJ 指标走势图

2. 曲线 K 的三重顶形态

曲线 K 的三重顶形态，是指在股价振荡过程中，曲线 K 呈现出了典型的三个顶部形态。三重顶形态一旦形成，往往预示后市曲线 K 将会脱离顶部区域，重新开始下跌，如图 3–11 所示。

曲线 K 三重顶形态的具体交易含义如下。

第一，与股价 K 线的三重顶形态相似，投资者也可以在三重顶中间回调的两个低点处画一条直线，即颈线。曲线 K 如果向下跌破颈线位，说明曲线 K 将要展开一波下跌行情，投资者可以考虑卖出股票。

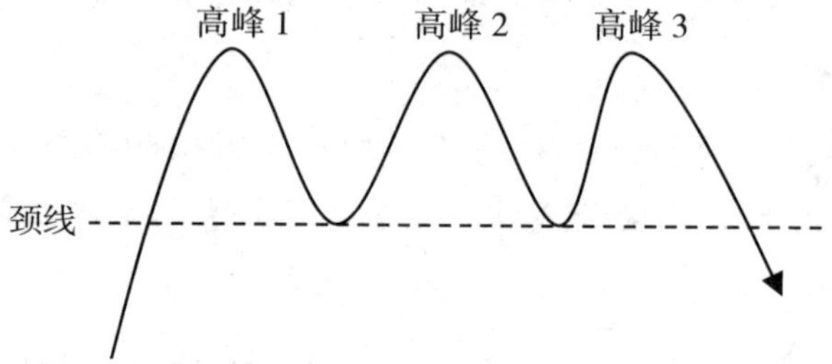

图 3-11　曲线 K 三重顶形态

第二，三重顶形态中的三个最高点若全部位于 80 线上方，则看跌的指示作用更强。

第三，最后一个高点低于前两个高点，则看跌信号更为强烈。

第四，曲线 K 形成三重顶形态后，向下跌破颈线位时，若同步向下突破 50 线，则看跌意味更浓。

第五，随着曲线 K 向下跌破三重顶颈线位，若股价 K 线同步结束反弹或跌破某一重要支撑位，则可增强股价走低的概率。

第六，与股价 K 线三重顶形态相似，曲线 K 跌破颈线位后，也有可能会出现反弹走势，当其反弹至颈线位时，因受颈线的阻力重新下跌，更可增强信号看跌的意味。

下面来看宏大爆破的案例，如图 3-12 所示。

宏大爆破的股价在 2020 年 7 月到 8 月之间走出了一波振荡上涨行情，与此同时，曲线 K 随之振荡走高。同时，曲线 K 连续三次上涨后回调的高点构成了三重顶形态。2020 年 8 月 12 日，曲线 K 快速跌破了三重顶形态的颈线位，说明曲线 K 将会出现一波下降走势，股价也会随之下跌。由于三重顶的高点全部位于 80 线上方，因此，此时看跌的意味更浓。由于曲线 K 跌破颈线时已经跌破 80 线位置，说明股价即将进入快速下跌通道，投资者应立即清仓。

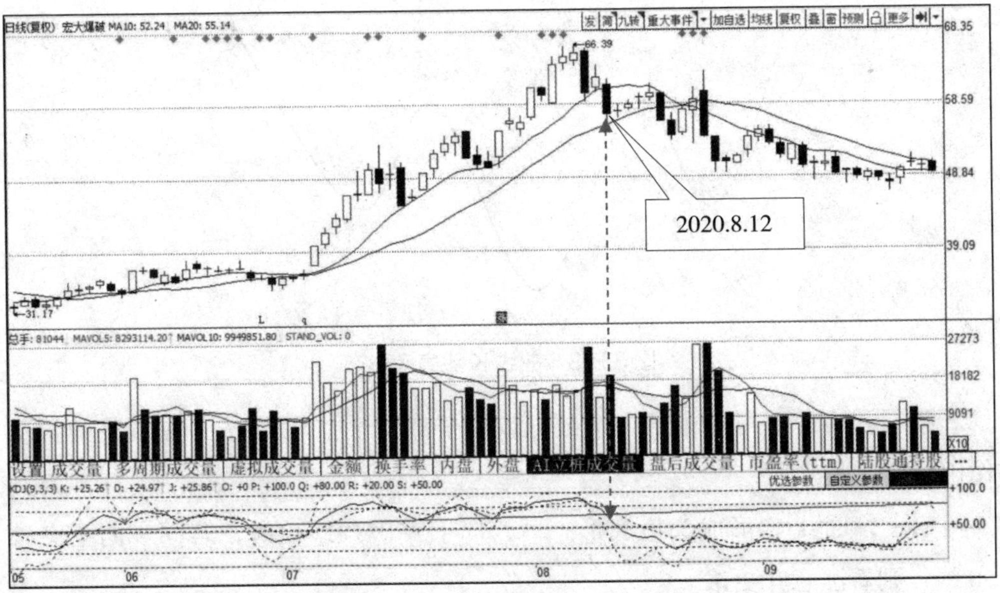

图 3-12　宏大爆破（002683）KDJ 指标走势图

七、曲线 K 的头肩底与头肩顶形态

与股价 K 线中头肩底和头肩顶形态相似，曲线 K 在运动过程中呈现的头肩底和头肩顶形态，也可以看成是三重底形态和三重顶形态的特殊形态。

1. 曲线 K 的头肩底形态

曲线 K 的头肩底形态，是指在股价振荡过程中，曲线 K 呈现出了典型的三个底部形态，且位于中间的低点明显低于其他两个低点。头肩底形态一旦形成，往往预示后市曲线 K 将会脱离底部区域，重新开始上涨，如图 3-13 所示。

与曲线 K 三重底形态的分析方法相似，头肩底形态的操作要点如下。

第一，与曲线 K 的三重底形态相似，投资者也可以在三底中间反弹的两个高点处画一条直线，即颈线。曲线 K 如果向上突破颈线位，说明曲线 K 将要展开一波上涨行情，投资者可以考虑买入股票。

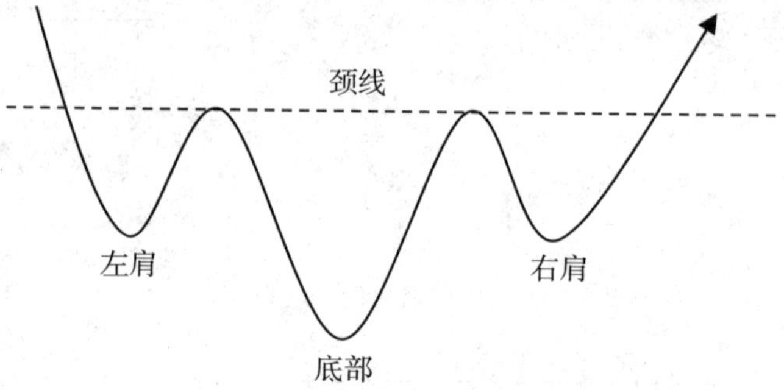

图 3-13　曲线 K 头肩底形态

第二，头肩底形态中的三个最低点若全部位于 20 线下方，则看涨的指示作用更强。

第三，曲线 K 形成头肩底形态后，向上突破颈线位时，若同步向上突破 50 线，则看涨意味更浓。

第四，随着曲线 K 向上突破头肩底颈线位，若股价 K 线同步结束调整或突破某一重要阻力位，则可增强股价走高的概率。

第五，与股价 K 线头肩底形态相似，曲线 K 突破颈线位后，也有可能出现回调走势，当其回调至颈线位时，因受颈线支撑重新上涨，更可增强信号看涨的意味。

下面来看湘潭电化的案例，如图 3-14 所示。

湘潭电化的股价自 2019 年 5 月开始走出了一波振荡下跌行情，与此同时，曲线 K 一路下跌，并迅速进入 20 线以下区域。此后，该股股价出现了阶梯式下跌，曲线 K 形成了头肩底形态，即曲线 K 在 2019 年 11 月 11 日形成的底部明显低于前后两个底部。

2019 年 12 月 10 日，曲线 K 向上突破了头肩底形态的颈线位，说明曲线 K 将会出现一波上升走势，股价也会随之上涨，此时就是一个较佳的买点。头肩底形成过程中，前两个底部均位于 20 线以下区域，而第三个底部明显高于之前的两个底部，这更增加了其后股价上涨的可能性，投资者可考虑适当加大建仓的仓位。

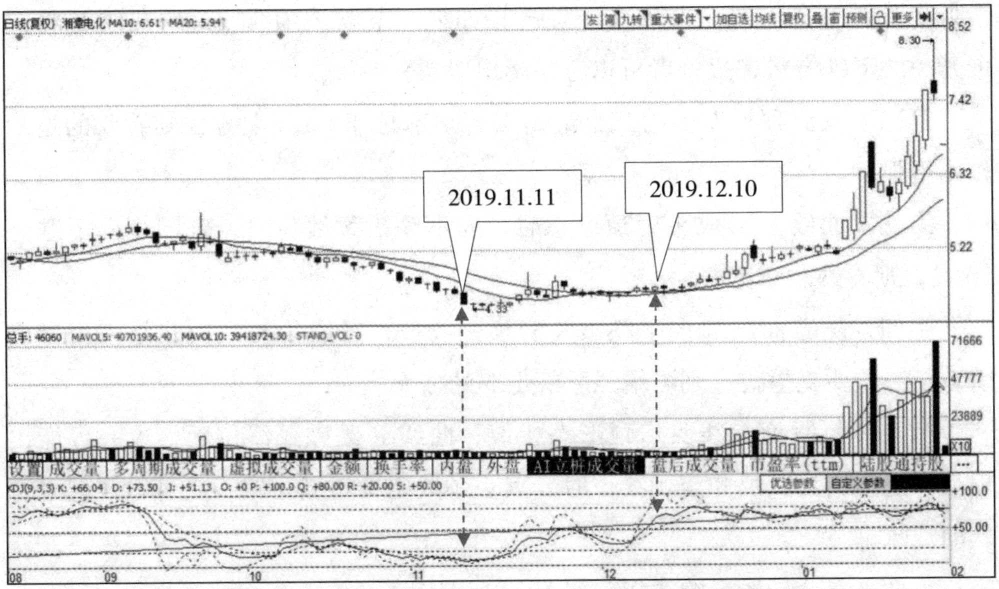

图 3-14　湘潭电化（002125）KDJ 指标走势图

2. 曲线 K 的头肩顶形态

曲线 K 的头肩顶形态，是指在股价振荡过程中，曲线 K 呈现出了典型的三个顶部形态，且位于中间的高点明显高于其他两个高点。头肩顶形态一旦形成，往往预示后市曲线 K 将会脱离顶部区域，启动下跌走势，如图 3-15 所示。

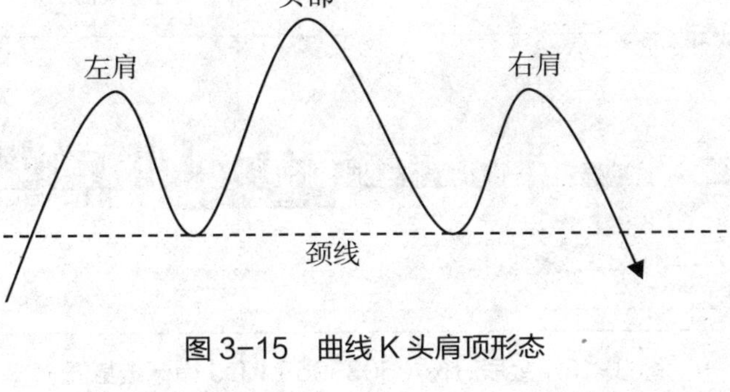

图 3-15　曲线 K 头肩顶形态

与曲线 K 的三重顶形态的分析方法相似，头肩顶形态的操作要点如下。

第一，与曲线 K 的三重顶形态相似，投资者也可以在三个顶中间回调的两个低点处画一条直线，即颈线。曲线 K 如果向下跌破颈线，说明曲线 K 将要展开一波下跌走势，投资者可以考虑卖出股票。

第二，头肩顶形态中的三个最高点若全部位于 80 线上方，则看跌的指示作用更强。

第三，曲线 K 形成头肩顶形态后，向下跌破颈线位时，若同步向下跌破 50 线，则看跌意味更浓。

第四，随着曲线 K 向下跌破头肩顶颈线位，若股价 K 线同步结束反弹或跌破某一重要支撑位，则可增强股价走弱的概率。

第五，与股价 K 线头肩顶形态相似，曲线 K 跌破颈线位后，也有可能出现反弹走势，当其反弹至颈线位时，因受颈线阻力重新下跌，更可增强信号看跌的意味。

下面来看金辰股份的案例，如图 3–16 所示。

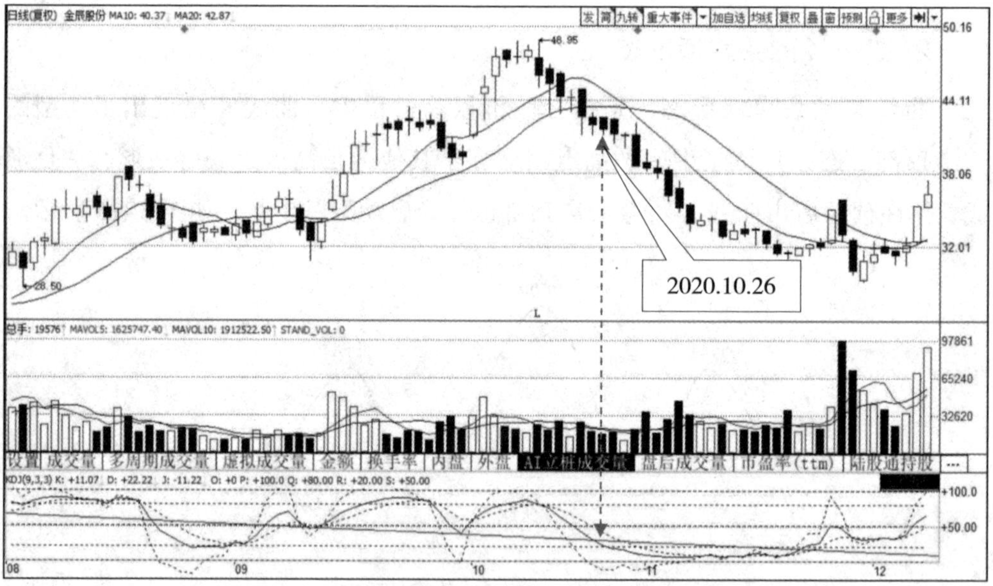

图 3–16　金辰股份（603396）KDJ 指标走势图

金辰股份的股价自 2020 年 5 月初走出了一波振荡上涨行情，与此同时，曲线 K 随之振荡走高。同时，曲线 K 连续三次上涨后回调的高点构成了头肩顶形态，即 2020 年 9 月下旬曲线 K 形成的高点要远远高于其他两个高点。

2020 年 10 月 26 日，曲线 K 快速跌破了头肩顶形态的颈线位，说明曲线 K 将会出现一波下降走势，股价也会随之下跌。由于三重顶的后两个高点位于 80 线上方，因此，此时看跌的意味更浓。曲线 K 跌破颈线，说明股价即将进入快速下跌通道，投资者应立即清仓。

第二节　曲线 D 的形态及交易含义

从本质上来说，曲线 D 就是曲线 K 的移动平均线，因此，相比曲线 K，曲线 D 的运行态势更为稳健，其在运行过程中发出的交易信号可能更为准确。

一、曲线 D 在 80 线附近拐头

随着股价的波动，曲线 D 也会频繁摆动，当然，这种摆动要比曲线 K 缓慢一些。不过，当曲线 D 来到 80 线附近，甚至超过 80 线后出现拐头向下（以重新跌破 80 线为宜）的迹象，则意味着股价短线上升势头有结束或中断的可能。通常情况下，曲线 D 在 80 线附近位置拐头向下的卖出信号要比曲线 K 更准确一些。

下面来看荃银高科的案例，如图 3–17 所示。

荃银高科的股价自 2020 年 6 月中旬出现了一波振荡上涨走势，股价上涨过程中，KDJ 指标也同步振荡上升。KDJ 指标中的曲线 D 几次创出新高后出现拐头向下的态势，不过，由于曲线 D 均未上升至 80 线附近，投资者可忽略该信号。

2020 年 8 月 10 日，荃银高科的股价自高点回落，与此同时，KDJ 指标中的曲线 D 自 80 线以上区域出现拐头向下态势，说明股价短线上升有终结或中断的可能，投资者可考虑减仓，待曲线 D 向下跌破 80 线再执行清仓操作。

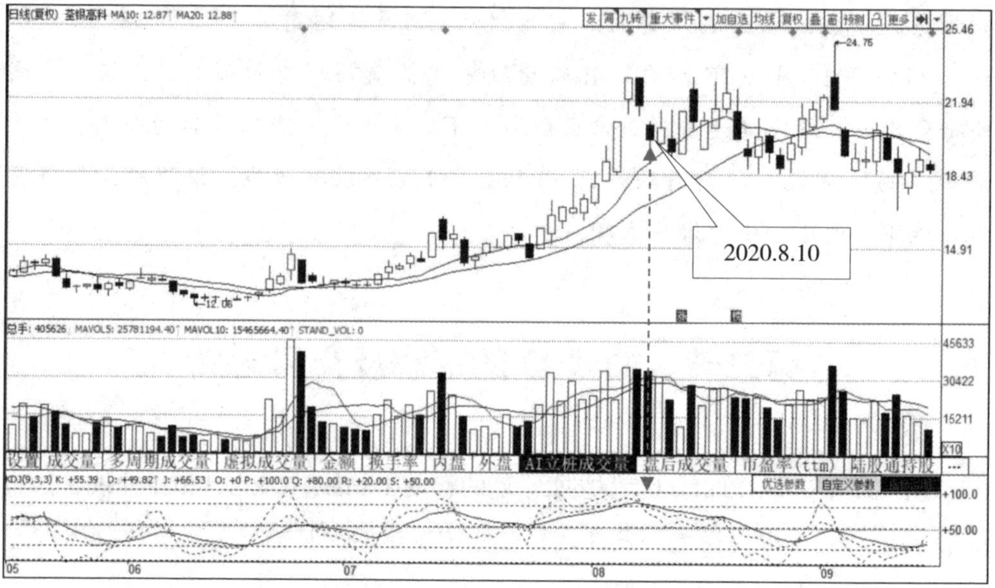

图 3-17　荃银高科（300087）KDJ 指标走势图

二、曲线 D 在 20 线附近拐头

随着股价进入低位，曲线 D 也会随之向下运行。当曲线 D 来到 20 线附近，甚至跌破 20 线后出现拐头向上（以重新向上突破 20 线为宜）的迹象，则意味着股价短线下跌势头有结束或中断的可能。通常情况下，曲线 D 在 20 线附近位置拐头向上的买入信号要比曲线 K 更准确一些。鉴于买入决策比卖出决策要更为审慎，因此，在执行建仓操作时，最好等曲线 D 拐头并对 20 线完成突破后再入场。

下面来看科达利的案例，如图 3-18 所示。

科达利的股价自 2020 年 10 月中旬出现了一波振荡下跌走势，股价回落过程中，KDJ 指标也同步振荡下行。KDJ 指标中的曲线 D 几次创出新低后出现拐头向上的态势，不过，由于曲线 D 均未下跌至 20 线附近，投资者可忽略该信号。

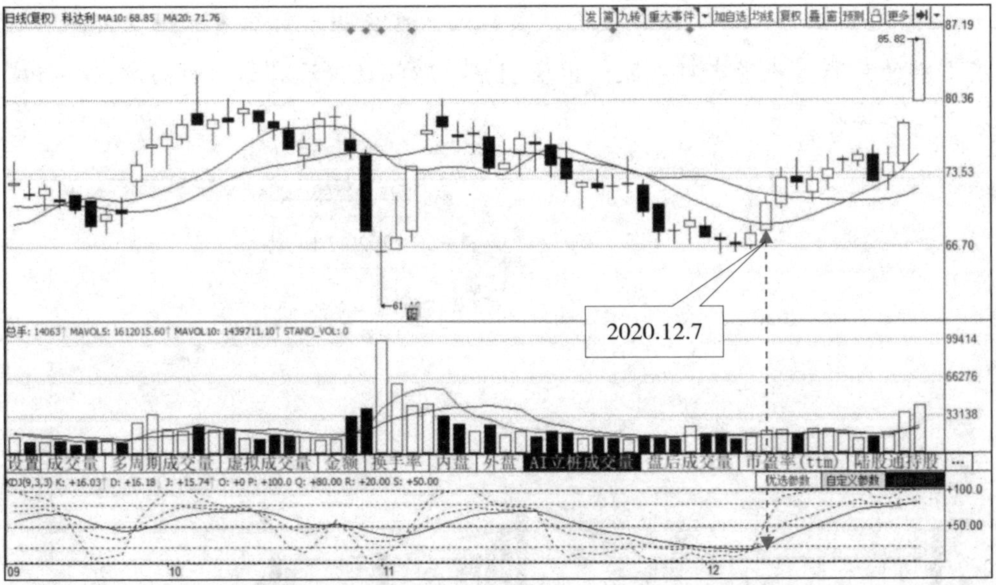

图 3–18　科达利（002850）KDJ 指标走势图

2020 年 12 月 7 日，科达利的股价自低点反弹，与此同时，KDJ 指标中的曲线 D 自 20 线以下区域出现拐头向上态势，并向上突破了 20 线，说明股价短线下跌有终结或中断的可能，投资者可考虑入场建仓。

三、曲线 D 触及 90 线

正常情况下，曲线 D 触及 70 线位置就可以认为股价存在超买情况了，曲线 D 到达 80 线的情况已经很少。只有股价在短期内出现大幅上涨时，曲线 D 才有可能到达 90 线，因此，当曲线 D 到达 90 线时，一旦股价上攻出现停滞，就需要考虑止盈卖出了。这类短线暴涨的股票，下跌时跌势也会非常猛烈，作为投资者，最明智的做法就是在股价上攻到顶部区域后就清仓离场，宁可放弃部分利润，也要降低风险。

下面来看蓝英装备的案例，如图 3–19 所示。

蓝英装备的股价自 2020 年 6 月中旬出现了一波大幅上涨走势，股价上涨过程中，KDJ 指标也同步振荡上升。KDJ 指标中的曲线 D 在 2020 年 7 月 3 日进入了 90 线上方，说明该股股价严重超买，也说明股价短期涨幅过大，随时有调整的可能。投资者可在股价出现调整，即收盘价没有创出新高时，执行减仓或清仓操作。

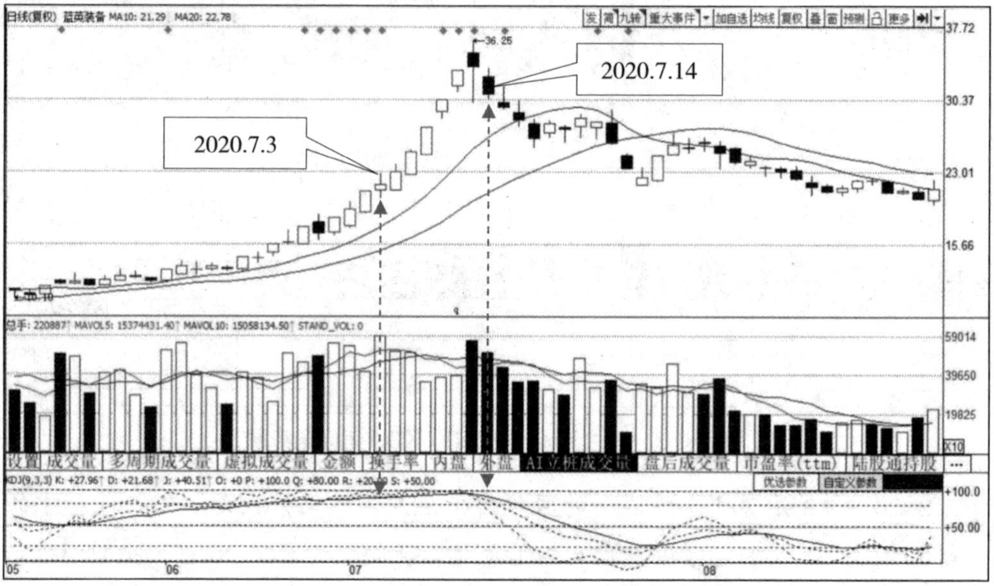

图 3-19　蓝英装备（300293）KDJ 指标走势图

2020 年 7 月 14 日，蓝英装备的股价自高点回落，收盘价没有创出新高。与此同时，KDJ 指标中的曲线 D 自 90 线以上区域出现拐头向下态势，投资者可执行清仓或减仓操作。鉴于股价短线涨幅过大，投资者以清仓为宜。

四、曲线 D 触及 10 线

正常情况下，曲线 D 触及 30 线位置就可以认为股价存在超卖现象了，曲线 D 到达 20 线的情况已经很少。只有股价短期内出现大幅下跌时，曲线 D 才有可能到达 10 线，因此，当曲线 D 到达 10 线时，一旦股价下跌出现停滞（股票收盘价不再创新低），喜欢博反弹的交易者就可以考虑入场了。不过，股价超跌博反弹的操作与股价暴涨卖出操作不同。尽管有时候股价在暴跌后确实会出现 V 形反转，但这种情况毕竟属于少数。在大多数情况下，股价都可能会在底部横向盘整一段时间，然后才会启动上升。因此，投资者在博反弹时，需要合理控制仓位，仓位不能太大，只有股价运行趋势有利于自己时，才能再度加仓。

下面来看开尔新材的案例，如图 3-20 所示。

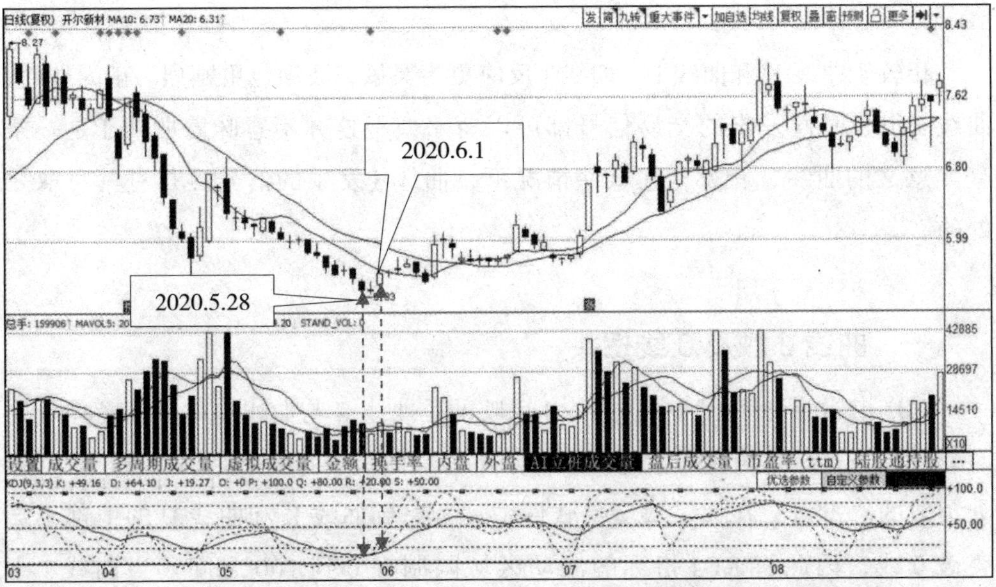

图 3-20 开尔新材（300234）KDJ 指标走势图

开尔新材的股价自 2020 年 4 月初出现了一波大幅下跌走势，股价振荡下跌过程中，KDJ 指标也同步振荡下跌。KDJ 指标中的曲线 D 在 2020 年 5 月 28 日进入了 10 线下方，这说明该股股价严重超卖，也说明股价短期跌幅过大，随时有反弹的可能。激进型投资者可在股价出现反弹时少量入场。

2020 年 6 月 1 日，开尔新材的股价出现反弹，收盘价没有再创出新低。与此同时，KDJ 指标中的曲线 D 自 10 线以下区域出现拐头向上态势，喜欢博反弹的投资者可考虑入场交易，但必须将仓位控制在较低的水平。

第三节　曲线 J 的形态及交易含义

相较于曲线 K 和曲线 D，曲线 J 反应更为灵敏，波动也更剧烈。正因如此，曲线 J 很多时候发出的交易信号都可以忽略，但这并不意味着曲线 J 是一条毫无意义的曲线，相反，在某些情况下，曲线 J 发出的信号还是有其可取之处的。

一、曲线 J 触及 0 线拐头

KDJ 指标的设计原理中，曲线 J 反映的是曲线 K 与曲线 D 之间的落差。按照其计算公式，在曲线的值达到较低水平时，曲线 J 的值是完全可能小于 0 即为负数的。不过，在大多数交易软件中，考虑到曲线 K 和曲线 D 的值都不会突破 0 线，因此将 KDJ 指标的波动区域限制在 0 到 100 之间。当曲线 J 小于 0 时，指标走势图上仍会显示在 0 线位置，这就使得曲线 J 在 0 线位置走出了直线形态。

曲线 J 若下降到 0 线以下区域，即在 KDJ 指标走势图上呈直线时，若此后出现拐头向上走势，则意味着股价下跌趋势终结。通常情况下，曲线 J 呈直线时，往往都是股价加速下跌时，若曲线 J 拉出直线的时间超过 3 个交易周期（通常是 3 个交易日）再拐头向上，可增加买入信号的准确性。

下面来看宏达电子的案例，如图 3–21 所示。

宏达电子的股价自 2020 年 11 月初出现了一波调整走势，在股价下跌的同时，KDJ 指标的各条指标线同步下降，曲线 J 率先在 2020 年 11 月 10 日达到 0 线以下位置，之后一直在 0 线下方运行（有的炒股软件没有显示 0 线下方区域，就会呈直线状态），说明该股股价进入了快速下跌期，投资者只需保持观望，不可入场。

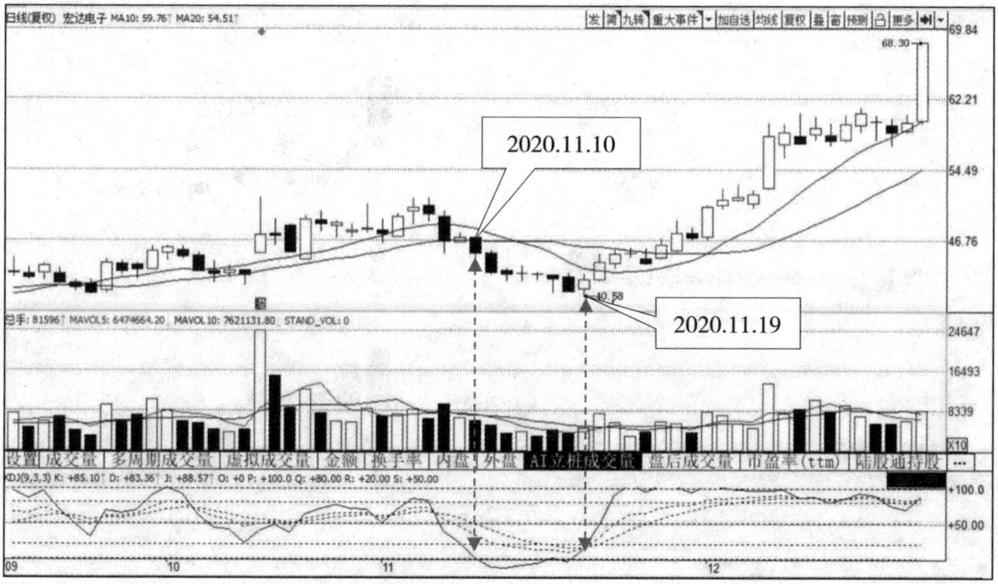

图 3-21 宏达电子（300726）KDJ 指标走势图

2020 年 11 月 19 日，该股股价以小阳线收盘，而此时曲线 J 自 0 线外拐头向上，至此，曲线 J 已经在 0 线外运行了数个交易日，说明股价下跌趋势有可能结束，短线投资者可择机少量建仓。

二、曲线 J 触及 100 线拐头

与曲线 J 在 0 线附近拐头相似，当曲线 J 达到或超过 100 线时，曲线 J 也可能会呈直线形态。有些炒股软件允许曲线 J 升破 100 线，曲线 J 就会显示在 100 线外侧。

曲线 J 上升到 100 线以上区域，即在 KDJ 指标走势图上呈直线时，若此后出现拐头向下走势，则意味着股价上涨趋势终结。通常情况下，曲线 J 呈直线时，往往都是股价加速上涨阶段，若曲线 J 拉出直线的时间超过 3 个交易周期（通

常是 3 个交易日）再拐头向下，将增加卖出信号的准确性。

下面来看南方轴承的案例，如图 3–22 所示。

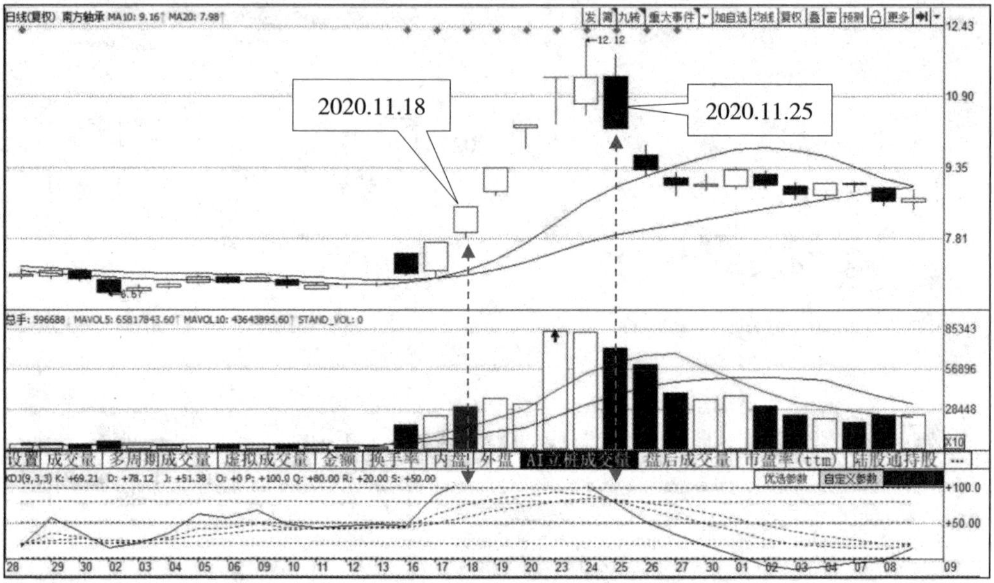

图 3–22　南方轴承（002553）KDJ 指标走势图

南方轴承的股价自 2020 年 11 月中旬出现了一波快速上涨行情，在股价上涨的同时，KDJ 指标的各条指标线同步上升。曲线 J 率先在 2020 年 11 月 18 日到达 100 线以上位置，此后一直呈直线状态，说明该股股价进入了快速拉升期，投资者可继续持股待涨。

2020 年 11 月 25 日，该股股价以跌停收盘，此时曲线 J 自 100 线拐头向下。至此，曲线 J 已经在 100 线外运行了 5 个交易日，说明股价上涨趋势有可能结束，短线投资者宜卖出手中的股票。

三、顶部：曲线 J 连续三天在 100 线以上

如前所述，曲线 J 进入 100 线以上区域，表明股价已经进入了强势的超买区域，这种超买状态是无法持续很久的。从以往的经验来看，当股价连续大幅

上涨后，曲线 J 连续 3 天高于 100 线，特别是连续 5 天高于 100 线，表明股价很可能会形成一个短期顶部。

下面来看北摩高科的案例，如图 3-23 所示。

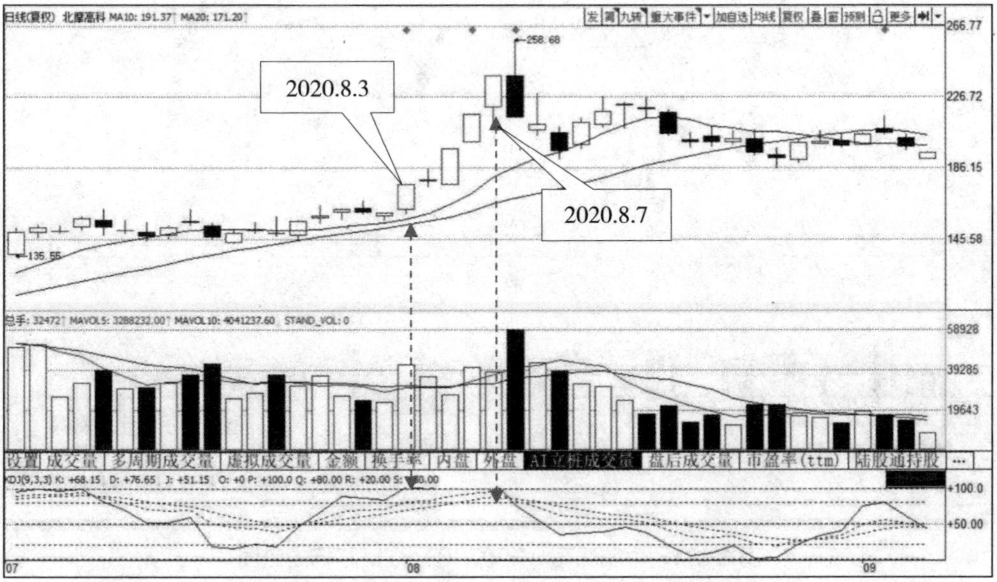

图 3-23　北摩高科（002985）KDJ 指标走势图

北摩高科的股价自 2020 年 6 月下旬出现了一波快速上涨行情，在股价上涨的同时，KDJ 指标的各条指标线同步上升。曲线 J 率先在 2020 年 8 月 3 日到达 100 线以上位置，此后一直呈直线状态，说明该股股价进入了快速拉升期，投资者可继续持股待涨。

2020 年 8 月 7 日，该股股价以涨停收盘，此时曲线 J 已经在 100 线外运行超过 3 个交易日。投资者应该清楚，此后该股股价一旦出现回调，那么此时的价位很可能就是短期顶部位置。因此，当股价之后不能创出新高，曲线 J 开始回落到 100 线以内时，应第一时间清仓离场。

事实上，股价长期横盘之后，如出现小幅上攻，曲线 J 也可能会进入 100 线以上区域，这是由于股价长期波动幅度较低，现在股价波动幅度突破增加产生的一个结果。这种情况下，曲线 J 进入 100 线以上区域是不能确认为短线顶部的。

下面再来看中航沈飞的案例，如图 3–24 所示。

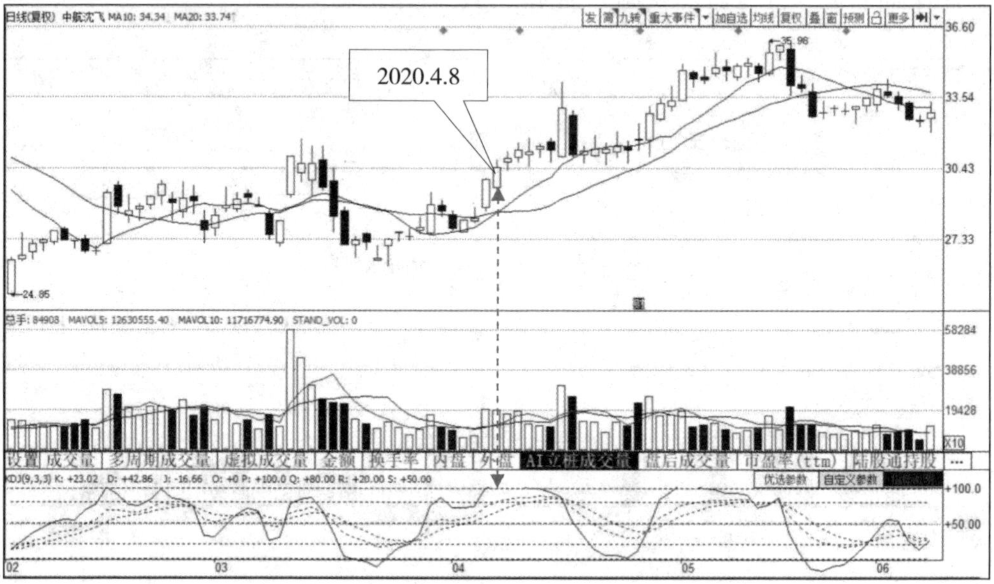

图 3–24　中航沈飞（600760）KDJ 指标走势图

中航沈飞的股价经过一波下跌之后，在 2020 年 3 月下旬出现横盘筑底走势。横盘筑底期间，该股股价的波动幅度逐渐缩小并开始上扬。与此同时，KDJ 指标开始同步振荡上扬。

2020 年 4 月 8 日，该股股价在前一交易日走高的基础上，再度收出一根长度为 1.74% 的小阳线。此时该股股价已经创出一段时间以来的最高价，曲线 J 也同步到达了 100 线，此后该股股价连续小幅收涨，曲线 J 连续在 100 线外停留多日。

按照之前的分析方法，当曲线 J 连续多日位于 100 线外时，股价就会形成短线顶部，然而，该股这种走势显然是一种例外。这种例外情况，是由于 KDJ 指标特殊的设计原理造成的。实战中，投资者利用曲线 J 判断短期顶部时，还必须结合股价 K 线的运行状态综合判断，只有股价 K 线连续拉出中到大阳线，甚至出现涨停板时，利用该方法判断短期顶部才是有效的。

四、底部：曲线 J 连续三天在 0 线以下

与顶部形态相反，曲线 J 进入 0 线以下区域，表明股价已经进入了强势的超卖区域，这种超卖状态也是无法持续很久的。当股价连续大幅下挫后，曲线 J 连续 3 天低于 0 线，特别是连续 5 天低于 0 线，则表明股价很可能会形成一个短期底部。

下面来看恒源煤电的案例，如图 3-25 所示。

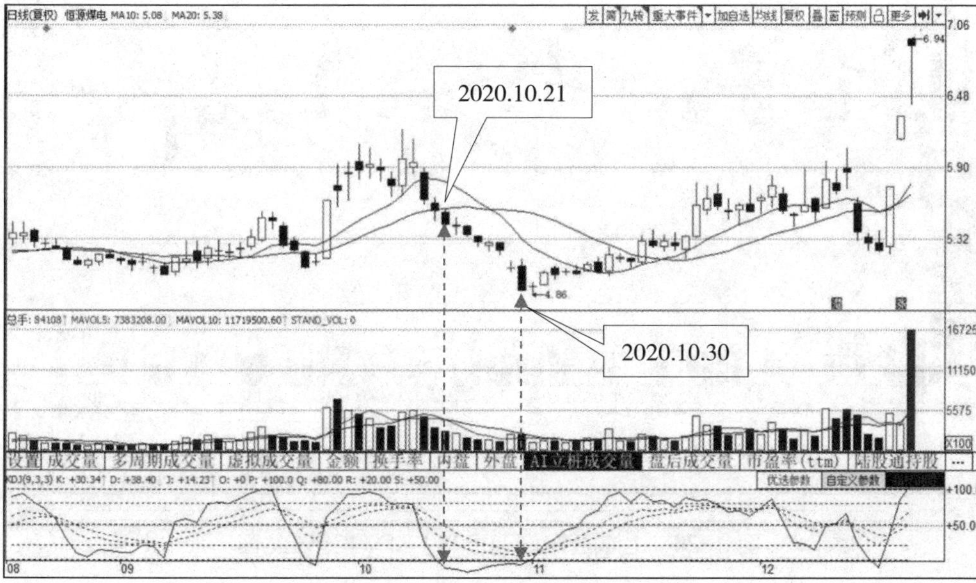

图 3-25　恒源煤电（600971）KDJ 指标走势图

恒源煤电的股价自 2020 年 10 月中旬出现了一波调整走势。在股价下跌的同时，KDJ 指标的各条指标线同步下降。曲线 J 率先在 2020 年 10 月 21 日到达 0 线以下位置，此后一直在 0 线下方运行（有的炒股软件没有显示 0 线下方区域，就会呈直线状态），说明该股股价进入了快速下跌期，投资者只需保持观望，不可入场。

到了 2020 年 10 月 30 日，该股股价再度大幅下挫，而曲线 J 在 0 线下方已经停留了 8 个交易日，说明该股下跌动能已经消耗殆尽，未来股价反弹的概率

很大。喜欢博反弹的投资者可在曲线 J 自 0 线反弹向上时少量入场。

与曲线 J 越过 100 线的情况相似，有些时候，股价经过一段时间的横向盘整后，只要出现小幅回调，曲线 J 也可能会来到 0 线下方，这种情况下，投资者是不能将该位置认定为短期底部的。

下面来看上海能源的案例，如图 3-26 所示。

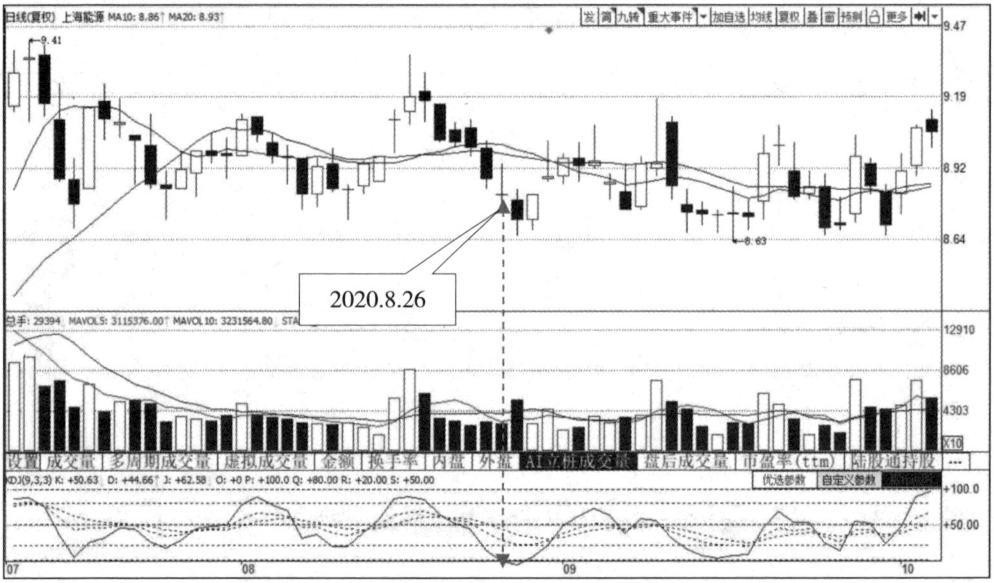

图 3-26　上海能源（600508）KDJ 指标走势图

上海能源的股价自 2020 年 7 月开始了横盘振荡走势，股价波动幅度逐渐缩小。进入 8 月下旬后，该股股价出现了波段下行。与此同时，KDJ 指标开始同步振荡下跌。

2020 年 8 月 26 日，该股股价在前一交易日走低的基础上，再度收出一根小阴长十字线。由于此时该股股价已经创出一段时间以来的最低价，曲线 J 也同步到达了 0 线，此后该股股价连续小幅收跌，曲线 J 连续在 0 线下方停留多日。

按照之前的分析方法，当曲线 J 连续多日位于 0 线下方时，股价就会形成短线底部，然而，该股走势显然是一种例外。这种例外情况，是由于 KDJ 指标特殊的设计原理造成的。实战中，投资者利用曲线 J 判断短期底部时，还必须结合股价 K 线的运行状态综合判断，只有股价 K 线连续拉出中到大阴线，甚至出现跌停板时，利用该方法判断短期底部才是成立的。

第四节　KDJ 指标形态及交易含义

KDJ 指标中的三条指标线是核心指标，三者之间的位置关系变化以及与 50 线一起构成的各种形态，对股价未来走势也具有一定的指示作用。

一、KDJ 多头风洞

KDJ 多头风洞是指股价调整过程中，曲线 K 与曲线 D 形成死叉后，很快又与曲线 D 形成金叉。KDJ 指标出现多头风洞，往往意味着股价将会出现一波短线上升走势，如图 3–27 所示。

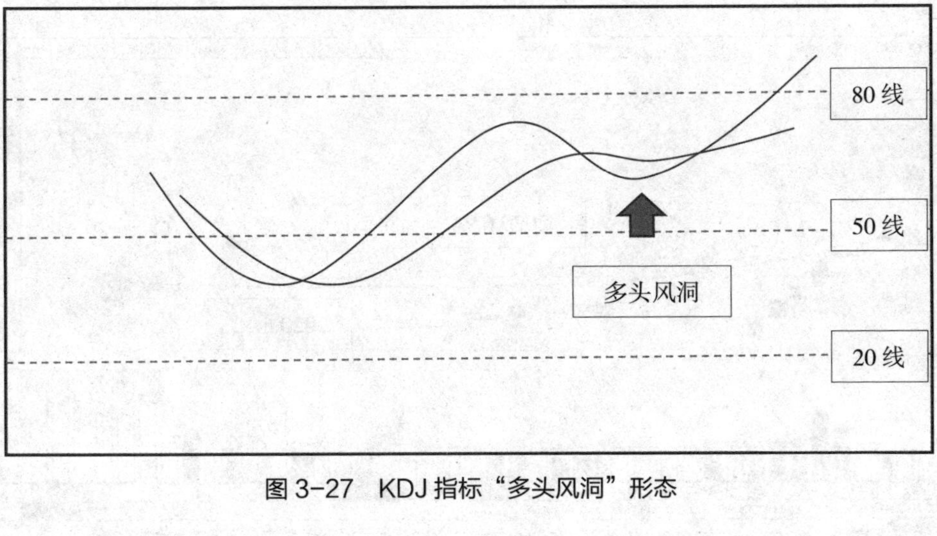

图 3–27　KDJ 指标“多头风洞”形态

KDJ 指标出现“多头风洞”形态，往往是股价拉升过程中因主力洗盘而出现的一种形态。KDJ 指标在 50 线上方出现金叉后，股价可能会迎来一波上涨行情。该形态的具体操作要点如下。

第一，股价经过一段时间的上涨后，很多获利盘需要清理，否则，主力继续向上拉升股价就会存在困难，因此，上涨趋势中的股价往往会出现多次回调走势。

第二，股价回调时，曲线 K 由于灵敏度高于曲线 D，所以往往会率先反应，并随之下行。此时，由于曲线 D 还处于上升趋势，两者很快就会出现高位死叉。死叉出现时，KDJ 指标的两条曲线全部位于 50 线上方，说明多头仍占据绝对优势地位，未来恢复上升的概率极大。

第三，股价回调时，若成交量同步萎缩，当 KDJ 指标出现金叉时，成交量同步放大，则更可印证股价即将恢复上升趋势。

第四，KDJ 指标再度出现高位金叉时，曲线 K 和曲线 D 均位于 50 线附近，意味着“多头风洞”形态正式成立，投资者可积极入场。

第五，当股价处于横向盘整时，KDJ 指标可能会频繁地出现交叉，此时在死叉之后出现金叉，不能将其看成多头风洞。

下面来看万集科技的案例，如图 3–28 所示。

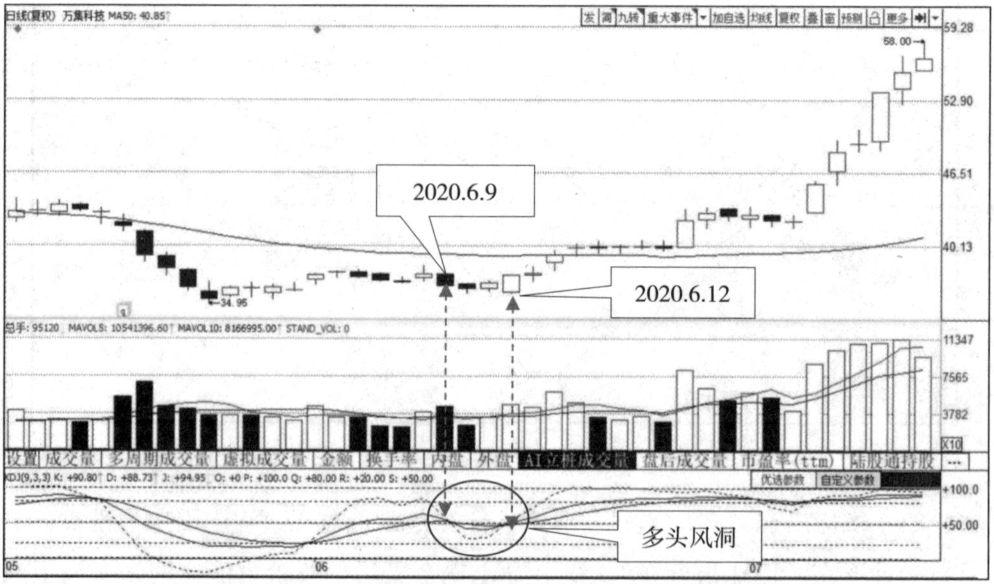

图 3–28　万集科技（300552）KDJ 指标走势图

自 2020 年 5 月下旬开始，万集科技的股价开始触底反弹。随着股价的振荡上行，KDJ 指标也同步上升。6 月初，万集科技的股价经过一段时间的上涨后出现振荡调整走势，KDJ 指标开始逐渐走低。

2020 年 6 月 9 日，曲线 K 向下跌破曲线 D，在 50 线附近形成了高位死叉。不过，此时 KDJ 指标仍位于 50 线上方，保守型投资者可少量减仓，激进型投资者可继续持股。

2020 年 6 月 12 日，该股股价再度放量上攻，曲线 K 重新向上突破曲线 D，在 50 线附近形成高位金叉。至此，KDJ 指标“多头风洞”形态正式成立，短线投资者可积极买入。

二、KDJ 空头风洞

KDJ 指标空头风洞是指股价经过一段时间的下跌后出现反弹，曲线 K 与曲线 D 形成金叉后，很快又与曲线 D 形成死叉。KDJ 指标出现空头风洞，往往意味着股价将会出现一波短线下跌走势，如图 3-29 所示。

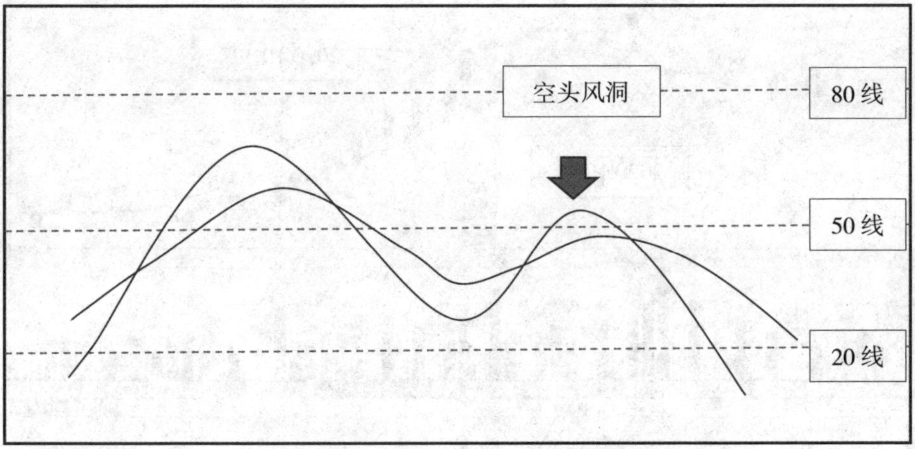

图 3-29　KDJ 指标“空头风洞”形态

KDJ 指标出现“空头风洞”形态，往往是股价下跌过程中因主力“诱多”而出现的一种形态。KDJ 指标在 50 线下方出现死叉后，股价可能会迎来一波下跌行情。该形态的具体操作要点如下。

第一，股价经过一段时间的下跌后，很多投资者准备入场博反弹，主力趁机将一部分投资者套牢在“半山腰”，于是小幅拉高股价，KDJ 指标同步出现金叉。

第二，股价反弹时，曲线 K 由于灵敏度高于曲线 D，所以往往会率先反应，并随之上行。此时，由于曲线 D 还处于下降趋势，两者很快就会出现高位金叉。金叉出现时，KDJ 指标的两条曲线全部位于 50 线下方，说明空头仍占据绝对优势地位，未来恢复下跌的概率极大。

第三，KDJ 指标出现死叉时，曲线 K 和曲线 D 均位于 50 线附近位置，意味着“空头风洞”形态正式成立，投资者宜立即离场。

第四，当股价处于横向盘整时，KDJ 指标可能会频繁地出现交叉，此时，在金叉之后出现死叉，不能将其看成空头风洞。

下面来看理邦仪器的案例，如图 3–30 所示。

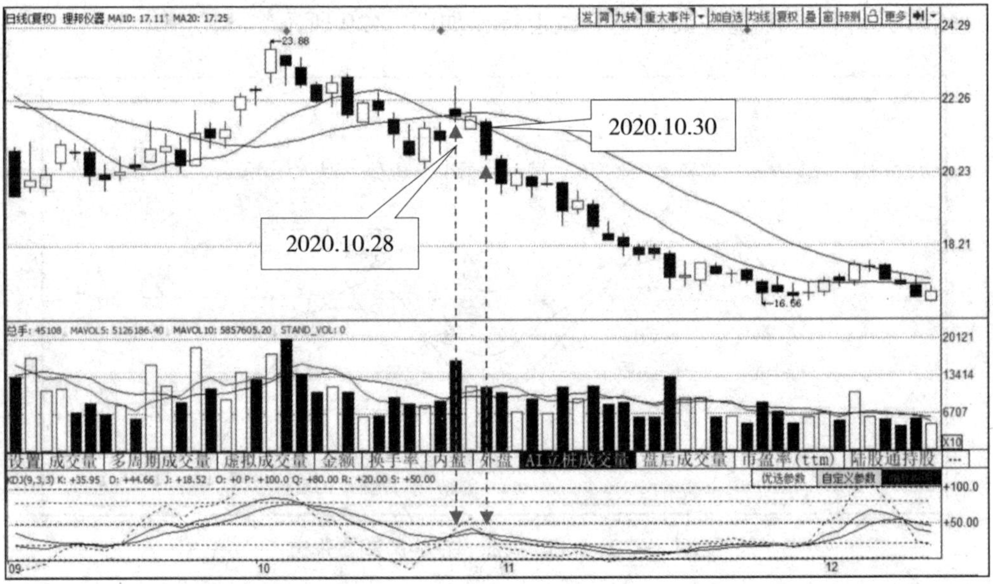

图 3–30　理邦仪器（300206）KDJ 指标走势图

自 2020 年 10 月中旬开始，理邦仪器的股价开始触顶回落。随着股价的振荡下行，KDJ 指标也同步下降。10 月底，理邦仪器的股价经过一段时间的下跌后出现振荡反弹走势，KDJ 指标开始逐渐走高。

2020 年 10 月 28 日，曲线 K 向上突破了曲线 D，在低位形成金叉。此时，KDJ 指标仍位于 50 线下方，投资者应回避可能到来的风险。

2020 年 10 月 30 日，该股股价再度大幅下挫，曲线 K 重新向下跌破曲线 D，在 50 线下方形成低位死叉。至此，KDJ 指标“空头风洞”形态正式成立，投资者宜远离这类股票。

三、曲线 K 遇曲线 D 支撑再起飞

曲线 K 在曲线 D 上方运行时，某一交易日因股价的调整而出现回调，当曲线 K 回调至曲线 D 附近时，会因曲线 D 的支撑作用再度上升。若曲线 D 未能有效支撑曲线 K，曲线 K 就会跌破曲线 D，从此以后，曲线 D 对曲线 K 的支撑作用就会转化为阻力作用。

在实战中，曲线 K 遇曲线 D 支撑再起飞的操作要点如下。

第一，曲线 K 向曲线 D 回归时，成交量最好能够出现萎缩状态，当曲线 K 重新上扬时，成交量同步放大。

第二，曲线 K 向曲线 D 靠拢过程中，偶尔跌破曲线 D 不影响对该形态的判断。

第三，曲线 K 受到曲线 D 的支撑时，两条曲线均位于 50 线下方位置，则未来上升的空间更大。

第四，当股价处于横向盘整时，KDJ 指标可能会频繁地出现交叉或靠拢，此时，曲线 K 遇曲线 D 支撑的形态没有交易指导意义。

下面来看皇马科技的案例，如图 3-31 所示。

皇马科技的股价自 2020 年 3 月底启动了一波振荡上升行情，KDJ 指标也随之上行。进入 8 月后，股价上攻力度有所减弱，KDJ 指标开始下降。其后，KDJ 指标率先反弹向上。2020 年 8 月 19 日，该股股价以小阴线收盘，与此同时，

KDJ 指标中的曲线 K 开始向曲线 D 回撤。当曲线 K 回撤至曲线 D 位置时，因受曲线 D 的支撑，在 2020 年 8 月 21 日重新上升。

曲线 K 重新上升时，股价 K 线重新站到各条均线之上，且成交量出现了放大态势，这属于典型的看涨信号，投资者可考虑加仓操作。

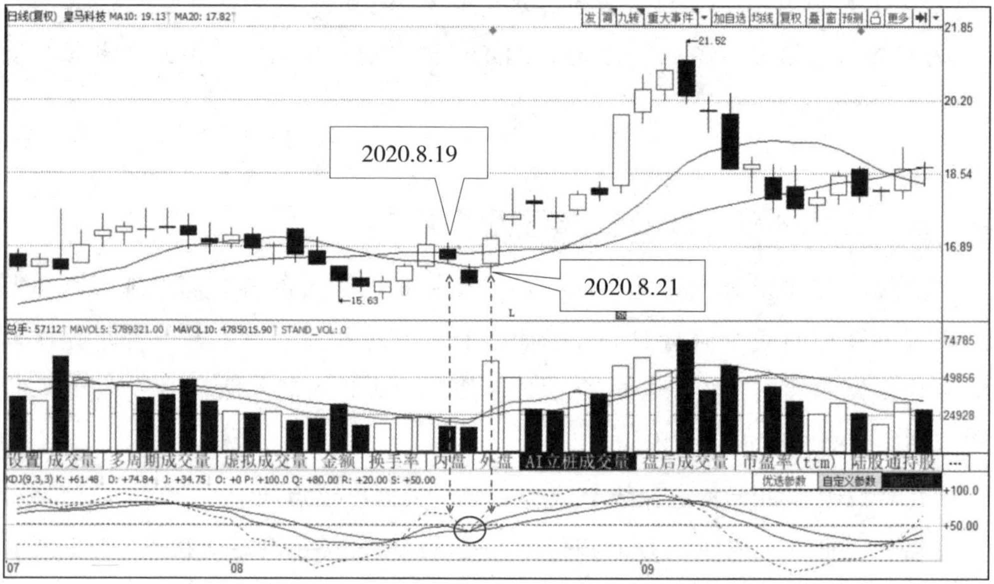

图 3-31　皇马科技（603181）KDJ 指标走势图

四、曲线 K 遇曲线 D 阻力重新下跌

曲线 K 在曲线 D 下方运行时，某一交易日因股价的上涨或反弹而出现上升，当曲线 K 上升至曲线 D 附近时，会因曲线 D 的阻力作用再度下降。若曲线 D 未能有效阻碍曲线 K，则曲线 K 就会向上突破曲线 D，从此以后，曲线 D 对曲线 K 的阻力作用将会转化为支撑作用。

在实战中，曲线 K 遇曲线 D 阻力重新下跌的操作要点如下。

第一，曲线 K 向曲线 D 靠拢过程中，偶尔突破曲线 D，不影响对该形态的判断。

第二，曲线 K 受到曲线 D 的阻力时，两条曲线均位于 50 线上方位置，则未来下跌的空间更大。

第三，当股价处于横向盘整时，KDJ 指标可能会频繁地出现交叉或靠拢，此时曲线 K 遇曲线 D 阻力的形态没有交易指导意义。

下面来看国电南自的案例，如图 3-32 所示。

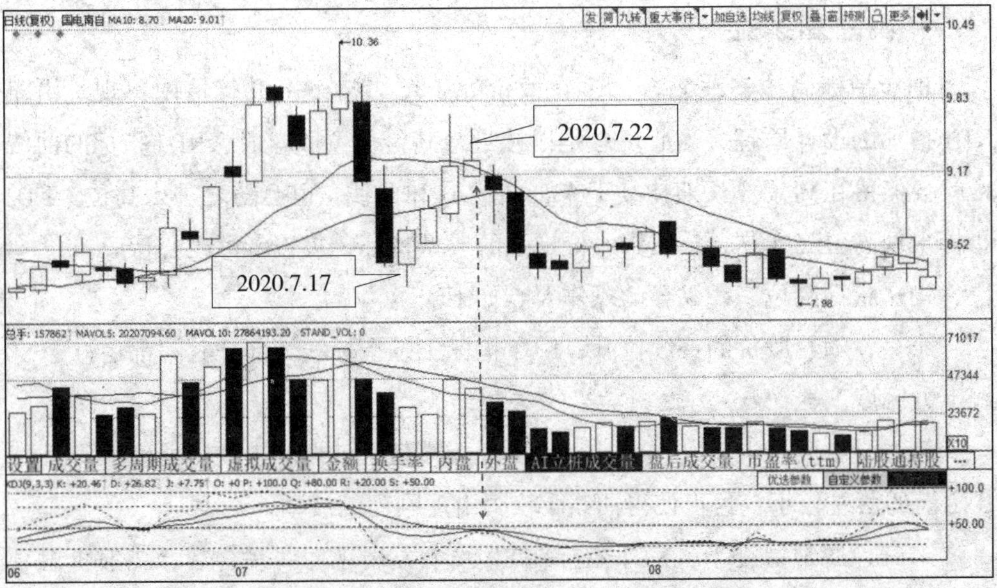

图 3-32 国电南自（600268）KDJ 指标走势图

国电南自的股价自 2020 年 6 月随着大盘的上涨出现了一波振荡上升行情。进入 7 月中旬，股价上攻力度有所减弱，KDJ 指标开始下降。

2020 年 7 月 17 日，该股股价以中阳线收盘，随后股价出现反弹走势。随着股价反弹，KDJ 指标曲线 K 同步拐头向上。2020 年 7 月 22 日，曲线 K 上升至曲线 D 附近时，因曲线 D 的阻力作用再度下降，说明曲线 D 对曲线 K 具有较强的阻力作用。此后，曲线 K 一直在曲线 D 下方运行，说明股价走势极弱，投资者应离场避险。

五、KDJ 指标三线黏合

KDJ 指标三线黏合，是指 KDJ 指标的三条指标线黏在一起，且波动幅度较小。通常情况下，KDJ 指标三线黏合多为股价进入单边行情时呈现出的一种形态。按照黏合的位置划分，三线黏合可分为高位三线黏合和低位三线黏合。

1. 高位三线黏合

KDJ 指标高位三线黏合，多在股价处于单边持续上升行情中出现。由于 KDJ 指标的设计原理，当股价总是以接近最高价位置收盘时，KDJ 指标的曲线 K 就会停留在高位，长期持续下来，曲线 D 和曲线 J 也会随之进入高位。KDJ 指标出现高位三线黏合，属于股价走强的典型特征，投资者可耐心持股。

KDJ 指标高位三线黏合的操作要点如下。

第一，随着股价的持续拉升，KDJ 指标三条指标线大部分时间都运行于 80 线上方区域。

第二，在股价上升过程中，很少出现规模较大的调整，使得曲线 K 与曲线 D 之前的落差较小，这也使得曲线 J 较少出现剧烈的波动。

第三，通常情况下，KDJ 指标在 80 线上方出现三线黏合后，当股价触顶回落，且 KDJ 指标三条指标线向下跌破 80 线时，宜执行减仓或清仓操作。

第四，KDJ 指标出现高位三线黏合后开始下行，当三条指标线向下跌破 50 线时，手中仍有股票的投资者需要清仓。

下面来看金徽酒的案例，如图 3-33 所示。

金徽酒的股价自 2020 年 10 月进入了快速上升通道。进入 10 月下旬，股价上攻力度有所加强，KDJ 指标同步进入超买区域。此后，由于该股股价一直保持强势运行，KDJ 指标呈现了高位三线黏合形态，这表明股价处于单边上升走势，持股的投资者可耐心持股待涨。

进入 11 月中旬后，该股股价出现触顶回落迹象。2020 年 11 月 18 日，该股股价以跌停价收盘，KDJ 指标随之向下跌破了 80 线位置。鉴于此前该股一直呈单边上升走势，KDJ 指标一直在高位黏合；此时三条指标线全部向下跌破 80 线，说明该股短期走弱的概率极大，投资者可考虑卖出手中的股票。

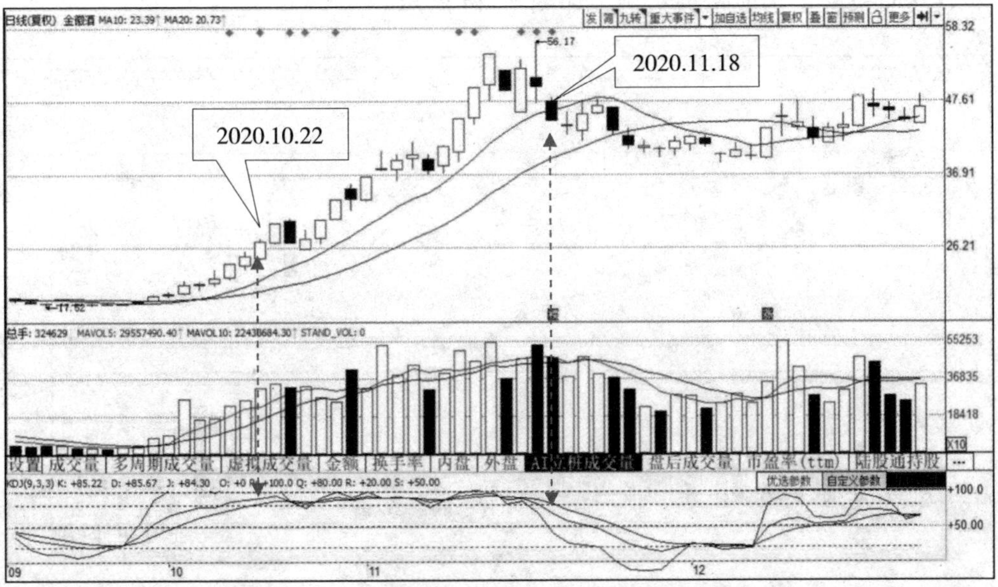

图 3-33　金徽酒（603919）KDJ 指标走势图

2. 低位三线黏合

KDJ 指标低位三线黏合，多在股价处于单边持续下跌行情中出现。由于 KDJ 指标的设计原理，当股价总是以接近最低价位置收盘时，KDJ 指标的曲线 K 就会停留在低位，长期持续下来，曲线 D 和曲线 J 也会随之进入低位。KDJ 指标出现低位三线黏合，属于股价走弱的典型特征，投资者可耐心持币观望。

KDJ 指标低位三线黏合的操作要点如下。

第一，随着股价的持续下行，KDJ 指标三条指标线大部分时间运行于 20 线下方区域。

第二，在股价下跌过程中，很少出现规模较大的反弹，使得曲线 K 与曲线 D 之间的落差较小，这也使得曲线 J 较少出现剧烈波动。

第三，通常情况下，KDJ 指标在 20 线下方出现三线黏合后，当股价触底反弹，且 KDJ 指标三条指标线向上突破 20 线时，可在控制仓位的前提下少量建仓，待 KDJ 指标向上突破 50 线后再加仓。

下面来看正川股份的案例，如图 3–34 所示。

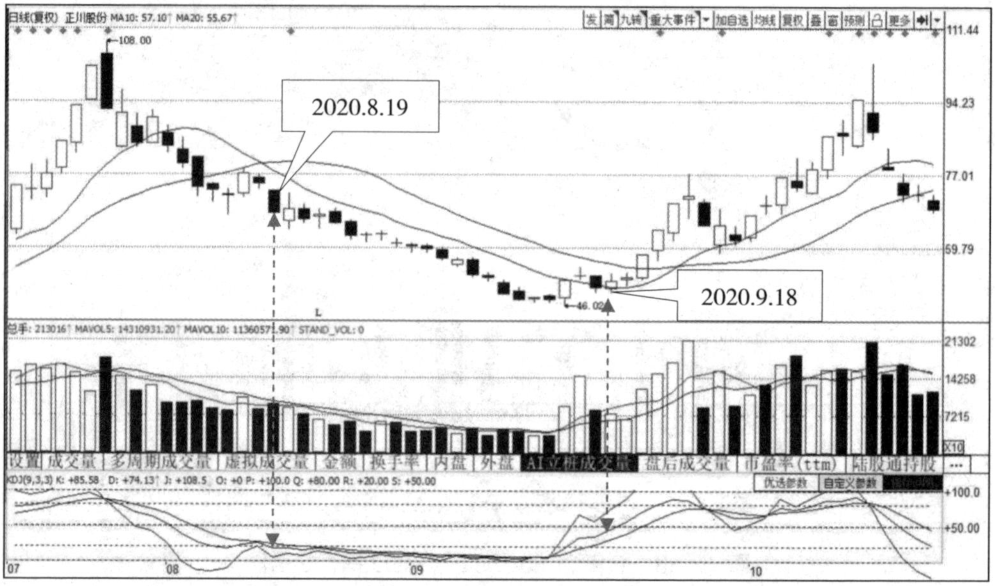

图 3–34　正川股份（603976）KDJ 指标走势图

正川股份的股价自 2020 年 8 月初进入快速下行通道。进入 8 月下旬，股价下行力度有所加强，KDJ 指标同步进入超卖区域。此后，由于该股股价一直保持下行趋势，KDJ 指标呈现了低位三线黏合形态，这是股价单边下跌的表现，持币投资者不可贸然入场。

进入 9 月中旬后，该股股价出现触底反弹走势。2020 年 9 月 18 日，该股股价站稳于 10 日均线之上，KDJ 指标随之向上突破了 20 线位置。鉴于此前该股一直呈单边下跌走势，KDJ 指标一直在低位黏合，此时三条指标线全部向上突破 20 线，说明该股短期走强的概率极大，投资者可考虑少量建仓该股。

第四章

独步江湖——KD 柱线实战技法

目前，在大多数交易软件中，KDJ 指标系统都是由曲线 K、曲线 D 和曲线 J 所构成。曲线 J 在很大程度上反映了曲线 K 和曲线 D 之间的位置关系。但是，曲线 J 作为一种曲线，远远没有像 MACD 指标中 MACD 柱线这么直观，为此，我们尝试借助 MACD 柱线的思想，来为 KDJ 指标增加一种 KD 柱线，以替代曲线 J。

如图 4-1 所示，在设置了 KD 柱线的 K 线走势图中，KD 柱线将会成为反

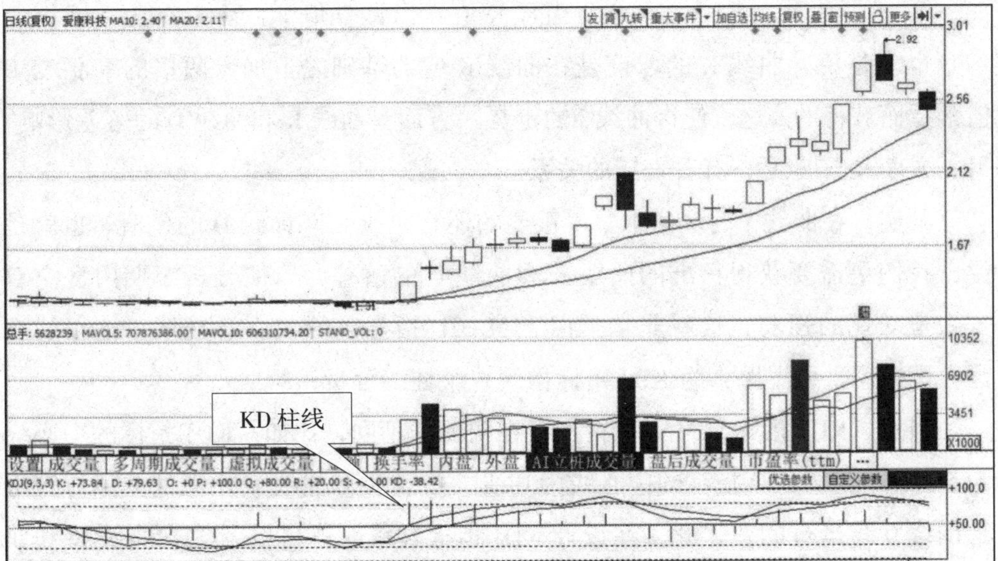

图 4-1 KD 柱线示意图

映曲线 K 和曲线 D 位置关系的主要指标。KD 柱线的走势，还反映了多空力量的对比情况。一般来说，KD 柱线位于 50 线上方，说明多方占据主导地位；KD 柱线位于 50 线下方，说明空方占据主导地位。

第一节 KD 柱线设置及基本交易含义

在 KDJ 指标系统中，并没有 KD 柱线，投资者如果需要，需自行对 KDJ 指标进行修正。

一、在 KDJ 指标中增加 KD 柱线

在 KDJ 指标中，曲线 J 本质上是一个反应曲线 K 与曲线 D 之间落差的指标。我们来回顾一下曲线 J 的计算方法：

J 值 =3× 当日 K 值 −2× 当日 D 值

=2×（当日 K 值 − 当日 D 值）+ 当日 K 值

也就是说，曲线 K 的取值是在曲线 K 值的基础之上加入两倍的 K 值与 D 值落差而获得的，这就使得曲线 J 的走势一方面受曲线 K 和曲线 D 的落差影响，另一方面又与曲线 K 有着直接的关系。

其实，在曲线 J 的取值中，最重要的还是曲线 K 和曲线 D 的差值。也就是说，我们更需要获得精准的曲线 K 和曲线 D 的落差，以便分析短期内多空双方力量对比的强弱，这就非常类似于 MACD 指标中的 MACD 柱线。这里我们也尝试运用这种思路来为 KDJ 指标构筑一个柱线分析系统。

当然，KDJ 指标与 MACD 指标存在明显的不同，比如，KDJ 指标的中心线为 50 线，而 MACD 指标的中心线为 0 线。曲线 K 和曲线 D 之间的差值肯定也是围绕 0 线运行的，因此，在设计 KDJ 指标柱线时，可以考虑在曲线 K 和曲线 D 差值的基础上加一个 50，这就相当于将 0 线整体向上推进了 50 个刻度，使得 KDJ 的柱线与曲线 K 和曲线 D 能够在同一区域内运行。

为了丰富交易方法与工具，投资者可尝试用 KDJ 的柱线替换原有的曲线 J，我们暂且将这一柱线命名为 KD 柱线。

下面以同花顺软件为例，介绍设置 KD 柱线指标的步骤。

第一步，由于新设置的 KD 柱线是在原 KDJ 指标的基础上修正得来的，因此需要打开交易软件 K 线界面，调出 KDJ 指标，并用鼠标右击 KDJ 指标，选中【修改随机指标】命令，如图 4-2 所示。

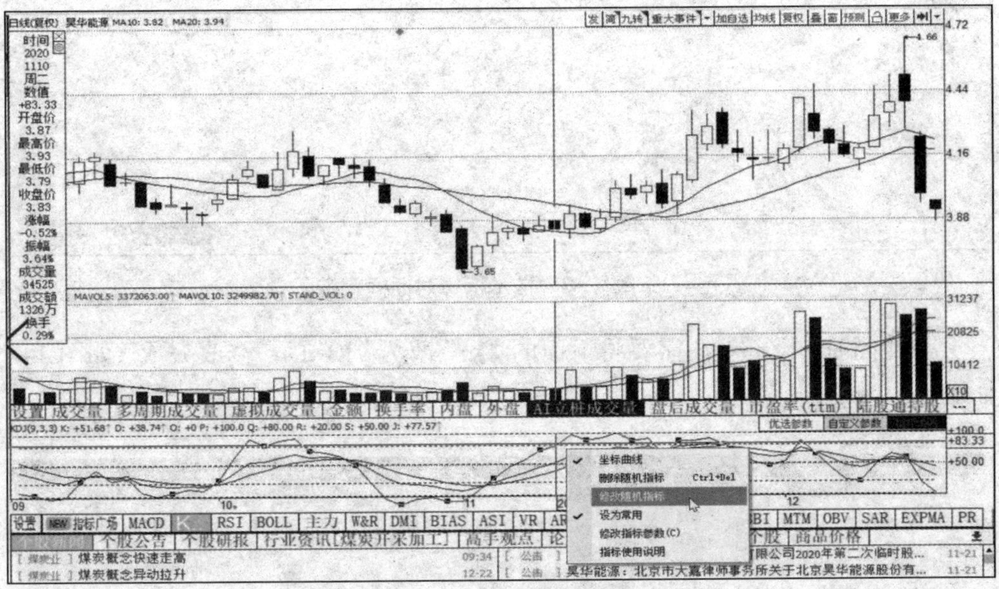

图 4-2　【修改随机指标】命令

第二步，系统会自动给出如图 4-3 所示的技术指标对话框。

图 4-3 中，o、p、q、r、s 五个字母输出的信息分别对应 KDJ 指标波动区域内的 5 条分界线，即 0 线、100 线、80 线、20 线和 50 线。投资者可根据个人需求决定是否需要加入这些分界线，如不需要，可直接删除。变量 f 对应的数值为曲线 J 的值。在设计 KD 柱线时，投资者可做两种选择：其一，直接在 f 值的基础上修改；其二，复制 f 值，并重新命名一个变量，然后在这个变量的基础上进行修改。为了方便介绍，我们直接在 f 值的基础上修改，即

f=2*(a−b)+50;

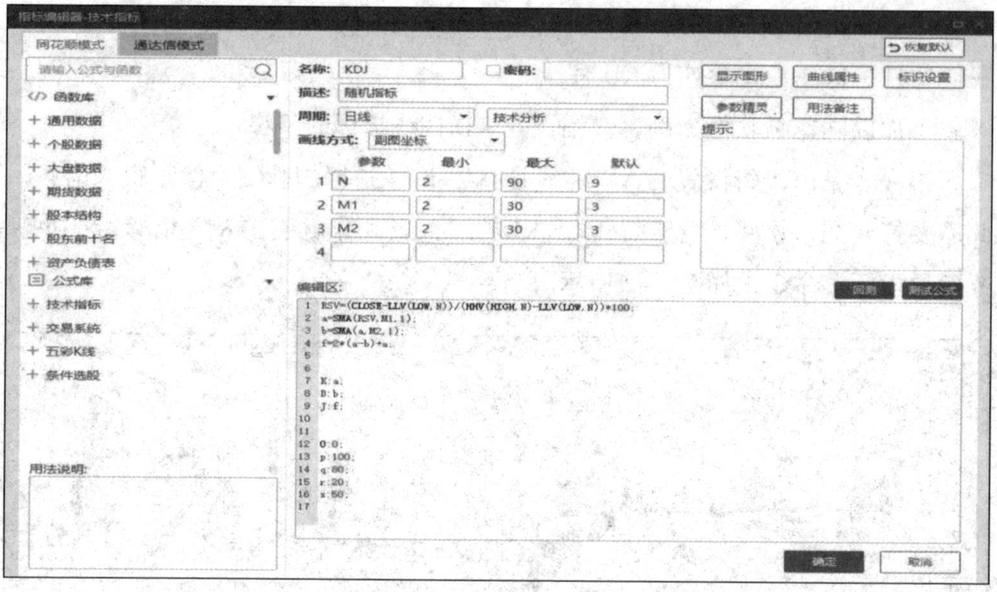

图 4-3　技术指标对话框

与此同时，投资者还需要将下面的“J:f”改为”KD:f”。修改完成，如图 4-4 所示。

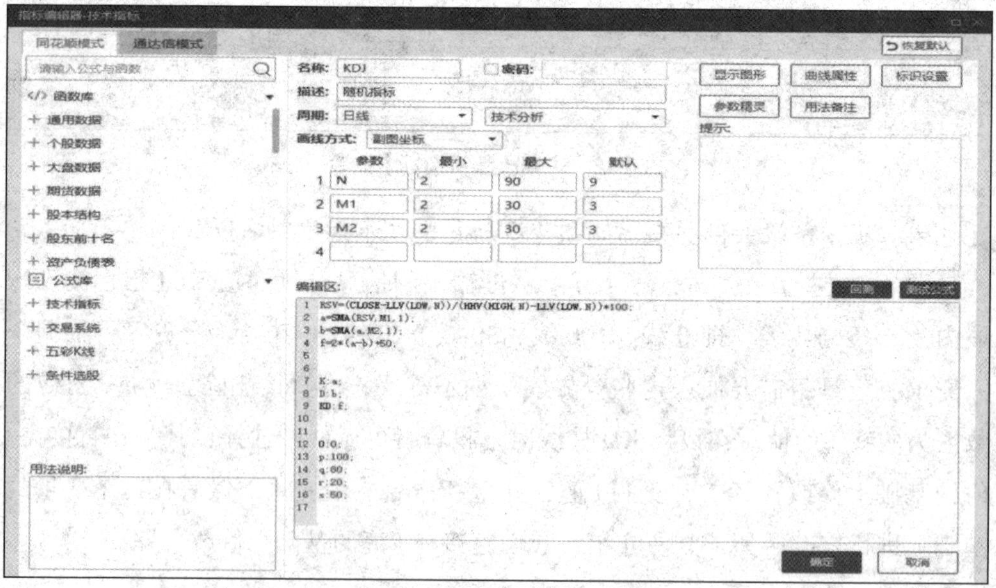

图 4-4　编写 KD 柱线代码

第三步，点击图 4-4 中所示对话框顶部的【曲线属性】按钮。这里需要对系统输出的技术指标形态进行调整，如图 4-5 所示。

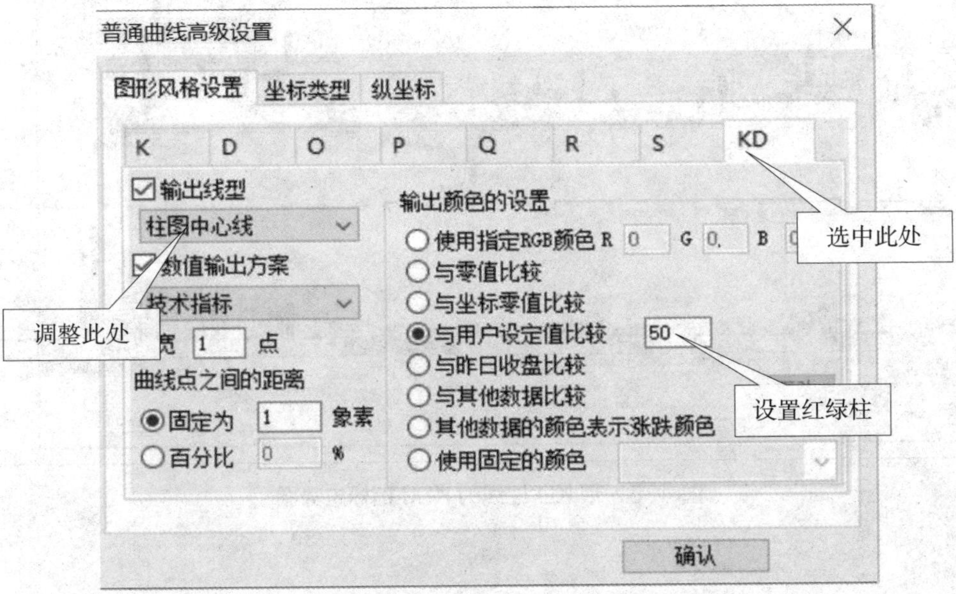

图 4-5 输出线型控制

在图 4-5 中，首先需要选中【KD】选项卡，我们调整的线型主要是针对KD 柱线的；接着选中【输出线型】复选框，在系统给出的列表框中选中【柱图中心线】；如果投资者想要将输出的柱线进行红绿柱区分（即 50 线上方显示为红柱，50 线下方显示为绿柱），则需要选中【与用户设定值比较】，并在数据框中输入“50”；最后单击【确认】按钮，然后回到图 4-4 所示的界面，单击【确定】按钮，系统即显示 KD 柱线，如图 4-6 所示。

在设计 KD 柱线时，我们是在曲线 J 的基础上进行修改的，所以，输出的 KDJ 指标中就没有了曲线 J。如果投资者重新编制 KD 柱线，可以在技术指标对话框中保留曲线 J，那么，图 4-6 所示的输出图形中将会相应保留曲线 J。

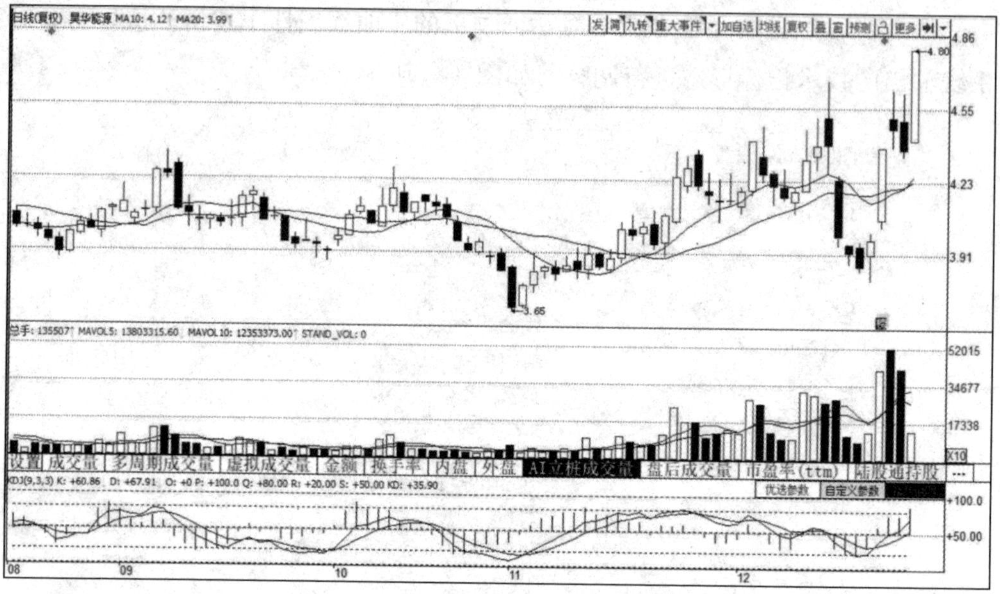

图 4-6　带 KD 柱线的 KDJ 指标走势图

二、KD 柱线的基本交易含义

KD 柱线，实质上就是反映曲线 K 与曲线 D 差值变化的柱形线，它的交易指示作用，本质上就是两条曲线之间关系对交易的指示作用。KD 柱线位于 50 线上方，说明曲线 K 大于曲线 D，多头占据优势；KD 柱线位于 50 线下方，说明曲线 K 小于曲线 D，空头占据优势。同时，KD 柱线连续伸长时，说明多方或空方力量逐步增强；反之，则说明力量逐渐减弱。

下面来看青青稞酒的案例，如图 4-7 所示。

青青稞酒的股价自 2020 年 10 月开始出现了一波快速上涨行情，KD 柱线突破 50 线后，不断伸长，说明买方力量逐步增强。11 月中旬，该股股价上涨到顶部区域后，曲线 K 出现拐头向下走势，KD 柱线也出现逐步萎缩态势，但此时 KD 柱线仍位于 50 线上方，说明多方力量虽有不足，但仍占据相对优势地位。

2020 年 11 月 24 日，青青稞酒的股价大幅下跌，此日曲线 K 自上而下穿越曲线 D，KD 柱线也从 50 线上方转到 50 线下方，说明多方与空方力量发生了逆转，随后 KD 柱线不断伸长，说明空方力量不断加强，投资者宜空仓等待。

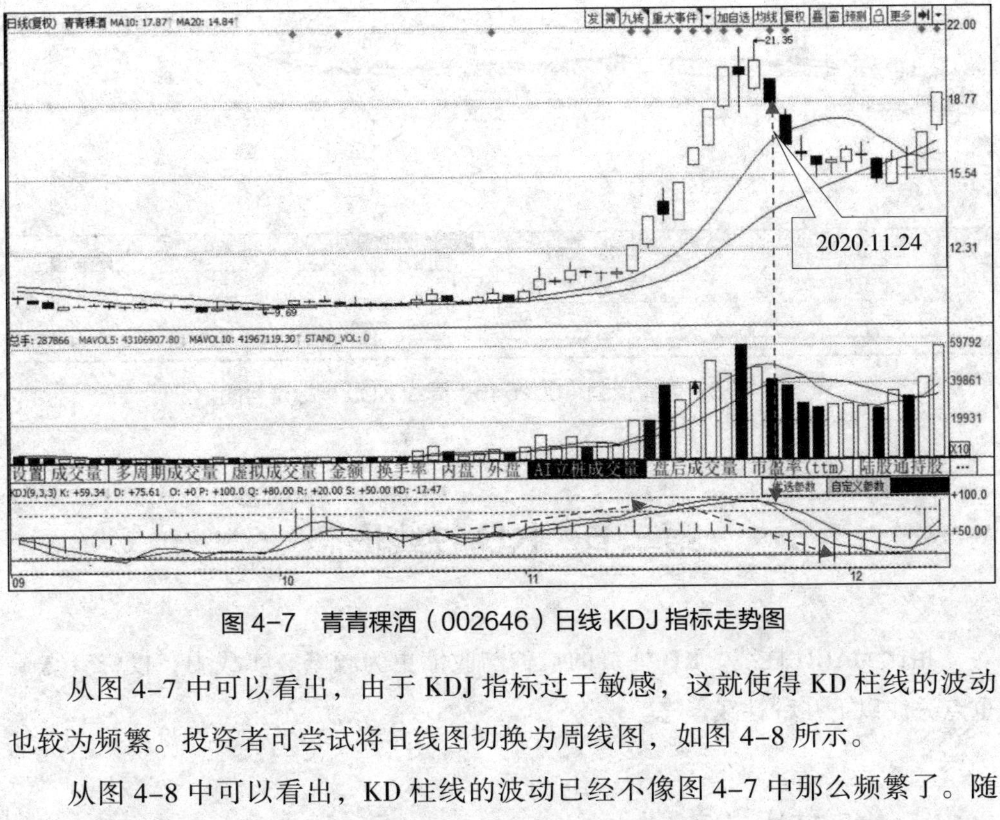

图 4–7　青青稞酒（002646）日线 KDJ 指标走势图

从图 4–7 中可以看出，由于 KDJ 指标过于敏感，这就使得 KD 柱线的波动也较为频繁。投资者可尝试将日线图切换为周线图，如图 4–8 所示。

从图 4–8 中可以看出，KD 柱线的波动已经不像图 4–7 中那么频繁了。随着股价的横向振荡上扬，青青稞酒的周线 KD 柱线自 2020 年 10 月 23 日上升到 50 线上方后就一直运行于 50 线上方，说明多方一直占据主导地位，投资者可放心持股。

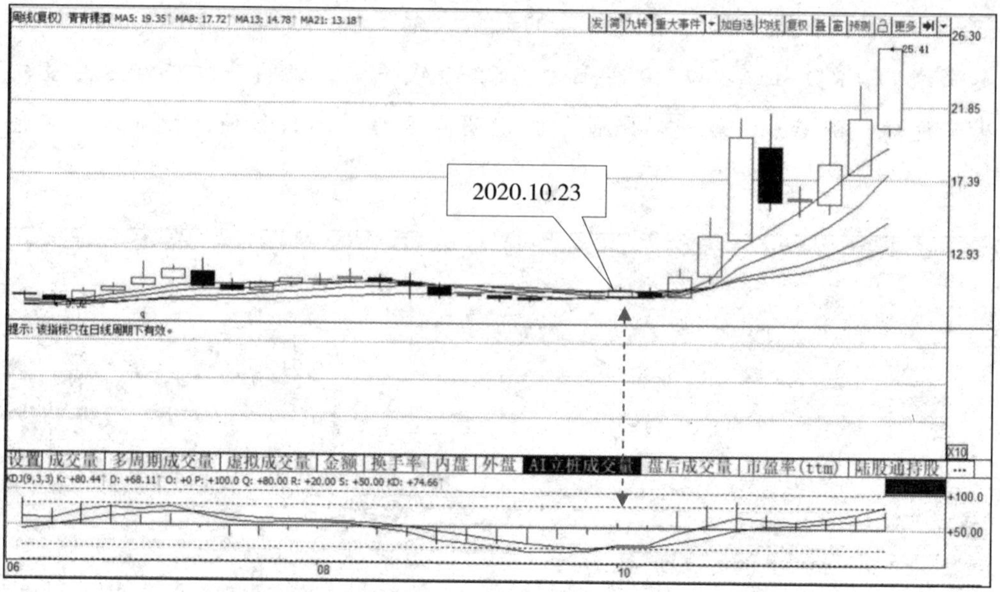

图 4-8　青青稞酒（002646）周线 KDJ 指标走势图

第二节　KD 柱线形态

相比 MACD 柱线，KD 柱线的拉伸与收缩更为频繁。实战中，投资者需要重点关注以下几种柱线形态。

一、KD 柱线“缩头”

KD 柱线“缩头”是指 KD 柱线位于 50 线上方，经过一段时间的连续变长（柱线发散）后，开始出现变短（柱线收缩）的情况，如图 4-9 所示。

KD 柱线“缩头”，说明多方力量有所不足，涨势有可能终结。当然，由于 KDJ 指标中曲线 K 与曲线 D 的特殊设计，使得投资者在实战中还需要结合具体情况进行分析。

第一，当股价处于上升趋势时，KD 指标线均位于 50 线上方，说明多方占据主导地位。KD 柱线“缩头”说明上涨动能不足，未来有回落的可能。但若曲线 K 并未出现拐头向下迹象，投资者可继续持股。

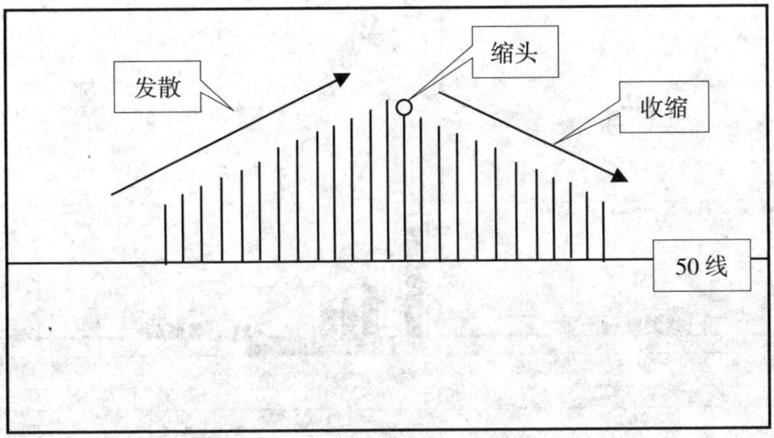

图 4-9 KD 柱线“缩头”形态

第二，若股价处于横盘状态，KDJ 指标频繁交叉，此时的 KD 柱线也不具有交易指示含义。

第三，KD 指标线均位于 50 线下方，说明空方仍占据主导地位。KD 柱线“缩头”，说明反弹动能不足，未来有重回跌势的可能。此时，股价多处于反弹顶部位置。投资者若参与了抢反弹，此时应清仓。

第四，KDJ 指标中曲线 K 进入 80 线上方的超买区域后，KD 柱线出现“缩头”迹象时，股价回调或下跌的概率很大，投资者宜做好减仓准备。

下面来看漳泽电力的案例，如图 4-10 所示。

漳泽电力的股价经过一波调整后，2020 年 8 月中旬出现了快速上攻走势。2020 年 8 月 20 日，该股股价创下短期高点后回落，KDJ 指标中的曲线 K 也在 80 线上方出现拐头，KD 柱线同步出现“缩头”迹象，这属于典型的股价上攻动能不足的表现，投资者可考虑减仓或清仓。

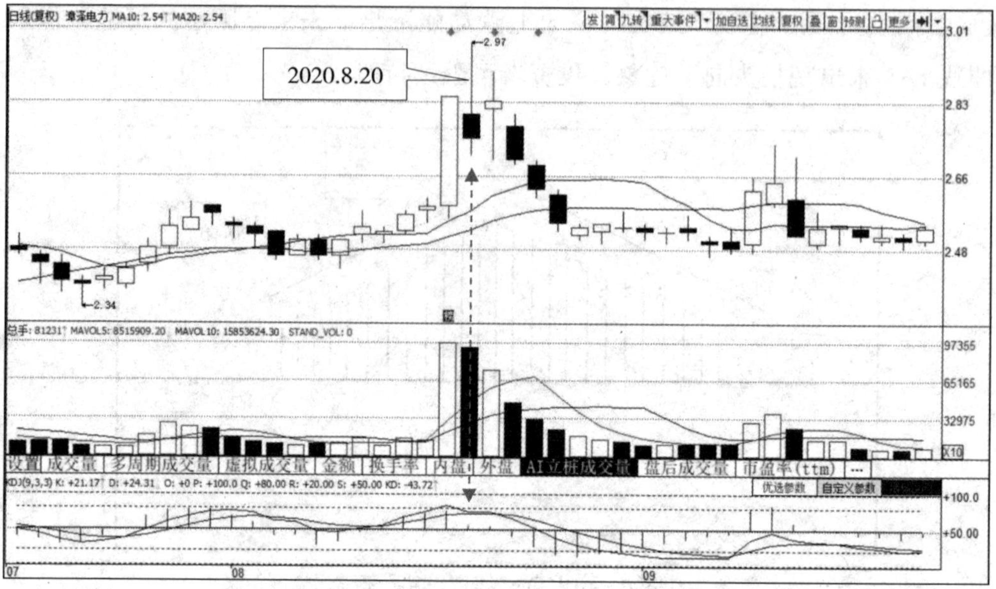

图 4-10　漳泽电力（000767，现为晋控电力）KDJ 指标走势图

二、KD 柱线“抽脚”

KD 柱线“抽脚”，是指 KD 柱线位于 50 线下方，经过一段时间的连续变长后，开始出现变短的情况，如图 4-11 所示。

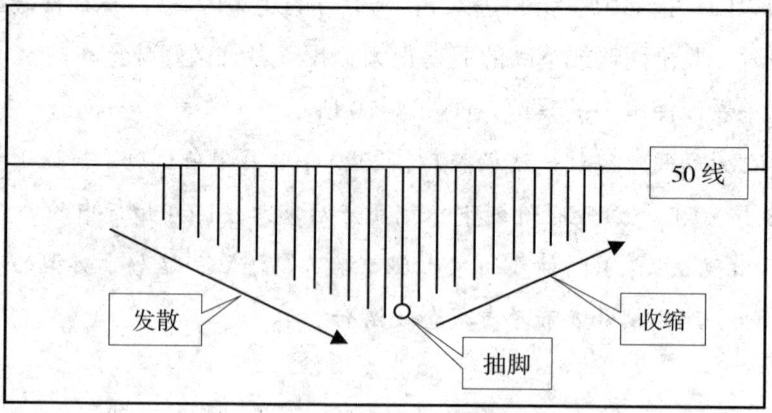

图 4-11　KD 柱线“抽脚”形态

KD 柱线“抽脚”，说明空方力量有所不足，跌势有可能终止。当然，由于 KDJ 指标中曲线 K 与曲线 D 的特殊设计，使得投资者在实战中还需要结合具体情况进行分析。

第一，当股价处于下降趋势时，KD 指标线均位于 50 线下方，说明空方占据主导地位。KD 柱线“抽脚”说明下跌动能不足，未来有反弹的可能，投资者应留心观察该股其后的走势，但不可贸然进场。若曲线 K 并未出现拐头向上的迹象，投资者可继续看空。

第二，若股价处于横盘状态，KDJ 指标频繁交叉，此时的 KD 柱线也不具有交易指示含义。

第三，KD 指标线均位于 50 线上方，说明多方仍占据主导地位。KD 柱线“抽脚”说明回调动能不足，未来有重回升势的可能。此时，股价多处于上升途中的回调位置。投资者若卖出了股票，可考虑重新介入。

第四，KDJ 指标中曲线 K 进入 20 线下方的超卖区域后，KD 柱线出现“抽脚”迹象时，则股价反弹或上升的概率很大，投资者宜做好建仓准备。

下面来看冀凯股份的案例，如图 4-12 所示。

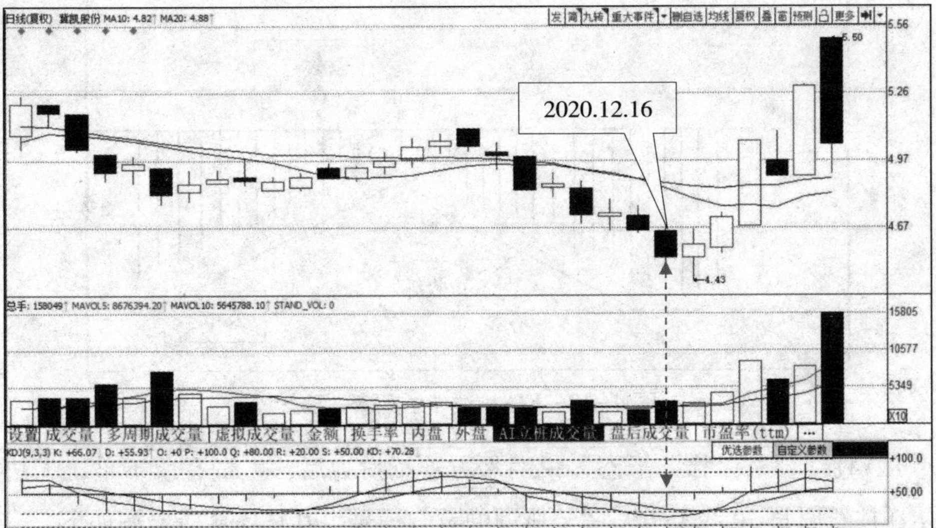

图 4-12 冀凯股份（002691）KDJ 指标走势图

冀凯股份的股价自 2020 年 7 月底进入下行通道，截至 12 月，该股股价出现了加速下跌走势，KDJ 指标随之走低。2020 年 12 月 16 日，该股股价收出中阴线，而 KD 柱线却出现了“抽脚”形态，说明空方实力可能存在不足，投资者可密切关注该股其后的走势。

次日，该股股价触及阶段低点后反弹向上。随后 KDJ 指标出现金叉，KD 柱线同步向上越过了 50 线，投资者可考虑买入该股。

三、KD 柱线“杀多棒”

KD 柱线出现“抽脚”形态后，股价可能会出现一波反弹向上的走势，这总是会给投资者一种希望。然而，此时的 KD 柱线仍位于 50 线下方，因此，投资者必须时刻提高警惕。有时候，当 KD 柱线连续收缩至 50 线附近时，可能会因为股价受到阻力而重新下跌，KD 柱线重新开始向下拉伸，形成 KD 柱线“杀多棒”形态，说明新的一波下跌行情又开启了，先前入场的投资者宜立即离场，如图 4-13 所示。

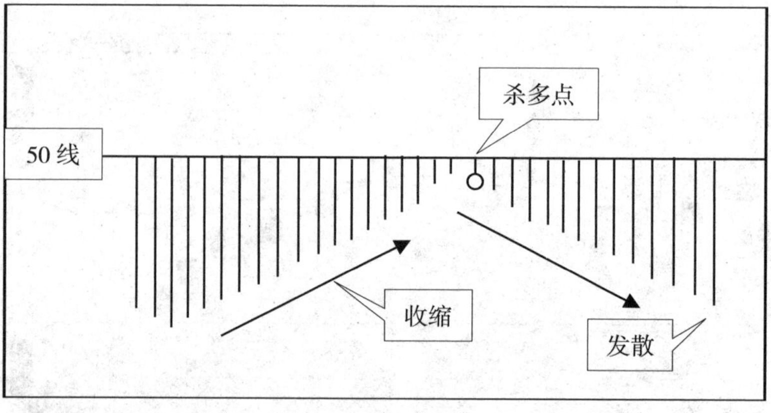

图 4-13　KD 柱线“杀多棒”形态

KD 柱线“杀多棒”形态，说明多方连续发力后，力量有所不足，无法推动 KD 柱线回归 50 线上方，属于典型的看空信号。其具体分析要点如下。

第一，KD 指标线位于 50 线下方，说明空方占据主导地位。KD 柱线先出现的“抽脚”，说明下跌动能不足，未来有上涨的可能。不过，当 KD 柱线萎缩至 50 线附近时，空方重新发力，KD 柱线重新拉伸，说明空方重新夺取了主动权。此时，先前博反弹进场的投资者应立即离场。

第二，鉴于 KDJ 指标较为敏感，因此，只要 KD 柱线没有回归 50 线上方，投资者一般不宜入场。

第三，KD 指标线位于 50 线上方，说明多方仍占据主导地位。KD 柱线“抽脚”，说明下跌动能不足，未来有重回涨势的可能。此后，当 KD 柱线萎缩至 50 线附近时，空方重新发力，股价可能会重新开启调整走势，持股的投资者务必保持警惕，最好能够先抛出部分股票，当 KD 指标线跌破 50 线后再清空仓位。

第四，若股价处于横盘状态，KDJ 指标频繁交叉，此时的 KD 柱线也不具有交易指示含义。

下面来看中钢国际的案例，如图 4-14 所示。

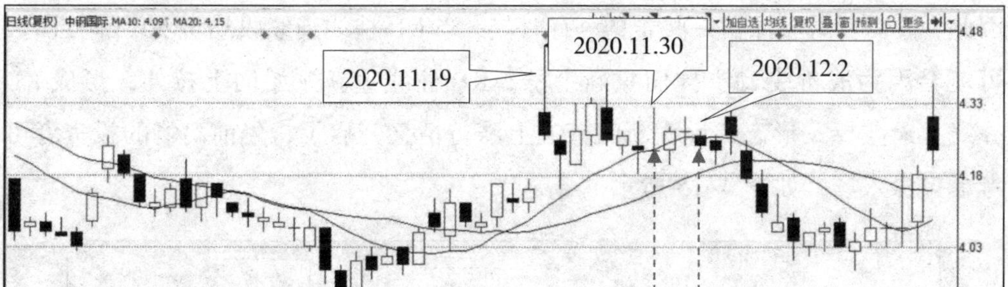

图 4-14　中钢国际（000928）KDJ 指标走势图

中钢国际的股价自 2020 年 11 月下旬出现了一波振荡上涨行情。2020 年 11 月 19 日，该股股价触及阶段高点后，开始振荡回落。

此后，KDJ 指标随着股价的回落振荡下行，KD 柱线也同步下跌至 50 线下方并不断拉伸。该股股价回调整理一段时间后，2020 年 11 月 30 日出现小幅反弹走势。与此同时，KD 柱线开始“抽脚”，并不断萎缩，说明股价短线存在反弹的可能。鉴于此时 KD 指标线已经运行于 50 线下方，投资者宜保持观望，不可入场。

2020 年 12 月 2 日，该股股价再度进入下跌态势。KD 柱线并没有回归 50 线上方，而是重新向下拉伸，形成了一个“杀多点”。这意味着 KD 柱线走出了“杀多棒”形态，这属于典型的看空形态，投资者可考虑卖出手中的股票。

四、KD 柱线“逼空棒”

KD 柱线出现“缩头”形态后，股价可能会出现一波下跌走势，这总是会给投资者一种股价将要回落的感觉。然而，此时的 KD 柱线仍位于 50 线上方，因此，投资者需要保留一些希望。有时候，当 KD 柱线连续收缩至 50 线附近时，可能会因为股价受到支撑而重新上涨，KD 柱线重新开始向上拉伸，形成 KD 柱线“逼空棒”形态，说明新的一波上涨行情又开启了，先前离场的投资者可考虑追涨入场，如图 4–15 所示。

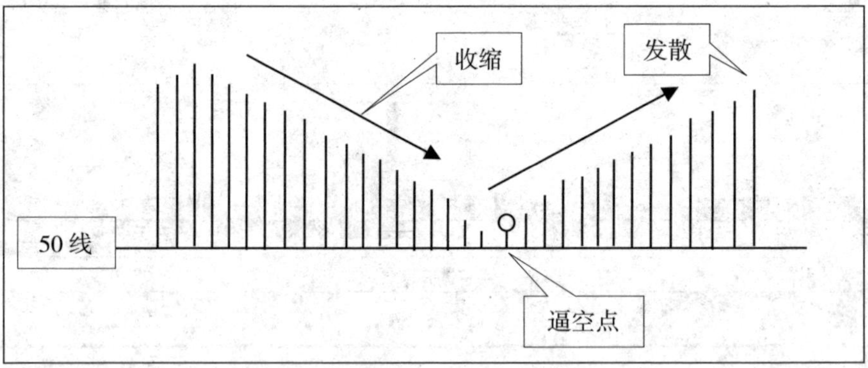

图 4–15　KD 柱线“逼空棒”形态

KD 柱线出现“逼空棒”形态，说明空方连续发力后力量有所不足，无法推动 KD 柱线退至 50 线下方，属于典型的看涨信号。其具体分析要点如下。

第一，KD 指标线位于 50 线上方，说明多方占据主导地位。KD 柱线先出现“收缩”，说明上升动能不足，未来有下跌的可能。不过，当 KD 柱线萎缩至 50 线附近时，多方重新发力，KD 柱线重新拉伸，说明多方重新夺取了主动权。此时，先前离场的投资者可考虑再次介入。

第二，鉴于 KDJ 指标较为敏感，因此，只要 KD 柱线没有跌破 50 线，投资者一般不宜离场。

第三，KD 指标线位于 50 线下方，说明空方仍占据主导地位。KD 柱线“收缩”，说明反弹动能不足，未来有重回跌势的可能。此后，当 KD 柱线萎缩至 50 线附近时，重新向上拉升，股价可能会重新开启反弹走势。其后，若股价持续反弹，KD 指标线向上突破 50 线，则说明多空力量对比已经出现了逆转，投资者可考虑入场。

第四，若股价处于横盘状态，KDJ 指标频繁交叉，此时的 KD 柱线也不具有交易指示含义。

下面来看创世纪的案例，如图 4-16 所示。

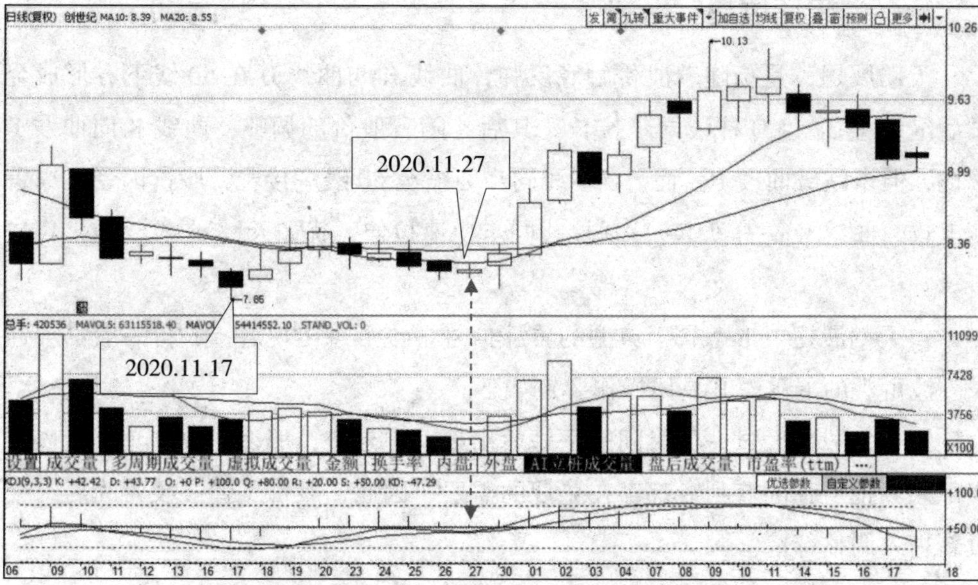

图 4-16　创世纪（300083）KDJ 指标走势图

创世纪的股价自 2020 年 11 月中旬出现了一波振荡上涨行情，其后股价触及阶段高点后开始调整。KDJ 指标随着股价的调整横向运行，KD 柱线同步出现萎缩状态。2020 年 11 月 27 日，当 KD 柱线萎缩至 50 线附近时，该股股价不再下行，而是反向上攻。KD 柱线在 2020 年 11 月 27 日就形成了经典的“逼空点”，至此，KD 柱线的“逼空棒”形态正式成立，投资者可考虑加仓入场。

此后，该股股价出现了一波快速上升走势。

第三节　KD 柱线实战交易技术

实战中，KD 柱线更多的是与 KDJ 指标组合来分析股价运行趋势的。本节将介绍几种简单的组合分析技法，供读者参考。

一、“天鹅展翅”形态

天鹅展翅，是指随着股价触底反弹，曲线 K 与曲线 D 在 50 线下方形成金叉后继续上扬，KD 柱线同步拉长。其后，随着股价的调整，曲线 K 向曲线 D 靠拢，但未跌破曲线 D，而 KD 柱线同步萎缩至 50 线。接着，股价因受支撑重新上攻，曲线 K 高高跃起，KD 柱线同步快速拉伸，犹如天鹅展翅，如图 4-17 所示。

“天鹅展翅”形态属于典型的看涨信号。该形态出现后，股价一般都会迎来一波可观的上涨。其具体操作要点如下。

第一，股价经过一段时间的下跌后出现反弹走势，那么，很多套牢盘以及底部入场抢反弹的获利盘都存在兑现的需要。因此，股价反弹一段时间后，会重新进入调整行情。

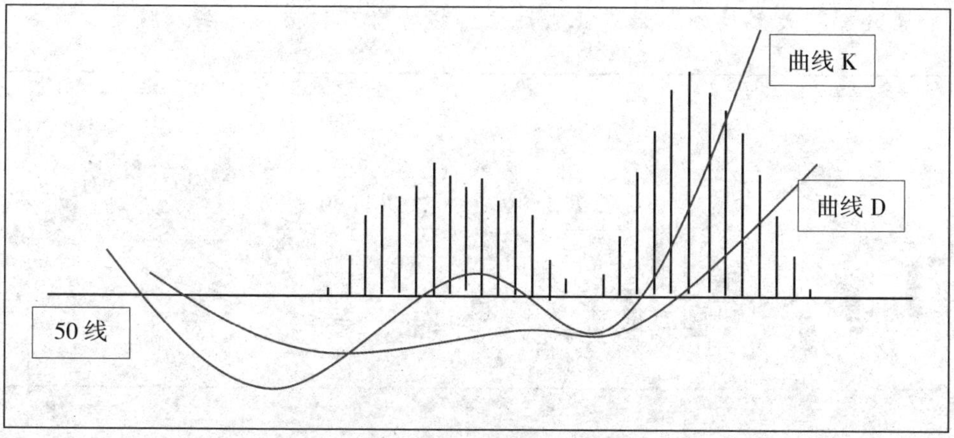

图 4-17　“天鹅展翅”形态

第二，股价回调时，曲线 K 由于灵敏度高于曲线 D，所以往往会率先反应，并随之下行。此时，由于曲线 D 还处于上升趋势，两者相遇后，曲线 K 被曲线 D 高高托起。此时股价与 KD 柱线同步向上，说明股价的回调已经结束，股价将会重新进入上升通道。

第三，随着股价的上行，若 KDJ 指标快速向上突破了 50 线，则更可印证股价上升趋势确立，投资者可积极入场做多。

第四，股价回调时，若成交量同步萎缩，当曲线 K 被曲线 D 托起后，成交量同步放大，则更可印证股价即将进入上升趋势。

下面来看创世纪的案例，如图 4-18 所示。

自 2020 年 8 月开始，创世纪的股价进入了加速下行通道。随着股价的振荡下行，KDJ 指标也同步下行。11 月底，创世纪的股价出现触底反弹走势。

2020 年 11 月 19 日，该股股价反弹向上，且 KDJ 指标出现了低位金叉。该金叉位于 20 线附近，成色较佳，投资者可少量入场。此后股价上升，KD 柱线同步拉升，接着该股股价出现了一波振荡调整走势。股价又走出了一个低点，曲线 K 开始向曲线 D 靠拢。2020 年 11 月 30 日，该股股价小幅上攻，曲线 K 受曲线 D 的支撑而大幅回升，KD 柱线同步拉长，说明该股即将结束回调走势，将会迎来新一波上攻。

至此，“天鹅展翅”形态正式成立，投资者可积极入场买入股票。

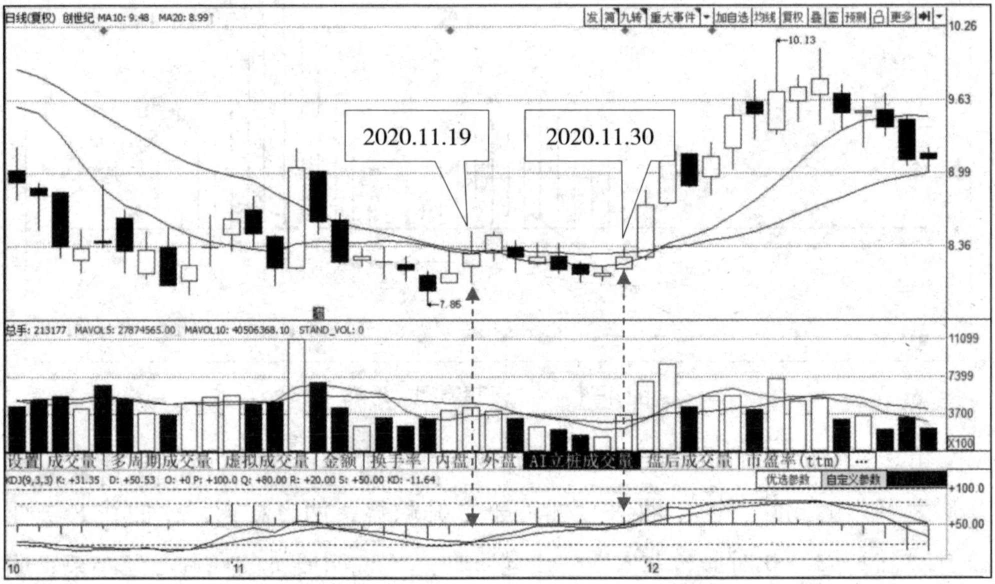

图 4-18　创世纪（300083）KDJ 指标走势图

二、KD 柱线拉伸与股价突破

当股价处于单边运行趋势时，KDJ 指标很容易出现频繁的交叉或粘连，KD 柱线也可能会出现围绕 50 线波动的情况。某一交易日，若股价出现异动（向上或向下突破），KD 柱线的拉伸超过了以前的波动范围，则可印证股价的突破为有效突破。

其具体操作要点如下。

第一，股价经过一段时间的单边运行，包括上涨、下跌或横向运动，KDJ 指标出现了黏合形态，KD 柱线围绕 50 线波动。

第二，KD 柱线在 50 线上方运行，某一交易日股价出现放量上攻迹象，KDJ 指标走高，KD 柱线明显超过了之前的波动范围，则意味着股价将迎来一波上涨行情。

第三，KD 柱线在 50 线下方运行，某一交易日股价出现下跌迹象，KDJ 指标下行，KD 柱线明显超过了之前的波动范围，则意味着股价将迎来一波下跌行情。

下面来看皖通高速的案例，如图 4-19 所示。

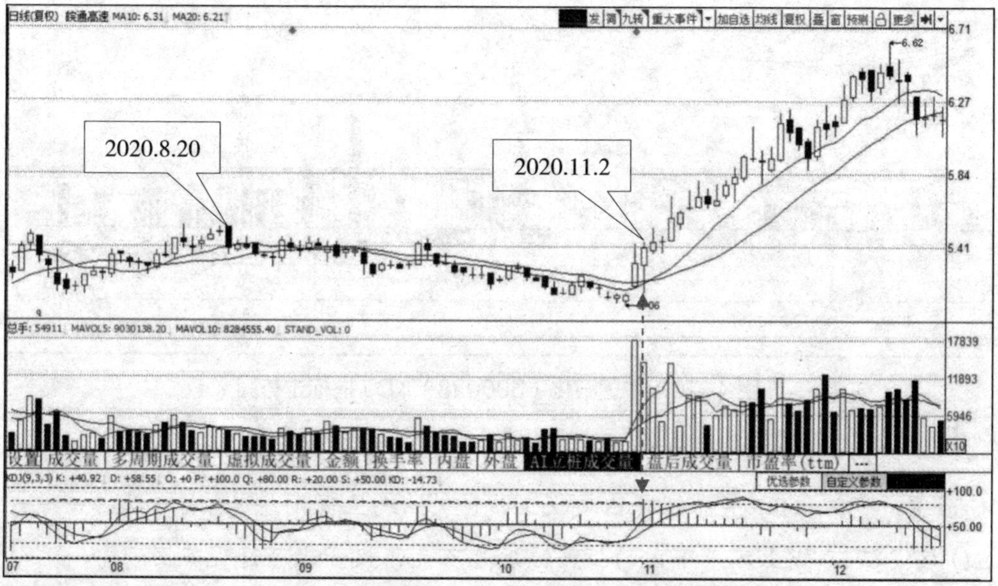

图 4-19　皖通高速（600012）KDJ 指标走势图

皖通高速的股价自 2020 年 8 月下旬开始振荡走低。由于股价处于单边下行通道，KDJ 指标频繁出现交叉，KD 柱线呈现围绕 50 线波动的迹象。KD 柱线在 50 线上方或下方的拉伸幅度都不大，投资者可静观其变。

2020 年 11 月 2 日，皖通高速在前一交易日大幅上攻的基础上再度上涨，KD 柱线在 50 线上方出现了大幅拉伸，当日 KD 柱线的拉伸幅度超过了 2020 年 8 月 20 日以来的所有柱线，说明多方已经发力上攻。鉴于股价已经突破了多条均线的阻力，未来股价继续走高的概率很大，投资者可积极入场做多。

与此类似，当股价经过单边上升行情后，KD 柱线突然大幅向下拉伸，也意味着股价可能会开启一波下降走势。

下面来看中国石化的案例，如图 4-20 所示。

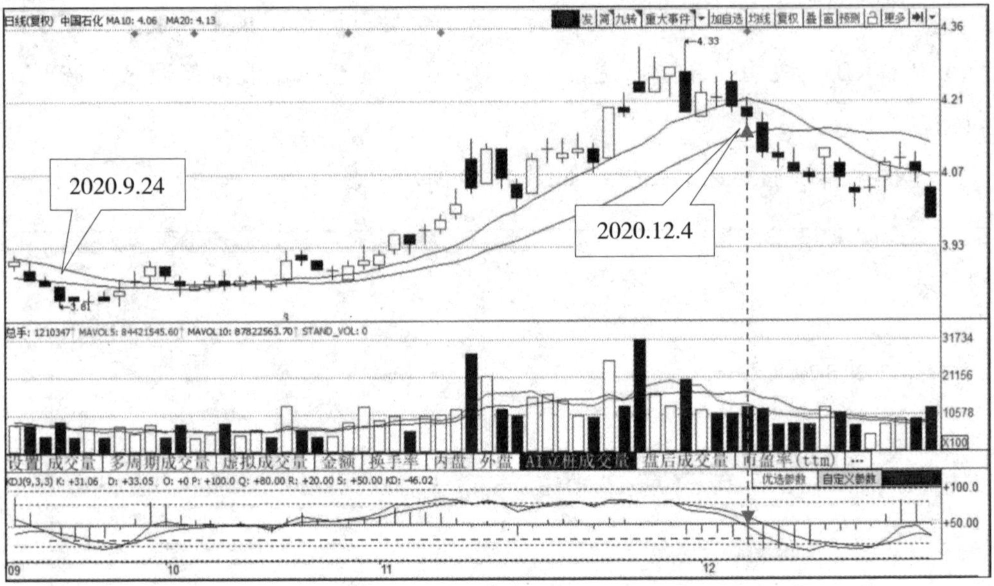

图 4-20　中国石化（600028）KDJ 指标走势图

中国石化的股价自 2020 年 9 月下旬开始振荡走高。由于股价处于单边上行通道，所以 KDJ 指标频繁出现交叉，KD 柱线呈现围绕 50 线波动的迹象。KD 柱线在 50 线上方或下方的拉伸幅度都不大，投资者可静观其变。

2020 年 12 月 4 日，中国石化在前一交易日大幅下跌的基础上再度下行，KD 柱线在 50 线下方出现了大幅拉伸，当日 KD 柱线的拉伸幅度超过了自 2020 年 9 月 24 日以来的所有柱线，说明空方已经开始发力打压股价。鉴于股价已经跌破了多条均线的支撑，未来股价继续走低的概率很大，投资者宜执行减仓或清仓操作。

三、周线 KDJ 指标 50 线金叉与 KD 柱线拉伸

相比日线，周线级别的 KDJ 指标走势更加稳健，因此，当周线 KDJ 指标在 50 线附近出现金叉时，说明股价可能会进入上升趋势。此时，若 KD 柱线同步大幅拉伸，无疑可以提升买入信号的有效性和准确性。

其具体操作要点如下。

第一，股价经过一段时间的调整或下跌后，KDJ 指标同步走低，当其回落至 50 线附近时，股价放量拉升，KDJ 指标重新形成黄金交叉，则意味着股价将重新启动上升趋势。

第二，股价下行过程中，KDJ 指标同步向下，但其并未跌破 50 线，说明多方仍占据较大的优势地位，未来仍可看高一线。

第三，KDJ 指标在 50 线附近形成黄金交叉时，KD 柱线同步出现大幅拉伸，拉伸幅度越大，短期内股价上攻力度就越强。

下面来看棒杰股份的案例，如图 4–21 所示。

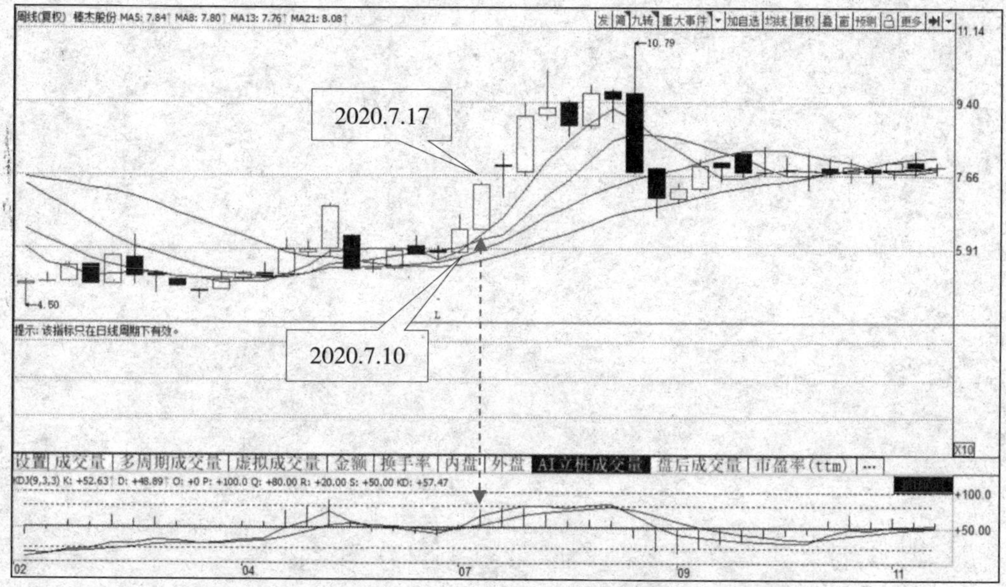

图 4–21　棒杰股份（002634）周线 KDJ 走势图

棒杰股份的股价自 2020 年上半年出现了横向振荡走势。到 5 月中旬，该股股价曾出现小幅上扬，KDJ 指标同步上升。此后，随着股价的回调，KDJ 指标同步回落至 50 线附近。

2020 年 7 月 10 日，该股股价开始上升，KDJ 指标在 50 线附近形成黄金交叉。2020 年 7 月 17 日，股价继续走高，KD 柱线出现了大幅拉伸态势，说明多方已经开始发力上攻，投资者可考虑入场买入。

第五章

变盘点研判——KDJ 指标与 K 线结合

在证券技术分析领域，K 线具有举足轻重的作用。当股价 K 线走出一些经典反转形态、底部形态或顶部形态时，往往意味着股价 K 线的运行趋势可能会发生转变。尽管如此，投资者确认股价 K 线的运行趋势转变也并不容易，因为这里面充斥了主力的陷阱与假动作。将 KDJ 指标与 K 线经典形态结合分析，很大程度上可以提升辨识趋势的准确性。

第一节　KDJ 指标与 K 线反转形态

通常情况下，股价 K 线经过一段时间的上涨或下跌后，出现经典的反转形态时，若 KDJ 指标同步在超卖或超买区域发出买入或卖出信号，则可增强反转信号的有效性。

一、孕线与 KDJ 指标

孕线，是一种经典的 K 线反转形态。该形态出现后，股价 K 线往往会向相反方向运行，若此时 KDJ 指标同步在超卖或超买区域走出金叉或死叉，则可看成对 K 线反转信号的强化。

孕线，又称“母子线”“身怀六甲”“孕育”形态，是由一大一小两根颜色相反的 K 线组合而成，后一根 K 线的最高价和最低价全部隐藏在前一根 K 线的最高价和最低价波动范围之内。常见的孕线包括阴孕阳和阳孕阴两种。

1. 阴孕阳

“阴孕阳”形态由一阴一阳两根 K 线组成，前一根为阴线，后一根为阳线。该形态一般出现在下跌趋势中，表示在空方占据主导地位的行情中，多方开始积聚力量，伺机反扑，如图 5-1 所示。

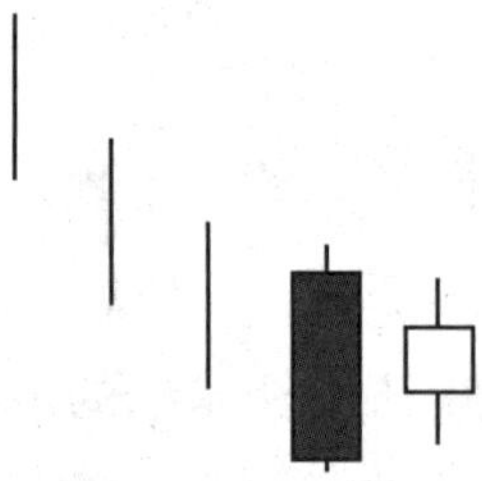

图 5-1 “阴孕阳”形态

出现“阴孕阳”形态，表示股价下跌趋势即将结束，未来有止跌企稳的可能。

（1）“阴孕阳”形态操作策略。

第一，“阴孕阳”形态本身就是空方实力有所不济，多方开始反攻的一个信号。若此后股价出现反弹，当股价 K 线向上突破阴线的最高价时，可执行建仓操作。

第二，在“阴孕阳”形态中，后一根阳线具有非常重要的交易指示意义，阳线的收盘价越高，未来股价走高的可能性越大。

第三，在“阴孕阳”形态中，若后一根阳线出现时成交量同步放大，则可增强反转信号的有效性。

第四，在“阴孕阳”形态形成后，投资者还要注意下一个交易日 K 线的形态，若出现高开低走阴线，就可能构成“空方炮”形态，此时投资者需保持观望。

（2）“阴孕阳”形态与 KDJ 指标结合操作策略。

第一，“阴孕阳”形态中，出现阴线时，若 KDJ 指标已经进入超卖区域，当阳线出现时，KDJ 指标自超卖区域反弹向上，并形成低位金叉，则未来看涨意味更浓。

第二，“阴孕阳”形态中出现第二根阳线时，若曲线 J 自 0 线拐头向上，则可增强买入信号的准确性。

第三，形成“阴孕阳”形态时，若 KDJ 指标的低位金叉出现在 20 线附近，更能增强短线买入信号的有效性。

下面来看四方精创的案例，如图 5-2 所示。

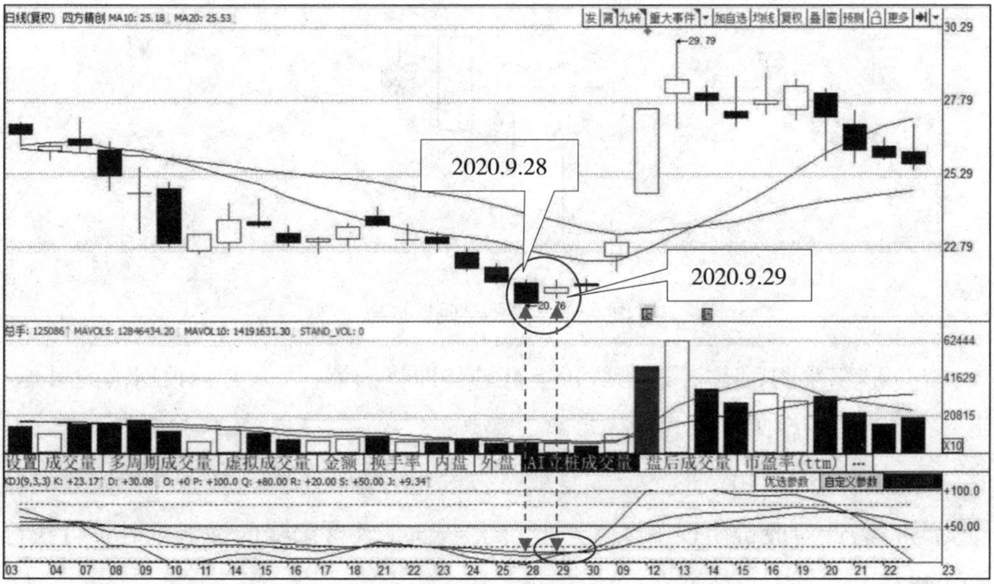

图 5-2　四方精创（300468）日 K 线走势图

四方精创经历了一波下跌行情之后，于 2020 年 9 月 28 日和 9 月 29 日两天出现“阴孕阳”形态。

2020 年 9 月 28 日，四方精创收出一根中阴线。观察当日的 KDJ 指标走势可知，此时曲线 J 已经到达 0 线，曲线 K 和曲线 D 全部运行于 20 线下方，说明该股此时已经严重超卖，未来反攻的可能性很大。

2020 年 9 月 29 日，该股收出一根小阳线，这根小阳线的开盘价高于前一日的收盘价，收盘价低于前一日的开盘价，和前一日的大阴线共同形成“阴孕阳”形态，预示着行情可能即将发生反转。与此同时，曲线 K 向上突破曲线 D 形成低位金叉，且交叉点在 20 线下方，曲线 J 同步自 0 线拐头向上，这都属于典型的看涨信号，投资者可积极入场建仓。

2. 阳孕阴

“阳孕阴”形态由一阳一阴两根 K 线组成，前一根为阳线，后一根为阴线。该形态一般出现在上升趋势中，表示在多方占据主导地位的行情中，空方开始积聚力量，伺机反扑，如图 5-3 所示。

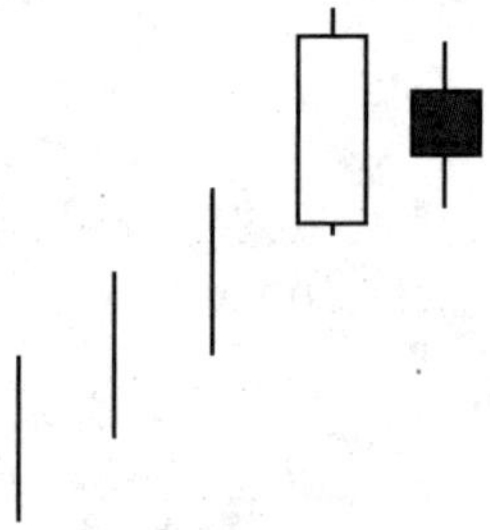

图 5-3 “阳孕阴”形态

出现“阳孕阴”形态，表示股价上涨趋势即将结束，未来有触顶回落的可能。

（1）“阳孕阴”形态操作策略。

第一，“阳孕阴”形态，本身就是多方实力有所不济，空方开始反攻的一个信号。若此后股价出现下跌，当股价 K 线向下跌破阳线的最低价时，可执行卖出操作。

第二，在“阳孕阴”形态中，后一根阴线具有非常重要的交易指示意义，阴线的收盘价越低，未来股价走低的可能性越大。

第三，在“阳孕阴”形态形成后，投资者还要注意下一个交易日 K 线的形态，若出现低开高走阳线，就可能构成“多方炮”形态，此时投资者不宜执行卖出操作。

（2）“阳孕阴”形态与 KDJ 指标结合操作策略。

第一，“阳孕阴”形态中，出现阳线时，若 KDJ 指标已经进入超买区域，出现阴线时，KDJ 指标自超买区域拐头向下，并形成高位死叉，则未来看跌意味更浓。

第二，“阳孕阴”形态中出现第二根阴线时，若曲线 J 自 100 线拐头向下，则可增强卖出信号的准确性。

第三，形成“阳孕阴”形态时，若 KDJ 指标的高位死叉出现在 80 线以上，更能增强短线卖出信号的有效性。

下面来看晋控煤业的案例，如图 5-4 所示。

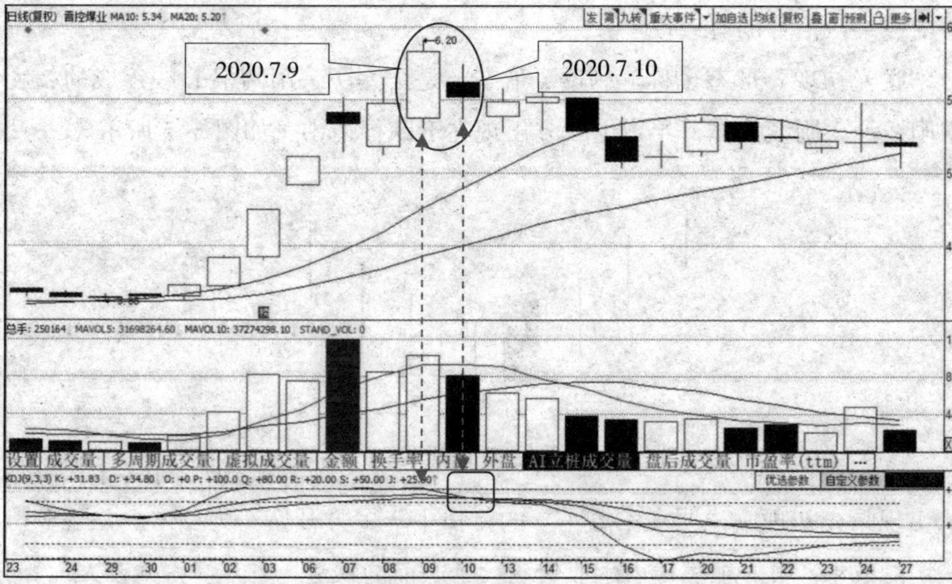

图 5-4 晋控煤业（601001）日 K 线走势图

晋控煤业的股价经历一波上涨行情之后，于 2020 年 7 月 9 日和 7 月 10 日这两天出现“阳孕阴”形态。

2020 年 7 月 9 日，晋控煤业收出一根大阳线。2020 年 7 月 10 日，该股收出一根小阴线，这根小阴线的开盘价低于前一日的收盘价，收盘价高于前一日的开盘价，和前一日的大阳线共同形成了“阳孕阴”形态。这表明行情有出现反转的可能，投资者应卖出部分股票，轻仓观望。与此同时，KDJ 指标在 80 线上方的超买区域走出了高位死叉形态，曲线 J 也同步自 100 线拐头向下，这都属于典型的看跌信号。

基于以上分析可知，此时空方已经占据主动，投资者应果断卖出剩余股票。

二、曙光初现与 KDJ 指标

曙光初现，是典型的 K 线反转形态。该形态通常出现在下跌行情的末期，其后，股价止跌上涨的概率较高。若此时 KDJ 指标同步自超卖区域反弹向上，则可增强买入信号的有效性。

“曙光初现”形态也称“刺透”形态，是由一阴一阳两根 K 线组成的，后一根阳线深入阴线实体一半以上，多出现在下跌行情中，如图 5–5 所示。

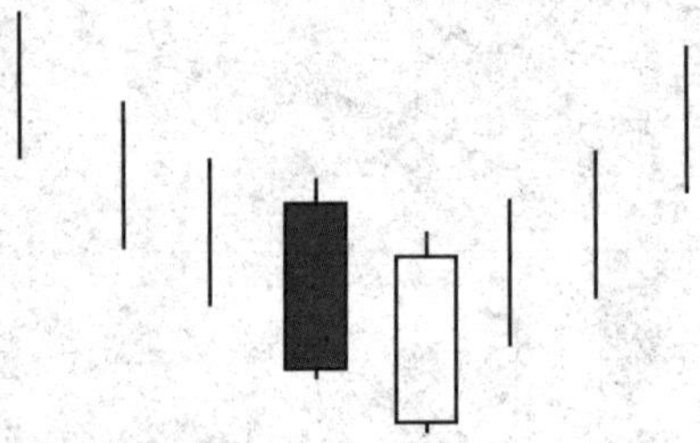

图 5–5　曙光初现

出现曙光初现，说明在空方主导的行情中，多方开始奋力反击，并且取得了一定的成果。第一根阴线表示股价延续了之前的跌势，空方仍占据较大优势。第二根阳线低开后，多方开始反击，当其进攻至空方阵地一半以上时，因空方的阻力而停止进攻。此形态说明多方并未对空方取得决定性的优势，不过空方的优势已经荡然无存，股价未来走高的可能性较大。

1. 曙光初现操作策略

第一，出现曙光初现，反映出在空方主导的行情中，多方开始反击，股价未来有结束下行趋势的可能。

第二，在曙光初现中，第二根阳线的实体越长，深入阴线的幅度越大，未来股价上攻的可能性越大。

第三，曙光初现出现的次日，若股价向上突破第一根阴线的最高价，则可考虑入场买入该股。

第四，曙光初现中，阳线的最低价是一个重要的止损位。投资者按照曙光初现买入股票后，若股价反向下行，跌破阳线的最低价，则宜执行止损操作。

第五，曙光初现中，后一根阳线出现的同时，若成交量同步放大，则可增强股价未来上升的可能性。

2. 曙光初现与 KDJ 指标结合操作策略

第一，“曙光初现”形态中，出现阴线时，若 KDJ 指标已经进入超卖区域，当阳线出现时，KDJ 指标自超卖区域反弹向上，并形成低位金叉，则未来看涨意味更浓。

第二，“曙光初现”形态中出现第二根阳线时，若曲线 J 自 0 线拐头向上，则可增强买入信号的准确性。

第三，“曙光初现”形态形成时，若 KDJ 指标的低位金叉在 20 线以下，更能增强短线买入信号的有效性。有时候第二根阳线出现时，KDJ 指标的金叉尚未形成，此时投资者只能少量入场，不可将仓位放大。

下面来看天味食品的案例，如图 5-6 所示。

2020 年 9 月 10 日和 9 月 11 日，天味食品的日 K 线图上出现了“曙光初现”形态。2020 年 9 月 10 日，天味食品收出一根中阴线。2020 年 9 月 11 日，该股跳空低开不久便探底，随后便一路上扬，不仅成功弥补了开始的跳空，还将收盘价定格在了前一交易日阴线的中部以上位置。这根阳线与前一交易日的阴线共同组成了曙光初现形态，这预示着股价已经实现阶段性沉底。

与此同时，KDJ 指标进入超卖区域后拐头向上，特别是曲线 J 在 2020 年 9 月 11 日自 0 线拐头向上，这也说明股价有很大概率出现反转走势。不过，鉴于此时 KDJ 指标并未形成低位金叉，投资者可考虑少量建仓。

此后，该股股价连续上攻，KDJ 指标在 2020 年 9 月 15 日形成了低位金叉。此时，股价 K 线刚刚突破了 10 日均线，投资者可在股价站稳 10 日均线后进行加仓操作。

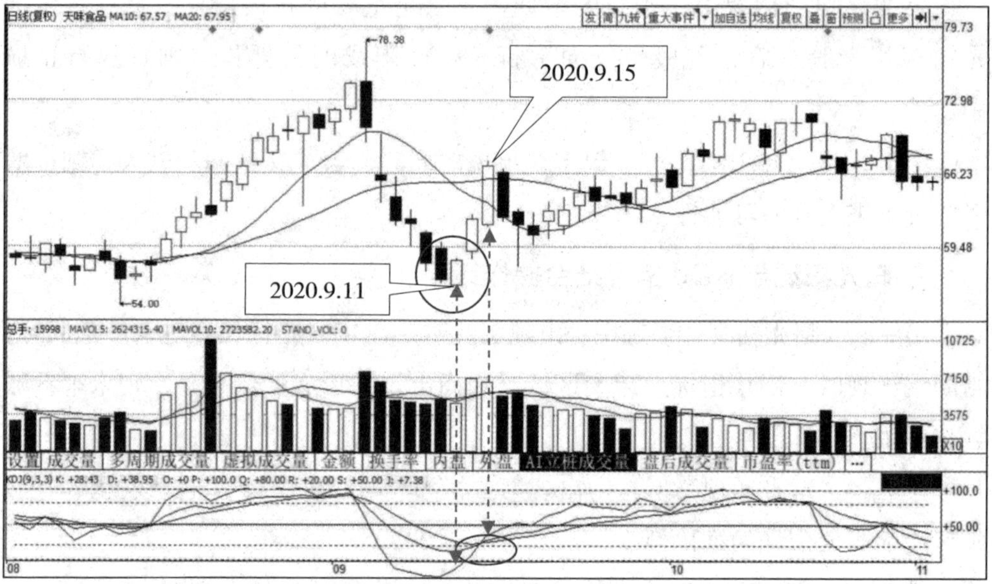

图 5-6　天味食品（603317）日 K 线走势图

三、乌云盖顶与 KDJ 指标

乌云盖顶与曙光初现刚好相反，也是典型的 K 线反转形态。该形态通常出现在上涨行情的末期，其后，股价止涨下跌的概率较高。若此时 KDJ 指标同步自超买区域反转向下，则可增强卖出信号的有效性。

乌云盖顶也称“乌云线”形态，由一阳一阴两根 K 线组成，后一根阴线会深入阳线实体一半以上，其多出现在上涨行情中，如图 5-7 所示。

出现“乌云盖顶”形态，说明在多方主导的行情中，空方开始奋力反击，并且取得了一定的成果。第一根阳线表示股价延续了之前的涨势，多方仍占据较大的优势。其后的第二根阴线高开后，空方开始反击，当其进攻至多方阵地一半以上时，因多方的阻力而停止进攻。此形态说明空方并未对多方取得决定性的优势，但多方的优势也消耗殆尽，股价未来走低的可能性较大。

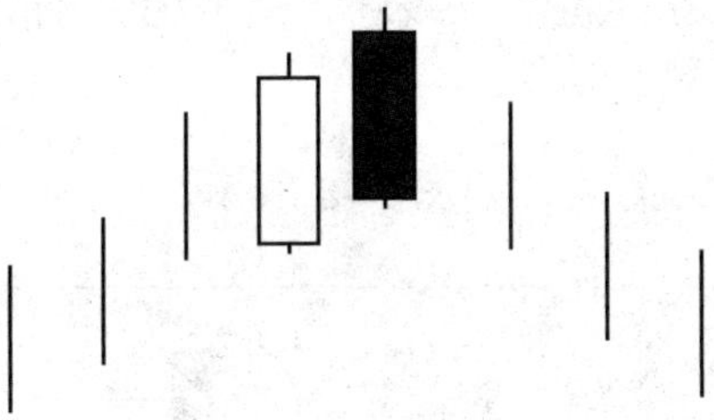

图 5-7 乌云盖顶

1. 乌云盖顶操作策略

第一，出现“乌云盖顶”形态，反映出在多方主导的行情中，空方开始反击，股价未来有结束上涨趋势的可能。

第二，在“乌云盖顶”形态中，第二根阴线的实体越长，深入阳线的幅度越大，未来股价下跌的可能性越大。

第三，出现乌云盖顶的次日，若股价向下跌破第一根阳线的最低价，则可考虑卖出该股。

第四，乌云盖顶形态中，阴线的最高价是一个重要的参照位。投资者按照“乌云盖顶”形态卖出股票后，若股价反向上涨，突破阴线的最高价，则宜执行补仓操作。

第五，“乌云盖顶”形态中出现阴线的当日，若成交量同步放大，则说明有大量的追涨盘被套于高位，未来走低的概率更大。

2. 乌云盖顶与 KDJ 指标结合操作策略

第一，“乌云盖顶”形态中，出现阳线时，若 KDJ 指标已经进入超买区域，出现阴线时，KDJ 指标自超买区域反转向下，并形成高位死叉，则未来看跌意味更浓。

第二，“乌云盖顶”形态中出现第二根阴线时，若曲线 J 自 100 线拐头向下，则可增强卖出信号的准确性。

第三，“乌云盖顶”形态形成时，若 KDJ 指标的高位死叉出现在 80 线以上，更能增强短线卖出信号的有效性。有时候，第二根阴线出现时，KDJ 指标的死叉尚未形成，此时投资者可先部分减仓，待 KDJ 指标跌破 80 线或出现高位死叉时再清仓。

下面来看柯力传感的案例，如图 5-8 所示。

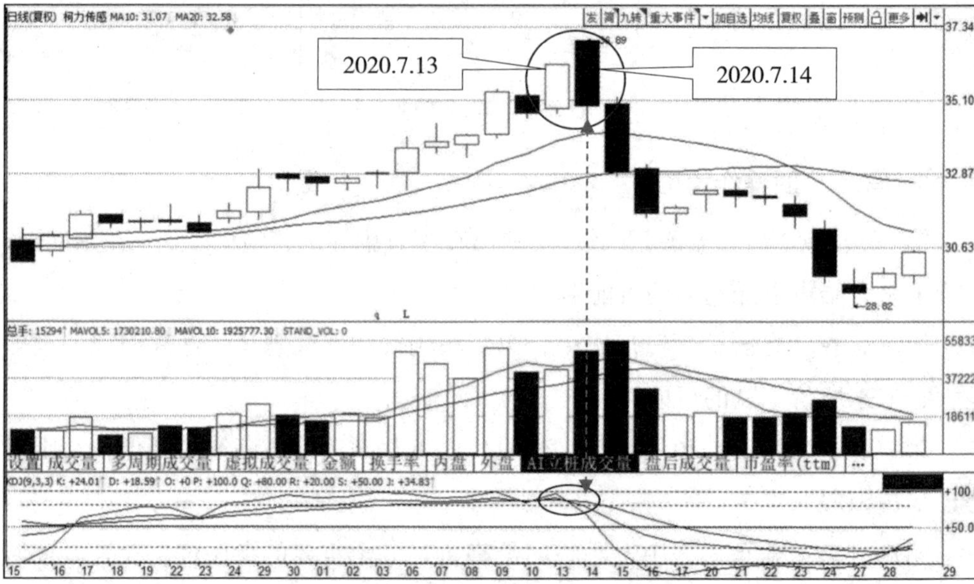

图 5-8　柯力传感（603662）日 K 线走势图

2020 年 7 月 13 日和 7 月 14 日，柯力传感的日 K 线图上出现了“乌云盖顶”形态。2020 年 7 月 13 日，柯力传感的股价经过一段时间的大幅上升后收出一根光头大阳线。2020 年 7 月 14 日，该股跳空高开高走，但在上档遇到空方强有力的抛盘，股价开始回落，不仅成功弥补了开盘留下的跳空缺口，还在收盘时将股价打压到了前一日的开盘价附近，形成了一根大阴线。这根阴线深入到前一根阳线实体的中部以下位置，两根 K 线共同组成了“乌云盖顶”形态。

观察此时的 KDJ 指标走势图可知，2020 年 7 月 14 日之前，KDJ 指标已经全部上升至超买区域。2020 年 7 月 14 日“乌云盖顶”形态形成时，KDJ 指标在 80 线上方形成了高位死叉形态，说明该股股价短线下跌的概率极高，投资者宜卖出手中的股票。

四、早晨之星与 KDJ 指标

早晨之星，是典型的 K 线底部反转形态。该形态通常在下跌行情末期出现，其后股价止跌上涨的概率较高。若此时 KDJ 指标同步自超卖区域反弹向上，则可增强买入信号的有效性。

早晨之星，又称启明星、晨星、希望之星，通常由三根 K 线组成，第一根大阴线将股价打压至较低位置，第二根拉出向下跳空十字星线，第三根大阳线重新将股价拉升至较高位置，如图 5-9 所示。

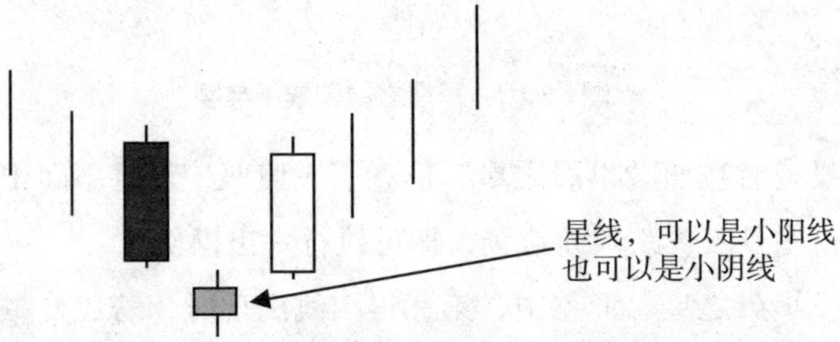

图 5-9　早晨之星

早晨之星形态中的第一根大阴线，表明空方仍占据绝对优势，多方无任何还手之力；次日，空方再度发力，股价跳空低开，但多方开始发动反攻，双方经过激烈的交锋，最终形成了一个相对平衡的局面，在 K 线图上留下了一根小星线；第三个交易日，多方在前一交易日反攻的基础上再度发力，趁机巩固成果，将空方击退。至此，三根 K 线形成了一个趋势转折形态，预示股价将企稳反弹。

1. 早晨之星操作策略

第一，“早晨之星”形态是典型的多空转换形态，它的出现说明股价已经由空方主导转为多方主导，未来股价上升的可能性较大。

第二，“早晨之星”形态中间的十字星（星线也可以是锤头线、倒锤头线、十字线、T 字线、倒 T 字线等）实体越小，与阴线之间的跳空距离越大，未来股价反弹向上的概率越大。如果该十字星与前后两根 K 线之间均出现缺口，就构成了弃婴（舍字线）形态，反转信号更强烈，如图 5-10 所示。

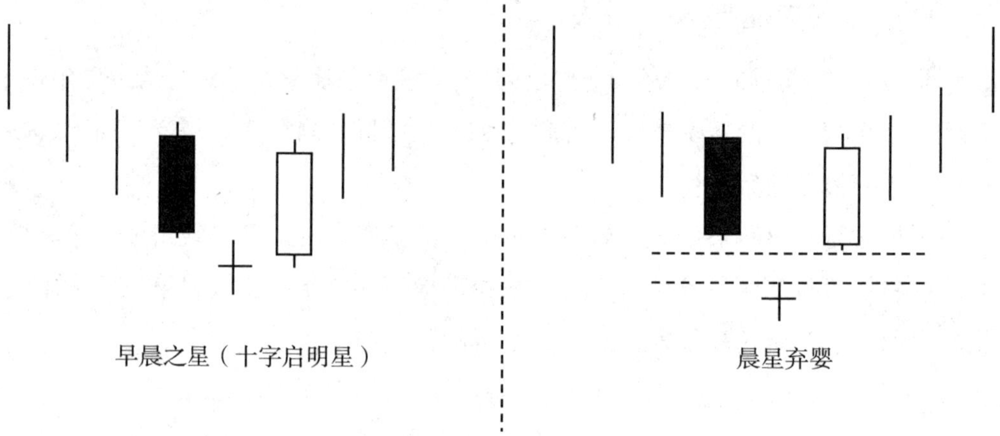

图 5-10　早晨之星和晨星弃婴

第三，投资者按照“早晨之星”形态买入股票，可将中间十字星的最低价设为止损位，一旦股价跌破此位置，即可执行卖出操作。

第四，“早晨之星”形态中，第三根阳线出现时，若成交量同步放大，则可增强股价进一步上升的概率。

2. 早晨之星与 KDJ 指标结合操作策略

第一，“早晨之星”形态中，出现大阴线时，若 KDJ 指标已经进入超卖区域，星线出现时，KDJ 指标中的曲线 J 在 0 线位置出现拐头迹象，第三根阳线出现时，KDJ 指标在 20 线附近形成黄金交叉形态，则未来看涨意味更浓。

第二，“早晨之星”形态形成时，若 KDJ 指标的低位金叉在 20 线以下，更能增强短线买入信号的有效性。

下面来看华资实业的案例，如图 5-11 所示。

华资实业在回调行情末期的 2020 年 10 月 30 日、11 月 2 日和 11 月 3 日这三个连续的交易日里形成了“早晨之星”形态。

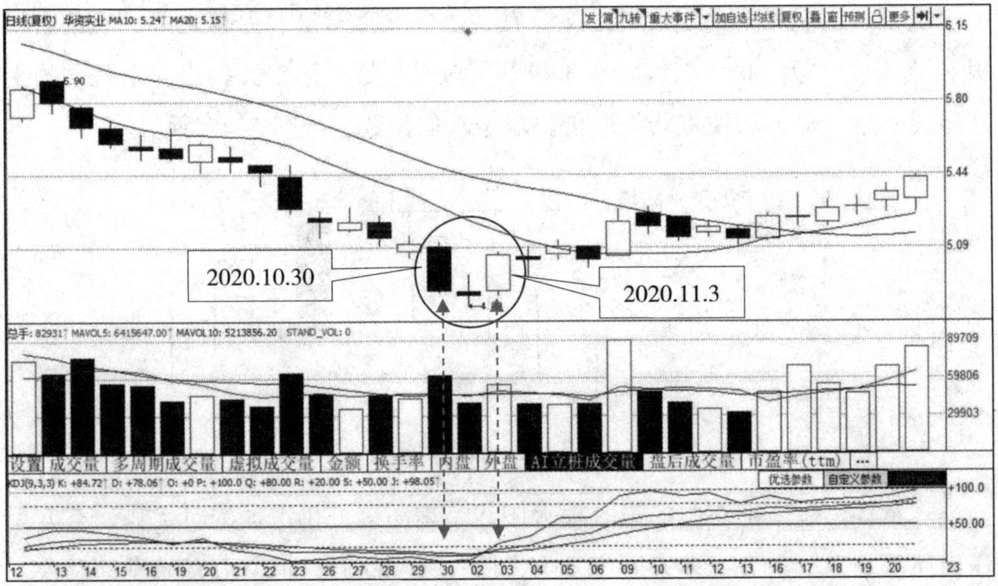

图 5–11　华资实业（600191）日 K 线走势图

2020 年 10 月 30 日，华资实业收出一根大阴线，此时 KDJ 指标早已进入超卖区域。2020 年 11 月 2 日，该股跳空低开，收出一根十字星，表明多空双方你争我夺，行情具有不确定性。不过，曲线 J 已经开始出现拐头向上迹象。2020 年 11 月 3 日，该股高开高走，收出一根大阳线，说明市场已经进入了多头状态。

与此同时，KDJ 指标同步在 20 线下方形成低位金叉，这意味着股价将进入上升趋势，投资者可考虑入场买入。其后，该股股价振荡走高，KDJ 指标也向上突破 20 线，这属于典型的加仓信号，投资者可适当提升仓位。

五、黄昏之星与 KDJ 指标

黄昏之星，是典型的 K 线顶部反转形态。该形态通常出现在上涨行情末期，其后股价滞涨反转向下的概率较高。若此时 KDJ 指标同步自超买区域反转向下，则可增强卖出信号的有效性。

与早晨之星相对的是黄昏之星。黄昏之星又称暮星、迟暮之星，通常由三根 K 线组成，第一根大阳线将股价拉升至较高位置，第二天拉出向上跳空的十字星线，第三根大阴线重新将股价打压至较低位置，如图 5-12 所示。

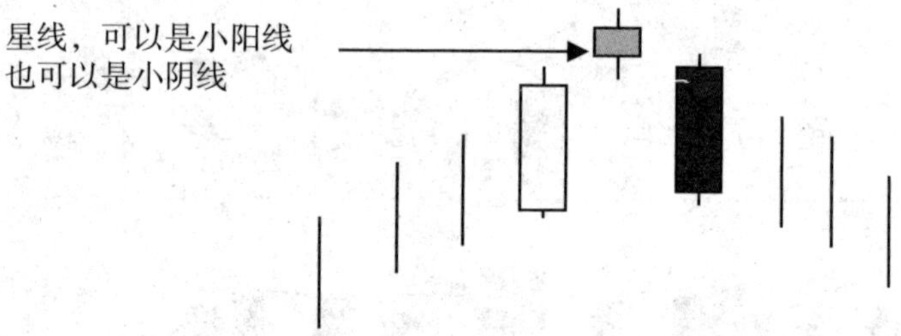

图 5-12 黄昏之星

“黄昏之星”形态中的第一根大阳线，表明多方仍占据绝对优势，空方无任何还手之力。次日，多方再度发力，股价跳空高开，但空方开始发动反攻，双方经过激烈的交锋，最终形成了一个相对平衡的局面，在 K 线图上留下一根小星线。第三个交易日，空方在前一交易日反攻的基础上再度发力，趁机巩固成果，将多方击退。至此，三根 K 线形成了一个趋势转折形态，预示股价将触顶回落。

1. 黄昏之星操作策略

第一，“黄昏之星”形态是典型的多空转换形态，它的出现说明股价已经由多方主导转为空方主导，未来股价下跌的可能性较大。

第二，“黄昏之星”形态中间的十字星（星线也可以是锤头线、倒锤头线、十字线、T 字线、倒 T 字线等）实体越小，与阳线之间的跳空距离越大，未来股价反转向下的概率越大。如果该十字星与前后两根 K 线之间均出现缺口，就构成了弃婴（舍字线）形态，反转信号更强烈，如图 5-13 所示。

第三，按照“黄昏之星”形态卖出股票后，若股价不跌反涨，投资者可在股价重新向上突破中间十字星的最高价时执行补仓操作。

第四，“黄昏之星”形态中，第三根阴线出现时，若成交量同步放大，则可增强股价进一步下跌的概率。

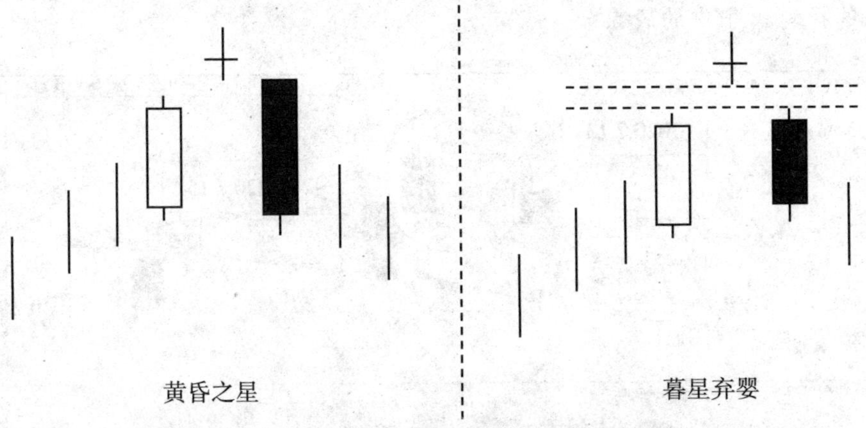

图 5-13　黄昏之星和暮星弃婴

2. 黄昏之星与 KDJ 指标结合操作策略

第一，"黄昏之星"形态中，大阳线出现时，若 KDJ 指标已经进入超买区域，星线出现时，KDJ 指标中的曲线 J 在 100 线位置已经出现拐头迹象；第三根阴线出现时，KDJ 指标在 80 线附近形成高位死叉形态，则未来看跌意味更浓。

第二，"黄昏之星"形态形成时，若 KDJ 指标的高位死叉在 80 线以上，更能增强短线卖出信号的有效性。

下面来看三美股份的案例，如图 5-14 所示。

三美股份在上涨行情末期的 2020 年 7 月 13 日、7 月 14 日和 7 月 15 日这三个连续的交易日里形成了"黄昏之星"形态。

2020 年 7 月 13 日，三美股份收出一根带影线的中阳线，表明上档存在较大的抛压。KDJ 指标已经全部进入超买区域，说明股价短期内存在回调或下跌的可能。2020 年 7 月 14 日，该股跳空高开，收出一根十字星线，表明多空双方处于胶着状态，后市情况不明。曲线 J 同步自 100 线拐头向下，这是一个行情走弱的信号，投资者需要提高警惕。2020 年 7 月 15 日，该股跳空低开，收出一根大阴线，说明市场已经进入空头状态。

这三根 K 线共同组成了"黄昏之星"形态，这是后市看跌的征兆。与此同时，KDJ 指标在 80 线附近形成死亡交叉，这也是一个典型的看跌信号，投资者可以选择卖出手中的股票。

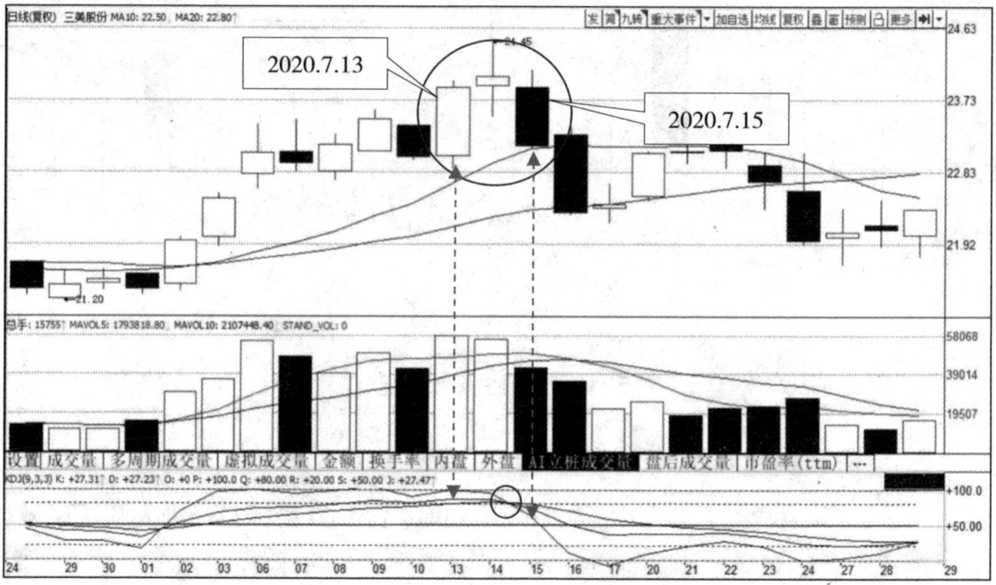

图 5-14　三美股份（603379）日 K 线走势图

第二节　KDJ 指标与 K 线底部形态

通常情况下，股价 K 线走出经典的底部形态时，往往需要很长时间，且多数还需要股价完成对颈线或下跌起始位的突破后才能确认。如果将 KDJ 指标与 K 线底部形态结合分析，无疑可以帮助投资者寻找股票的最佳买入点。

一、W 底形态与 KDJ 指标

W 底，是股价 K 线底部形态中非常经典的一种。W 底的形成过程可长可短，在股价形成 W 底的过程中，若 KDJ 指标同步形成底背离形态，当股价向上突破时，KDJ 指标再度走出黄金交叉形态，则可增强买入信号的有效性。

W 底又称双底，由一系列在底部区域排列成近似 W 形的 K 线组成。股价筑底过程中，出现了一次反复的动作，即股价杀跌触底反弹后重新下跌，之后再度被拉升，股价运行的路线就像一个英文字母“W”的形态。通过底部反弹高点画出一条水平直线，就是 W 底的颈线，股价向上突破颈线标志 W 底成立，如图 5-15 所示。

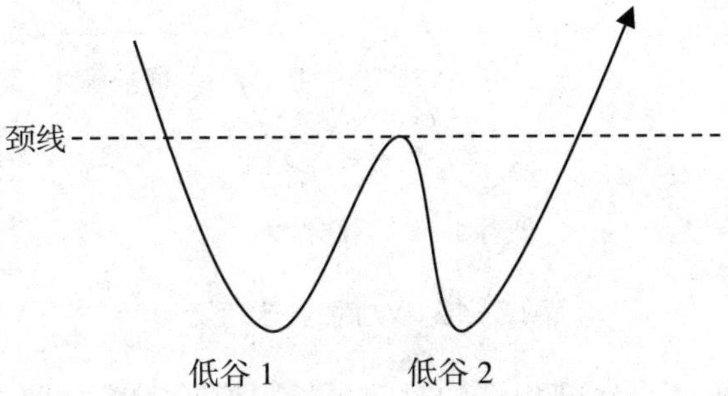

图 5-15 W 底形态

W 底的形成过程一般都需要经历这样几个阶段：股价在第一波筑底过程中经历了短暂的振荡调整，做空动能获得了释放，此后多方反击并向上拉升股价；空方经过短暂的休整后，紧接着再度发力向下打压股价。不过，此时空方已经无力将股价打压至更低的底部，多方则顺势再度向上拉升股价，越过颈线后彻底走出了底部区域。此后，股价迎来一波新的上升行情。

1. W 底形态操作策略

第一，W 底形态是较为可靠的行情反转信号。出现该形态说明股价完成筑底，未来股价上涨的概率极大，股价向上突破颈线就是该股最佳的买入时机。

第二，在 W 底形态中，第二个底形成后，随着股价的上升，若成交量同步放大，投资者亦可提前买入股票，当然，买入的同时还要控制好仓位，并随时做好止损撤出的准备。

第三，W 底形态中，若股价向上突破颈线时成交量同步放大，则未来股价继续上升的概率很大。

第四，W 底形态中，颈线位对股价具有一定的阻力作用，当股价向上突破颈线后，颈线的阻力作用就演变为支撑作用。其后，若股价上攻遇阻出现回调，那么，股价回调至颈线位时可能会受到颈线的支撑再度上攻，如图 5-16 所示。

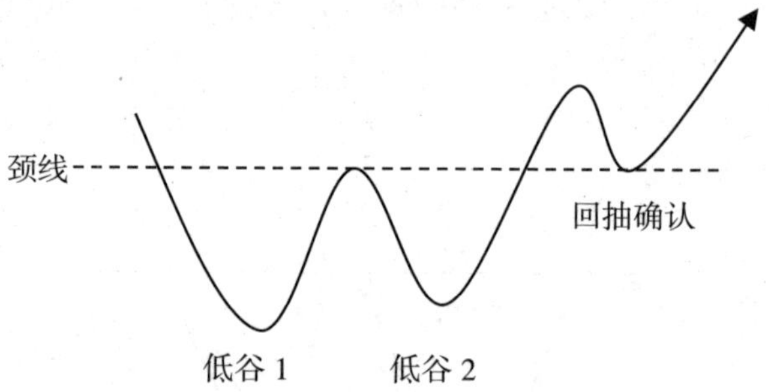

图 5-16　W 底的扩展形态

第五，W 底中两个底部相隔的时间越长，说明底部换手越充分，未来上行的概率越大。

第六，W 底中，若第二个底的成交量小于第一个底，而第二个底的位置高于第一个底，则看涨信号更为强烈。

第七，股价经过一段时间的上涨后进入高位区域，此时若出现 W 底形态，则不宜按照底部形态操作，而应该按照矩形整理形态操作。

2. W 底形态与 KDJ 指标结合操作策略

第一，股价 K 线形成两个底部的过程中，KDJ 指标也会同步出现至少两次低位金叉（50 线下方的金叉）。

第二，股价 K 线形成 W 底的过程中，曲线 K 与曲线 D 的低点要位于 50 线下方。

第三，W 底形态中，若两个底中后一个底比前一个底更低，而曲线 K 与曲线 D 形成的两个金叉一个比一个高，则意味着股价 K 线与 KDJ 指标出现了底背离，这是未来看涨的典型信号。

第四，W 底形成后，股价向上突破颈线位，就是该股的一个买点；曲线

K 与曲线 D 形成二次金叉时，也是该股的买点。

下面来看南大光电的案例，如图 5-17 所示。

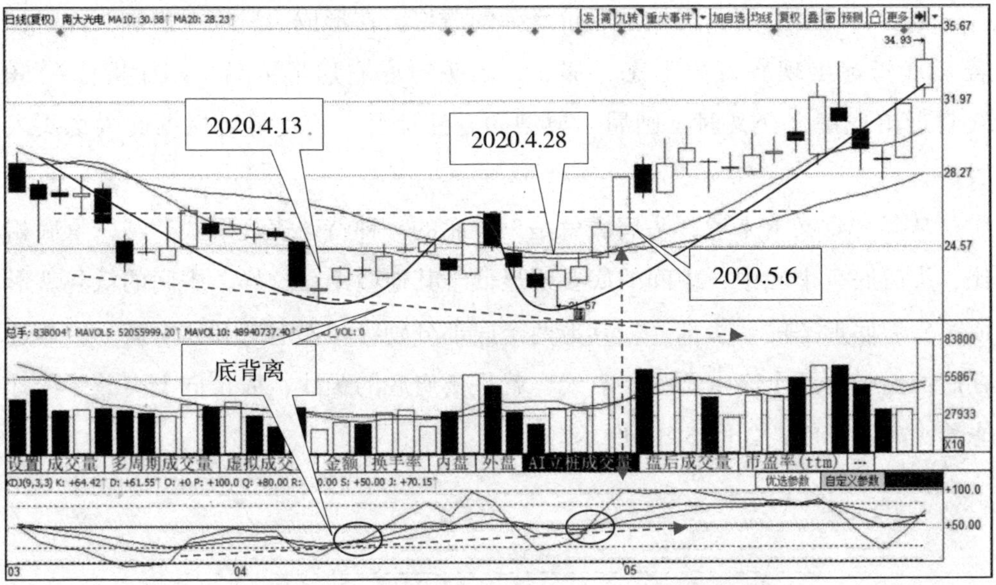

图 5-17　南大光电（300346）KDJ 指标走势图

南大光电的股价在 2020 年 4 月出现了明显的阶段筑底迹象。2020 年 4 月 13 日和 4 月 28 日，该股分别创下两个底部低点，形成了 W 底形态，且后一个底要低于前一个。按照 W 底形态的操作要求，通常要等到股价突破颈线位时才能正式确认 W 底形态形成，但那时股价已经反弹较大的幅度了。

如果结合 KDJ 指标进行分析，就可以提前做出买入股票的判断：首先，随着股价 W 底形态的出现，KDJ 指标在 2020 年 4 月 15 日和 4 月 30 日分别出现了金叉，这两个金叉全部位于 50 线下方，且后一个略高于前一个，这是比较明显的买入信号。曲线 K 在金叉前创下的两个低点一个比一个高，说明股价与 KDJ 指标出现了底背离形态。2020 年 4 月 30 日曲线 K 与曲线 D 在 50 线下方形成金叉时，投资者就可以部分建仓，而不是等到股价向上突破颈线的 2020 年 5 月 6 日再买入。

二、头肩底形态与 KDJ 指标

K 线组合出现头肩底形态时，说明股价已经下跌至底部位置，即将启动反弹。若右肩高于左肩，将增加股价反弹的概率。在形成头肩底左肩和头部时，若 KDJ 指标出现底背离形态，那么，当头肩底右肩形成后，KDJ 指标在 50 线附近出现黄金交叉时，则属于典型的看涨信号，投资者可以据此入场买入股票。

从某种意义上来说，头肩底就是三重底的一种特殊表现形式。与三重底相比，头肩底三个底中，中间的底要明显低于其他两个，这样，中间的低谷就形成了头肩底形态的“头部”，其他两个底部分别为“左肩”和“右肩”。通过在底部反弹的两个高点画一条直线，就是头肩底的颈线，股价向上突破颈线标志着头肩底形成，如图 5-18 所示。

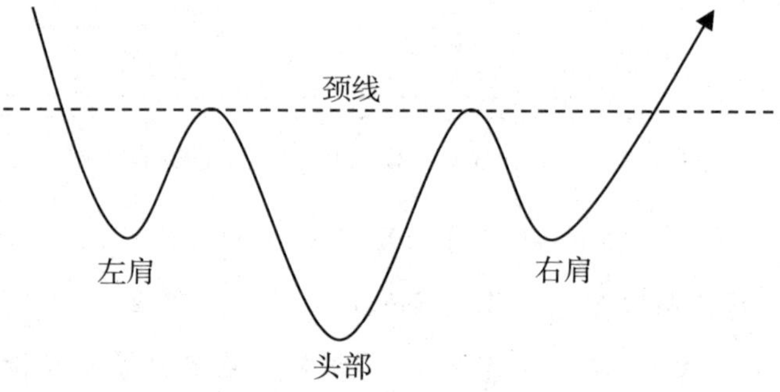

图 5-18　头肩底形态

头肩底形态中，第二底的形成非常关键。由于第二个底明显低于第一个底，这会给很多投资者一个假象，即股价已经进入了下跌趋势，因而纷纷抛出手中的筹码，主力想要的恰恰就是这个结果。不过，随后股价又经历了一波反弹与回调，这就极大地消耗了持仓者的信心，很多人会在黎明来临前选择放弃持股，此后股价迎来一波新的上升行情。

1. 头肩底形态操作策略

第一，头肩底形态是较为可靠的行情反转信号。出现该形态说明股价筑底完成，未来股价上涨的概率极大，股价向上突破颈线就是该股最佳的买入时机。

第二，头肩底形态中，第三个底形成后，随着股价的上升，成交量同步放大，投资者亦可提前买入股票。

第三，头肩底形态中，若股价向上突破颈线时成交量同步放大，则未来股价继续上升的概率很大。

第四，头肩底形态中，颈线位对股价具有一定的阻力作用，当股价向上突破颈线后，颈线的阻力作用就会演变为支撑作用。其后，若股价上攻遇阻出现回调，那么，股价回调至颈线位时可能会受到颈线的支撑再度上攻，如图 5-19 所示。

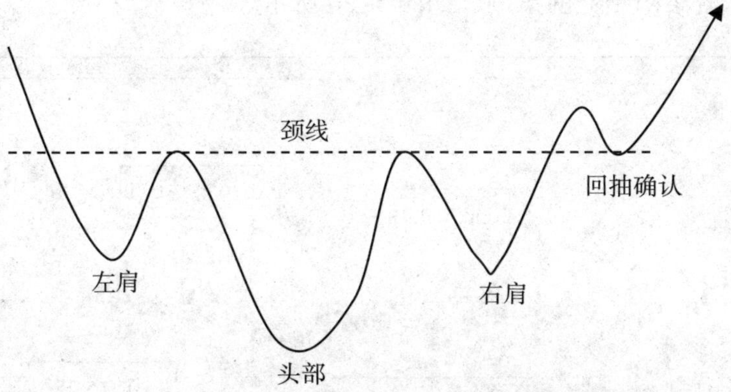

图 5-19 头肩底的扩展形态

第五，头肩底形态中，股价筑底时间越长，说明底部换手越充分，未来上行的概率越大。

第六，头肩底形态中，若第三个底的成交量小于前几个底，而第三个底的位置高于前几个底，则看涨信号更为强烈。

第七，头肩底形态可能演变成多个头部或多个肩部形态，但是其基本的技术含义并没有改变，并不影响作为头肩底形态来进行研判。

2. 头肩底形态与 KDJ 指标结合操作策略

第一，股价 K 线形成头肩底过程中，曲线 K 和曲线 D 要位于 50 线下方，其中左肩对应的曲线 K 最好低于 20 线。

第二，股价 K 线形成左肩和头部时，曲线 K 形成的低点要一个比一个高。

第三，头肩底的左肩形成后，曲线 K 会同步上升，之后随着股价下跌再度下降；头部形成后，曲线 K 会再次拐头向上，并与曲线 D 形成金叉，不过拐头前形成的低点要高于左肩对应的低点；右肩形成时，曲线 K 下降力度较弱，有时根本不会下穿曲线 D。

第四，头肩底形成后，股价向上突破颈线位，就是该股的一个买点；头部形成时，KDJ 指标与股价形成底背离，曲线 K 向上突破曲线 D 形成金叉时，就是该股的最佳买点。

下面来看洛阳钼业的案例，如图 5-20 所示。

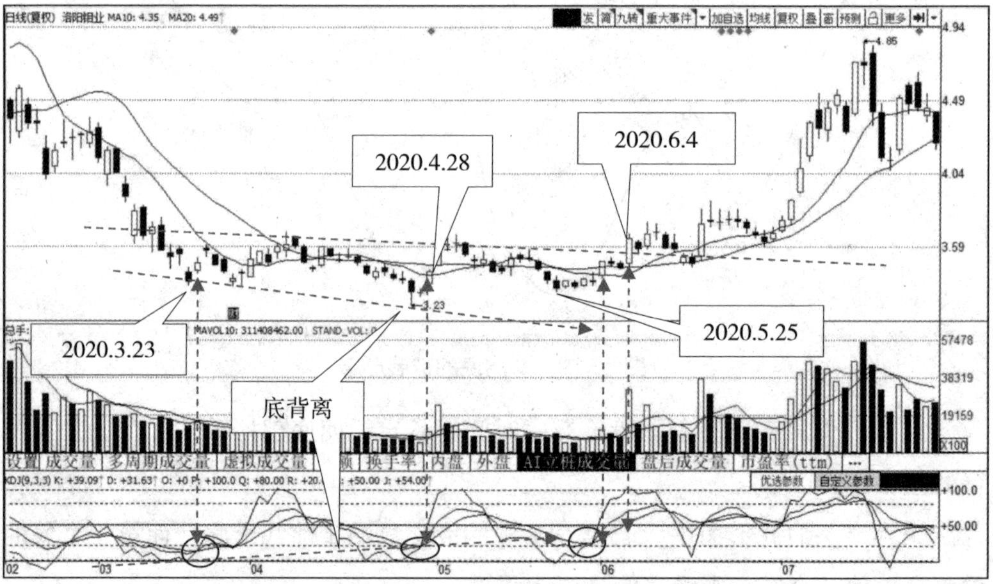

图 5-20　洛阳钼业（603993）日 K 线走势图

2020 年 3 月到 6 月，洛阳钼业的股价日 K 线走势图上出现了头肩底形态。2020 年 2 月中旬，洛阳钼业进入了下跌行情，KDJ 指标随后进入超卖区域。2020 年 3 月 23 日，该股股价开始向上反弹，从而形成了头肩底的左肩，KDJ 指标也在 20 线附近形成黄金交叉形态。

经过几个交易日的短暂反弹后，洛阳钼业又出现下跌。2020 年 4 月 28 日，该股创出近段时间的最低价 3.23 元，然后触底反弹，形成头部形态。KDJ 指标再度形成低位金叉，不过，该交叉点明显高于 2020 年 3 月 23 日的交叉点，说明股价 K 线与 KDJ 指标之间存在底背离现象。通常情况下，出现底背离形态后，股价随后可能会出现反弹向上的走势，激进型投资者可考虑少量入场。

该股涨到上一次反弹的高点附近又出现了回落，经历了几个交易日的下跌后，该股三度向上反弹。这一低点高于头部位置，从而形成了头肩底的右肩。KDJ 指标三度出现金叉，这也可以作为一个加仓信号。

2020 年 6 月 4 日，该股股价突破了阻力线（即头肩底的颈线），至此，头肩底形态构筑完成。与此同时，KDJ 指标同步向上突破 50 线，说明市场将会进入多头主导的行情之中，保守型投资者可考虑入场。

三、圆弧底形态与 KDJ 指标

相对于其他底部形态，圆弧底是一种较难分析和确认买点的形态。K 线组合出现圆弧底形态时，股价大多已经下跌至底部位置，且出现了明显的下跌停滞。若底部位置对应的 KDJ 指标呈现黄金交叉形态，且很快向上突破 20 线，则可提前买入股票，该形态属于典型的看涨形态。

圆弧底，是由位于底部区域的一系列呈圆弧形排列的 K 线组成。股价在底部振荡过程中，先是经历由高到低的过程，此后又出现由低到高的走势，股价运行的路径近似一个弧形。股价运行至弧形的上沿位置时，一般会出现加速上涨走势，标志着圆弧底正式成立，如图 5–21 所示。

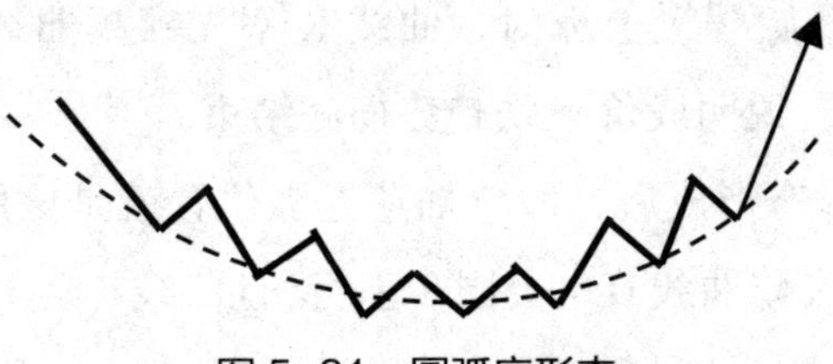

图 5–21　圆弧底形态

圆弧底形态中，先是空方已经掌控了全局并开始逐级向下打压股价，多方不断后撤；随着股价逐渐走低，持有股票者不愿意再以极低的价格卖出股票，空方力量开始衰退，多方力量不断增强，股价由跌势逐渐转为升势。此后，多方力量越来越强，上升的幅度越来越大。当股价走出圆弧底形态后，多方开始占据绝对优势，并迅速拉升股价。

1. 圆弧底形态操作策略

第一，通常情况下，圆弧底形态的形成时间较长。圆弧底形态形成的时间越长，说明底部区域的换手越充分，未来股价上升遇到的阻力也会越小，股价上升的可能性越大。

第二，圆弧底形态与头肩底形态不同，它没有一个明确的股价上升启动点，投资者可在股价由跌势转为升势时执行买入操作，亦可在股价向上突破圆弧底下跌起始位时执行买入操作。

第三，圆弧底形态中，若股价下跌阶段成交量逐渐萎缩，当股价由跌势转为升势后，成交量逐渐上升，则未来股价继续上升的可能性更大。

第四，投资者按照圆弧底形态买入股票后，若股价不涨反跌，则其跌破圆弧底最低点时可执行止损操作。

2. 圆弧底形态与 KDJ 指标结合操作策略

第一，股价 K 线形成圆弧底过程中，曲线 K 和曲线 D 要位于 50 线下方，且呈空头排列。

第二，随着股价下跌速度减弱，有时曲线 K 和曲线 D 会逐渐趋于黏合，当之后 KDJ 指标重新发散，并向上突破 50 线，那么看涨意味更浓。

第三，当股价开始缓慢上涨时，曲线 K 率先穿越曲线 D 形成黄金交叉，很快向上突破 20 线，说明股价下跌趋势彻底结束。

第四，圆弧底形态形成后，股价加速上涨位置就是该股的一个买点；随着股价缓慢上行，曲线 K 与曲线 D 也会同步上行，且曲线 K 会上穿曲线 D 形成金叉，并很快向上突破 50 线，此时是最佳买点。

下面来看英科医疗的案例，如图 5-22 所示。

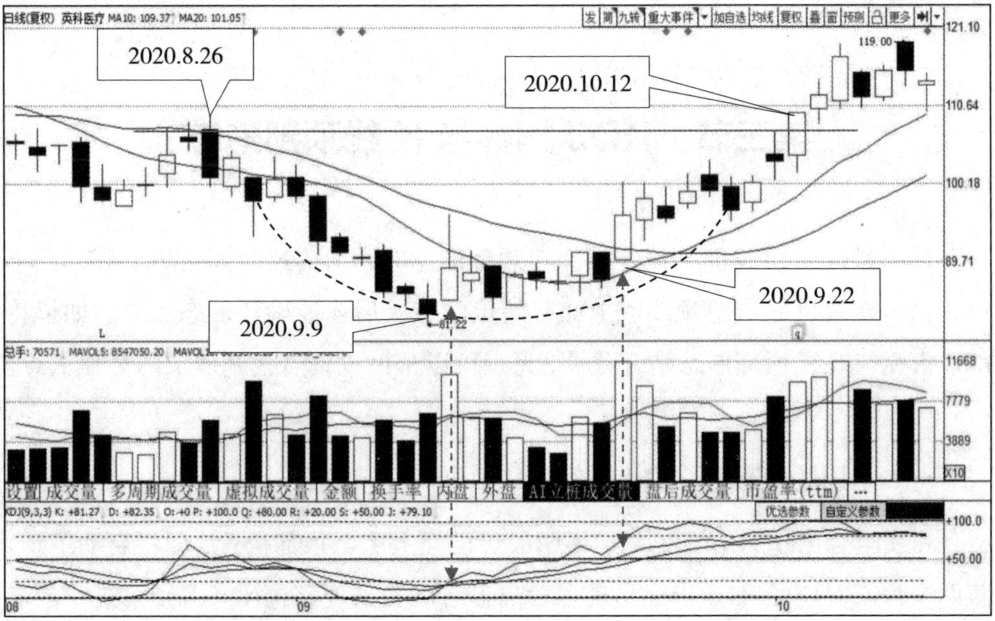

图 5-22　英科医疗（300677）日 K 线走势图

英科医疗的股价走势于 2020 年 8 月到 10 月形成了圆弧底形态。2020 年 8 月下旬，英科医疗的股价开始进入下跌通道。2020 年 8 月 26 日，该股以高开低走收出一根大阴线，随后股价开始振荡下跌，KDJ 指标随之进入超卖区域，且开始出现黏合状态。

2020 年 9 月 9 日，该股股价一度下跌至 81.22 元，次日（9 月 10 日），该股振荡走高，KDJ 指标出现低位金叉形态。此后，该股股价收出多根小阳线和小阴线，且股价有振荡走高态势，KDJ 指标同步振荡走高，说明多方实力逐渐增强，投资者需保持对该股走势的跟踪观察。

2020 年 9 月 22 日，该股放量上攻，表明股价有加速上升的态势。KDJ 指标同步向上突破 50 线，说明市场环境转向有利于多方。鉴于此时股价 K 线并未突破下跌起始位，投资者可少量入场建仓。

2020 年 10 月 12 日，英科医疗的股价放量向上突破下跌起始位，投资者可考虑追加仓位。

第三节　KDJ 指标与 K 线顶部形态

通常情况下，股价 K 线走出经典顶部形态时，所需的时间会短于底部。不过，仍需要股价完成对颈线或上涨起始位的突破后才能确认形态成立。如果将 KDJ 指标与 K 线顶部形态结合分析，无疑可以帮助投资者找到股票的最佳卖点。

一、M 顶形态与 KDJ 指标

K 线组合出现 M 顶形态时，说明股价已经上涨至顶部位置，即将启动下跌。若两个顶部对应的 KDJ 指标呈现顶背离形态后又出现高位死叉，则可进一步增强卖出信号的准确性。该形态属于典型的看跌形态。

M 顶又称双重顶，与 W 底相对，是由一系列在顶部区域排列的形似 M 形的 K 线组成。股价在筑顶过程中形成了两个明显的高点，看起来就像英文字母“M”。通过在顶部回调的低点画出一条水平直线，就是 M 顶的颈线，股价向下跌破颈线标志着 M 顶成立，如图 5-23 所示。

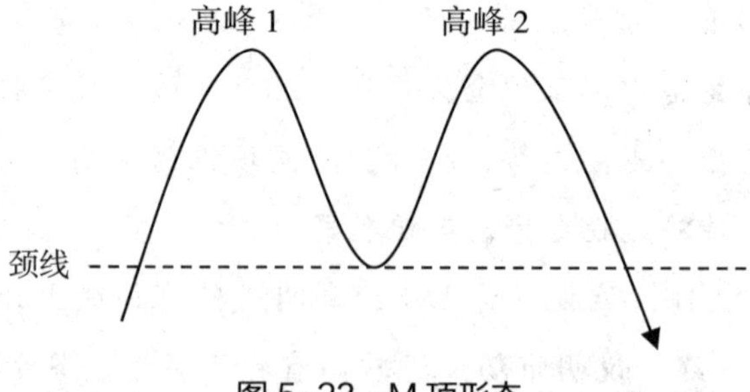

图 5-23　M 顶形态

M 顶的形成过程大致经过这样一个阶段：先是多方掌控了全局并开始向上拉升股价，空方节节败退；随着股价大幅走高，持币者不愿意在高位买入股票，空方开始趁势反击，快速向下打压股价；不过，多方很快卷土重来，先前未入场者此时纷纷入场买入股票。当股价上涨至先前的顶部区域时，原先未卖出股票者认为此时是一个较佳的卖出时机，于是纷纷清空仓位，空方趁机发动反攻，于是股价迎来一波新的下跌行情。

1. M 顶形态操作策略

第一，M 顶形态是较为可靠的行情反转信号。出现该形态说明股价筑顶完成，未来下跌的概率极大，股价向下突破颈线就是该股最佳的卖出时机。

第二，M 顶形态中，第二个顶形成后，股价拐头出现下跌，投资者亦可提前卖出股票。

第三，M 顶形态中，股价向下跌破颈线时，并不需要成交量放大相配合。不过，若成交量出现放大，则未来股价继续下跌的概率很大。

第四，M 顶形态中，颈线对股价具有一定的支撑作用，当股价向下跌破颈线后，颈线的支撑作用就会演变为阻力作用。其后，若股价下跌遇支撑出现反弹，那么，股价反弹至颈线位时，可能会受到颈线的阻力再度下跌，如图 5-24 所示。

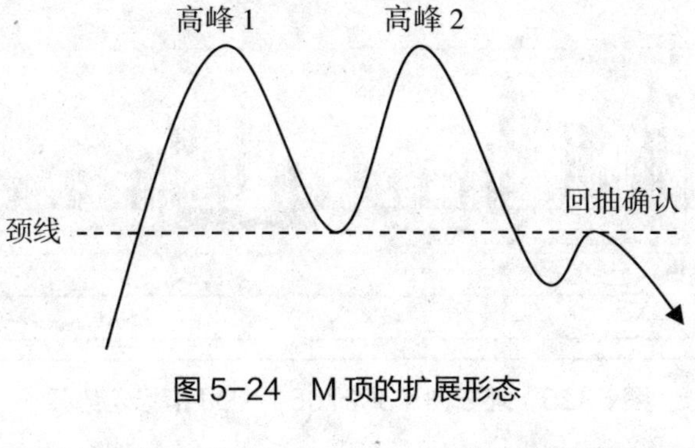

图 5-24　M 顶的扩展形态

第五，M 顶中两个顶部相隔的时间越长，说明顶部换手越充分，未来下跌的概率越大。

第六，股价经过一段时间的下跌后进入低位区域，此时若出现 M 顶形态，那么不宜按照顶部形态操作，而应该按照矩形整理形态操作。

2. M 顶形态与 KDJ 指标结合操作策略

第一，股价 K 线形成两个顶部的过程中，KDJ 指标至少会同步出现两次高位死叉（50 线上方的死叉）。

第二，股价 K 线形成 M 顶的过程中，曲线 K 与曲线 D 的高点应位于 50 线上方。

第三，在股价 K 线形成顶部区间的过程中，曲线 K 与曲线 D 形成的两个死叉要一个比一个低。

第四，M 顶的第二个顶要高于第一个顶，形成 M 顶后，股价跌破颈线位，就是该股的一个卖点；曲线 K 与曲线 D 二次形成死叉时，也是该股的卖点。

下面来看阿石创的案例，如图 5-25 所示。

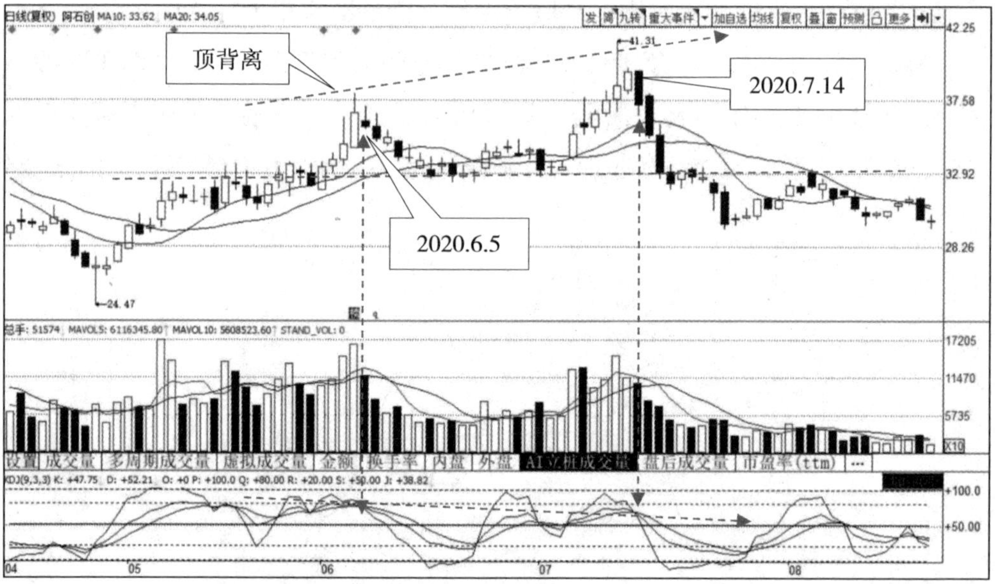

图 5-25　阿石创（300706）KDJ 指标走势图

阿石创的股价在 2020 年 6 月上旬出现了明显的筑顶迹象。2020 年 6 月 4 日和 7 月 10 日，该股分别创下两个顶部高点，形成了 M 顶形态，且后一个顶高于前一个顶。按照 M 顶形态的操作要求，通常要等到股价跌破颈线位时才能正式确认 M 顶形态形成，但那时股价已经下跌较大幅度了。

投资者如果结合 KDJ 指标进行分析，就可以提前做出卖出股票的判断。首先，随着股价 M 顶形态的出现，KDJ 指标在 2020 年 6 月 5 日和 7 月 14 日分别出现了两个死亡交叉，都是比较明显的卖出信号。另外，曲线 K 在死叉前创下的两个高点，明显是一个比一个低，说明股价与 KDJ 指标出现了顶背离现象。因此，在曲线 K 与曲线 D 形成死亡交叉的 7 月 14 日，投资者就应该卖出股票，而不是等到股价跌破颈线位时才卖出。

二、头肩顶形态与 KDJ 指标

K 线组合出现头肩顶形态，说明股价已经上涨至顶部位置，即将启动下跌。若右肩低于左肩，将增加股价下跌的概率。左肩与顶部对应的 KDJ 指标如果呈现逐渐走低的态势，则意味着股价与 KDJ 指标出现了顶背离，若此时出现死亡交叉，则可进一步提升卖出信号的准确性。

头肩顶与头肩底相对，也可以看成是一种特殊的三重顶。也就是说，在三重顶形态中，若第二个顶的高点远远高于其他两个，那么，该形态就属于头肩顶形态，其中中间的高峰就是头肩顶形态的“头部”，其他两个顶部分别为“左肩”和“右肩”。通过顶部左右回落的两个低点画一条直线，就是头肩顶的颈线。股价向下跌破颈线，标志着头肩顶成立，如图 5-26 所示。

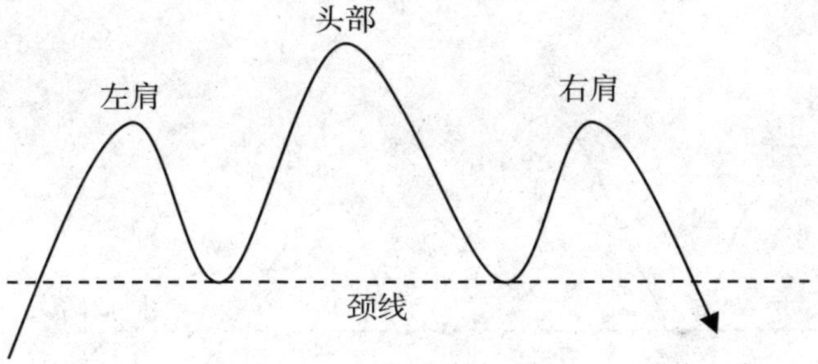

图 5-26 头肩顶形态

头肩顶形态的形成过程与三重顶相似，先是多方掌控了全局并开始向上拉升股价，空方节节败退。随着股价大幅走高，持币者不愿意再以极高的价格买入股票，此时空方开始趁势反击，快速向下打压股价。不过，多方很快卷土重来，这次的升势比上一次更加凶猛。股价被拉升至更高的位置后，原先未卖出股票者认为此时是一个较佳的卖出时机，于是纷纷卖出股票。这次回落没过多久，股价再次被多方拉升上去，不过此时市场上很多投资者都相信下跌就在不远处，因此，当股价还未上涨至先前的顶部位置时，卖盘便蜂拥而出，从而推动股价快速下跌。此后，股价迎来一波新的下跌行情。

1. 头肩顶形态操作策略

第一，头肩顶形态是较为可靠的行情反转信号。出现该形态说明股价筑顶完成，未来股价下跌的概率极大。股价向下跌破颈线，就是该股最佳的卖出时机。

第二，头肩顶形态中，第三个顶形成后股价开始下跌，投资者亦可提前卖出股票。

第三，股价的下跌通常并不需要成交量放大相配合。头肩顶形态中，若股价向下跌破颈线时成交量同步放大，则未来股价继续下跌的概率很大。

第四，头肩顶形态中，颈线对股价具有一定的支撑作用，当股价向下跌破颈线后，颈线的支撑作用就会转换为阻力作用。其后，若股价下跌遇支撑出现反弹，那么，股价反弹至颈线位时，可能会受到颈线的阻力再度下跌，如图 5–27 所示。

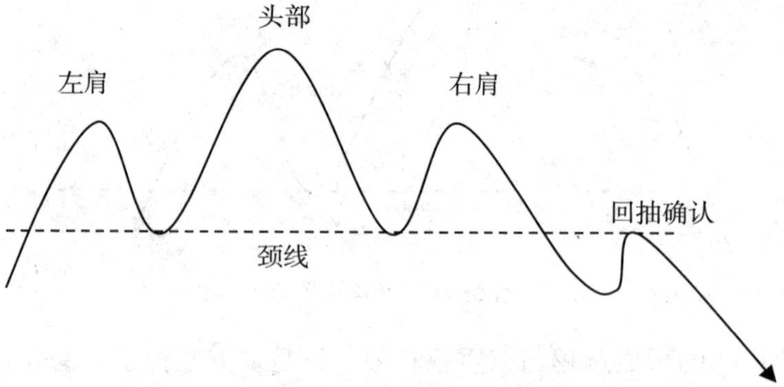

图 5–27　头肩顶的扩展形态

第五，头肩顶形态中，股价筑顶时间越长，说明顶部换手越充分，未来下跌的概率越大。

第六，头肩顶形态中，若第三个顶的成交量小于前两个顶，第三个顶部的位置低于前两个顶，则看跌信号更为强烈。

第七，头肩顶形态可能演变成多个头部或多个肩部形态，但是其基本的技术含义并没有改变，并不影响作为头肩顶形态来进行研判。

2. 头肩顶形态与 KDJ 指标结合操作策略

第一，股价 K 线形成头肩顶形态的过程中，曲线 K 和曲线 D 应位于 50 线上方，其中左肩对应的曲线 K 最好高于 80 线。

第二，股价 K 线形成左肩和头部时，曲线 K 形成的高点要一个比一个低。

第三，头肩顶的左肩形成后，曲线 K 会同步下行，而后随着股价反弹再度上升。头部形成后，曲线 K 会再次拐头向下，并与曲线 D 形成死叉，不过此前拐头时形成的高点要低于左肩对应的高点；形成右肩时，曲线 K 上升力度较弱，有时根本不会上穿曲线 D。

第四，形成头肩顶形态后，股价向下突破颈线位，就是该股的一个卖点；头部形成时，KDJ 指标与股价形成顶背离，曲线 K 向下突破曲线 D 形成死叉时，是最佳卖点。

下面来看一品红的案例，如图 5–28 所示。

一品红的股价在 2020 年 7 月到 8 月形成了典型的头肩顶形态。2020 年 7 月 14 日和 8 月 7 日，该股分别创下两个顶部高点，形成了头肩顶的左肩和头部。随后，该股股价经过短暂的回调，再度反弹向上。不过这次反弹力度较小，很快又因遇到阻力而下跌，至此头肩顶的右肩形成。2020 年 8 月 27 日，该股股价跌破头肩顶的颈线，投资者可于此时卖出该股。

投资者如果结合 KDJ 指标进行分析，可以提前做出卖出股票的判断。首先，随着股价头肩顶左肩和头部形态的出现，KDJ 指标分别出现了两个死亡交叉，都是比较明显的卖出信号。另外，曲线 K 在死叉前创下的两个高点，却是一个比一个低，说明股价与 KDJ 指标出现了顶背离现象。当曲线 K 与曲线 D 形成第二个死亡交叉的 2020 年 8 月 7 日，投资者就应该卖出股票，而不是等到股价跌破颈线时才卖出。

其后，在股价形成右肩的过程中，曲线 K 也同步上攻，但力度很弱，曲线 K 和曲线 D 甚至没有到达 80 线就拐头向下了。

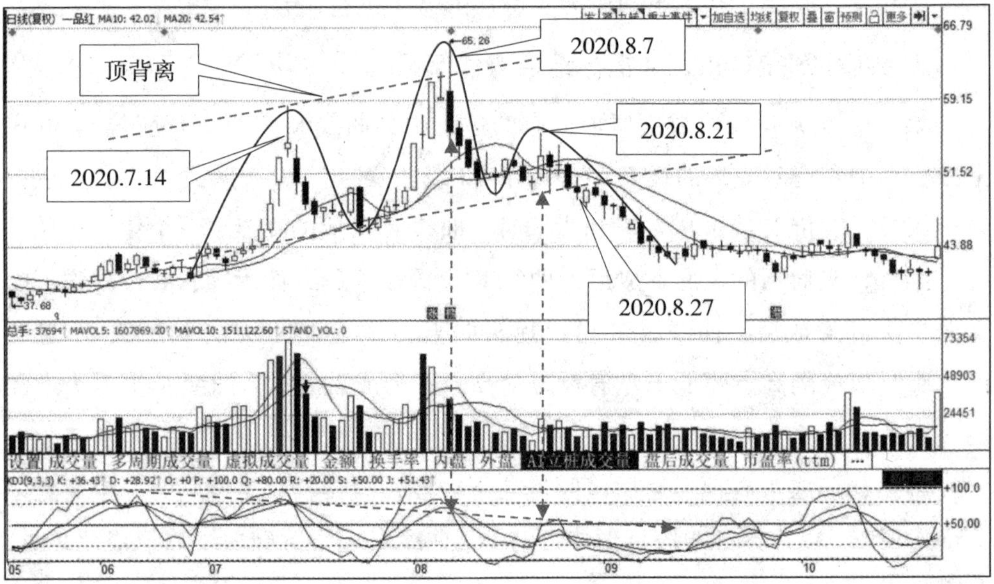

图 5-28　一品红（300723）KDJ 指标走势图

三、圆弧顶形态与 KDJ 指标

K 线组合出现圆弧顶形态时，说明股价已经上涨至顶部位置，且出现了明显的滞涨。若顶部位置对应的 KDJ 指标呈现死亡交叉形态，且很快跌破 80 线，投资者可提前卖出股票。该形态属于典型的看跌形态。

圆弧顶与圆弧底相对，是由位于顶部区域的一系列呈圆弧形排列的 K 线组成。股价在顶部波动过程中，先是出现一波小幅度的上涨，且越接近顶部，上升速度越慢。接着又出现一波小幅度的下跌，且越向下下跌速度越快，从而形成一个形似圆弧的顶部走势形态。没有明显的高点与低点，是该形态的显著特点，如图 5-29 所示。

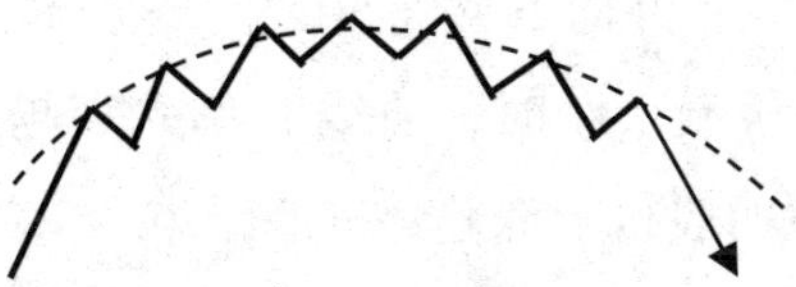

图 5-29　圆弧顶形态

圆弧顶形态的形成大致经过了这样一个过程：多方已经掌控了全局并逐级向上拉升股价，空方不断后撤。随着股价逐渐走高，持币者不愿意再以极高的价格买入股票，多方力量开始衰退，空方力量不断增强，股价由升势转为跌势。此后，空方力量越来越强，下跌幅度越来越大。当股价走出圆弧顶形态后，空方开始占据绝对优势，并发力向下打压股价。

1. 圆弧顶形态操作策略

第一，通常情况下，圆弧顶形态的形成时间较长。圆弧顶形态形成的时间越长，说明顶部区域换手越充分，未来股价下跌遇到的支撑越小，股价下跌的可能性越大。

第二，股价经过缓慢下跌，走出圆弧顶形态后，往往意味着新的一波快速下跌行情到来，此时，投资者可考虑减仓或清仓。

第三，圆弧顶形态与头肩顶形态不同，它没有一个明确的股价下跌启动点，投资者可在股价由升势转为跌势时执行卖出操作，亦可在股价向下跌破圆弧顶上升起始位时执行卖出操作。

第四，圆弧顶形态中，若股价上升阶段成交量逐渐放大，当股价由升势转为跌势后，成交量逐渐萎缩，则未来股价继续下跌的可能性更大。

第五，投资者按照圆弧顶形态卖出股票后，若股价不跌反涨，则其向上突破圆弧顶最高点时可执行补仓操作。

2. 圆弧顶与 KDJ 指标结合操作策略

第一，股价 K 线形成圆弧顶形态的过程中，曲线 K 和曲线 D 应位于 50 线上方，且呈多头排列。

第二，随着股价上升速度减慢，有时曲线 K 和曲线 D 会逐渐趋于黏合，当未来 KDJ 指标重新发散，并向下突破 50 线，走势看跌意味更浓。

第三，当股价开始缓慢下跌时，曲线 K 率先穿越曲线 D 形成死亡交叉，很快向下突破 80 线，说明股价上涨趋势彻底结束。

第四，圆弧顶形态形成后，股价加速下跌的位置就是该股的一个卖点。随着股价的缓慢下行，曲线 K 与曲线 D 也会同步下行，且曲线 K 会下穿曲线 D 形成死叉，并很快向下跌破 50 线，此时是最佳卖点。

下面来看富森美的案例，如图 5-30 所示。

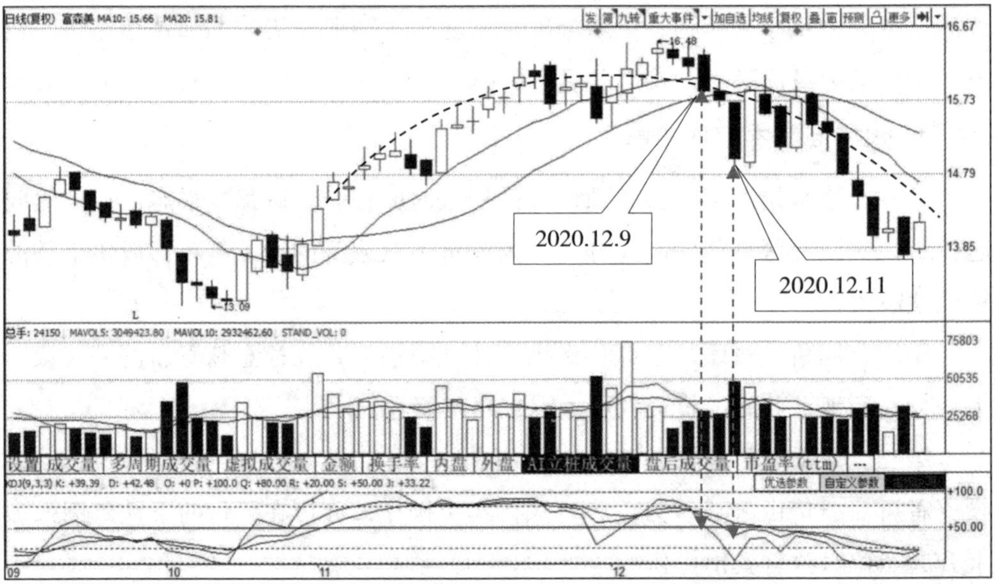

图 5-30　富森美（002818）KDJ 指标走势图

富森美的股价自 2020 年 11 月中下旬开始出现了明显的筑顶迹象。从 2020 年 12 月初开始，该股上涨速度明显减弱，但仍旧处于上涨趋势中，投资者可继续持股。此时，曲线 K 逐渐向曲线 D 靠拢，说明多方力量有所不足，投资者宜谨慎。

此后，该股股价又出现了缓慢下跌走势，并越发有形成圆弧顶的态势。此时，投资者可观察 KDJ 指标的走势。进入 2020 年 12 月之后，KDJ 指标的三条曲线黏合在一起，且有逐渐下行的趋势。

2020 年 12 月 9 日，股价出现大幅下跌，曲线 K 向下穿越曲线 D 形成高位死叉，且交叉点位于 80 线下方，这属于弱势交叉信号，也是第一个较为明确的卖点。2020 年 12 月 11 日，股价 K 线大幅走低，曲线 K 和曲线 D 很快跌破了 50 线，这是该股第二个较明确的卖点，投资者可考虑清仓操作。

第六章

短线出击——KDJ 指标与短线起涨信号

KDJ 指标又被称为短线精灵，由此可见它对短线交易的作用和价值。实战中，KDJ 指标大多被投资者用来辅助判断短线交易信号，寻找短线买卖点。本章列举了一些基于 KDJ 指标的短线交易技巧，供读者参考。

第一节　KDJ 指标短线追涨技术

在 KDJ 指标分析系统中，超买超卖、金叉死叉以及不同的交易区域，都对股价短线走势具有重要的影响。

一、50 线下方双金叉

按照 KDJ 指标的设计原理，当 KDJ 指标进入低位区域后，意味着短期空方实力较强，但也同时意味着未来存在止跌反弹的可能。KDJ 指标低位金叉也存在这种情况，一方面未来上升空间较大，另一方面也存在一定的风险。若 KDJ 指标在 50 线下方连续出现两次金叉，则意味着股价短线反弹的概率很大。

如图 6–1 所示，股价经过一波下行后出现反弹，KDJ 指标先是在 20 线附近形成了第一个金叉。随后，股价与 KDJ 指标同步出现回落，并很快再度反弹，KDJ 指标在 50 线下方再度形成金叉。这意味着 KDJ 指标短期内在 50 线下方形成了两次金叉，说明股价未来反弹的概率很高。

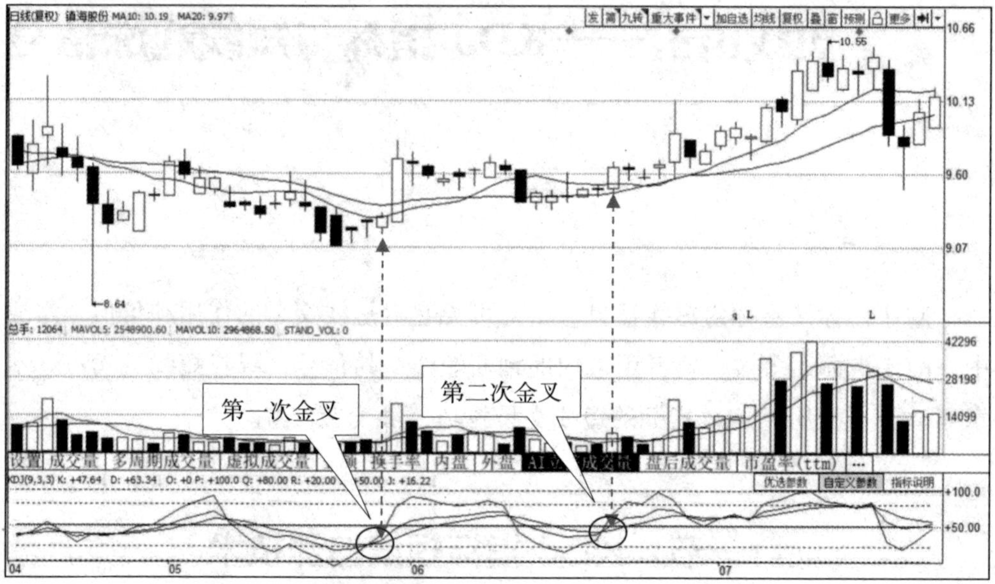

图 6-1　KDJ 指标低位双金叉

KDJ 指标低位双金叉的具体操作要点如下。

第一，股价经过一段时间的下跌后，KDJ 指标出现反弹迹象，KDJ 指标同步出现低位金叉。

第二，股价经过几个交易日的调整后重新开始上涨，KDJ 指标再度出现金叉，且第二个金叉的位置要高于第一个金叉的位置。

第三，KDJ 指标第一个低位金叉最好在 20 线附近（以 20 线下方为宜），第二个金叉应位于 20 线上方，50 线下方。

第四，股价二度上涨时，成交量最好能够同步放大，此时就是一个比较安全的买点。

下面来看泉阳泉的案例，如图 6-2 所示。

泉阳泉的股价自 2020 年 9 月初出现了振荡下行走势，此后该股股价出现了反弹。2020 年 9 月 21 日，随着股价的反弹，KDJ 指标先在 20 线下方形成了第一个金叉，KDJ 指标同步上行。很快，股价与 KDJ 指标同步出现回落。2020 年 10 月 9 日，该股股价重新上升，KDJ 指标很快在 50 线下方再度形成金叉。这意味着 KDJ 指标短期内在 50 线下方形成了两次金叉，说明股价未来反弹的概率很高。

此后，该股股价出现了一波振荡上升行情。

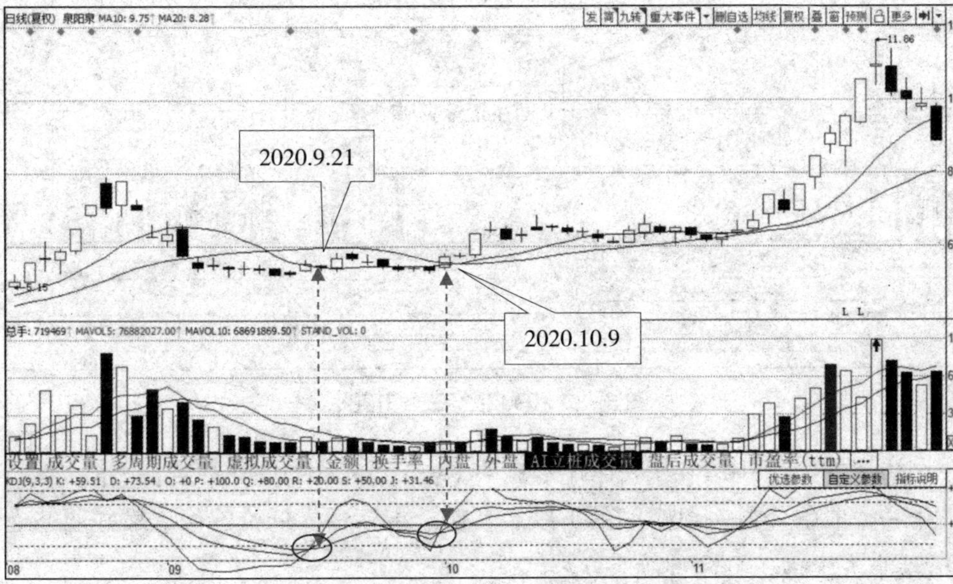

图 6-2　泉阳泉（600189）KDJ 指标走势图

二、KDJ 指标低位三线开花

股价经过一段时间的下跌后，KDJ 指标逐渐在低位区域形成黏合状态，此后，当股价出现启动迹象，KDJ 指标同步拐头向上，形成低位金叉后突破 50 线，则意味着股价将进入新一轮上涨行情。

如图 6-3 所示，股价经过一波下行后，KDJ 指标在低位区域形成黏合形态，这是股价单边下行趋势的典型特征。此后，该股股价出现了止跌反弹走势，

KDJ 指标随即出现低位金叉，并向上突破了 50 线，这种走势说明该股下行趋势有终结的可能。

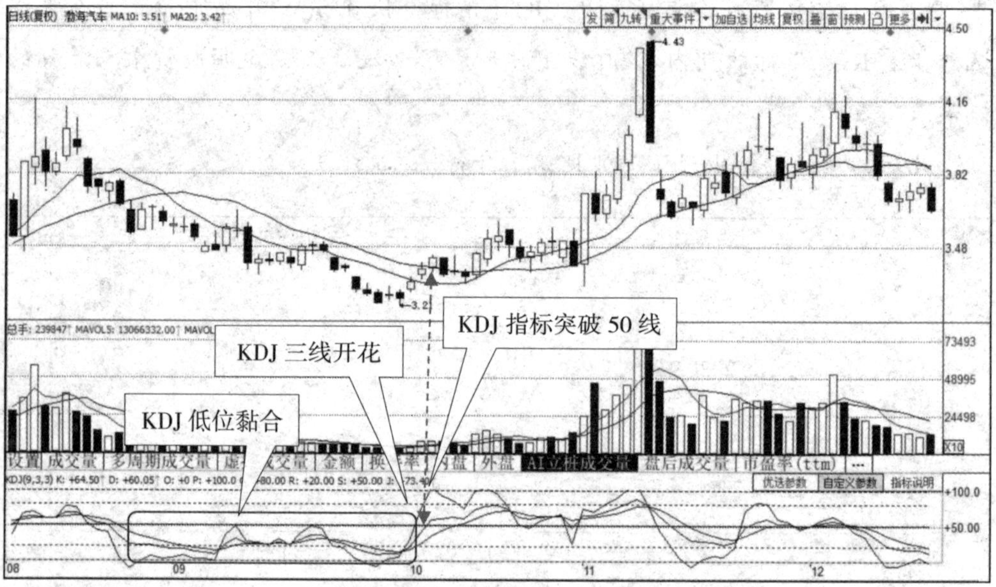

图 6-3　KDJ 指标三线开花

KDJ 指标三线开花的具体操作要点如下。

第一，股价经过一段时间的下跌后，KDJ 指标进入低位区域，最好能够进入 20 线下方区域，且出现黏合状态。

第二，股价重新开始上涨，并向上突破了重要阻力位，包括下降趋势线、重要均线等，此时，KDJ 指标出现金叉后，迅速向上突破了 50 线，表明市场已经进入多方主导的行情。

第三，KDJ 指标的低位金叉最好在 20 线附近（以 20 线下方为宜），且在金叉出现后迅速向上完成了对 50 线的突破。

下面来看塞力医疗的案例，如图 6-4 所示。

塞力医疗的股价自 2020 年 4 月下旬出现了振荡下行走势。此后，随着股价振荡走低，KDJ 指标同步进入 20 线下方区域。由于股价在下行过程中出现了小幅波动，这也使得 KDJ 指标出现了黏合和频繁交叉的情况，这本身也是股价处于单边下行趋势的典型特征，投资者不宜入场。

2020 年 6 月 3 日，该股股价延续了之前几个交易日的上行走势，以小阳线报收，且此时该股股价已经突破了 10 日均线，来到了 20 日均线附近。KDJ 指标先是在 20 线下方形成了第一个金叉，此后，随着股价反弹，KDJ 指标迅速向上突破了 50 线，这属于典型的看涨信号，投资者可考虑入场建仓，保守型投资者可继续等待股价向上突破 20 日均线后再入场。

此后，该股股价出现了一波振荡上升行情。

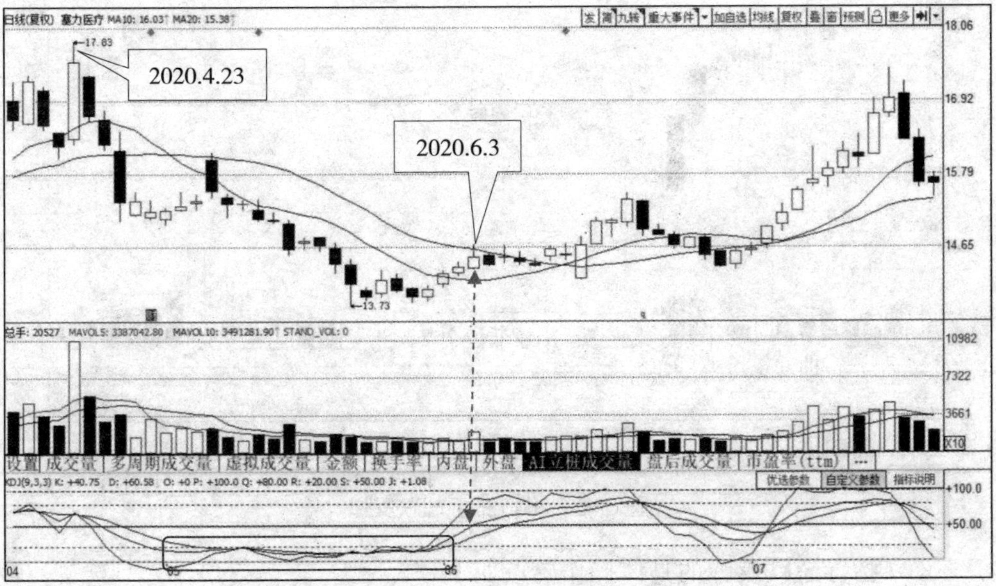

图 6-4 塞力医疗（603716）KDJ 指标走势图

三、KDJ 指标超跌反弹技法

股价在短期内出现了大幅走低（以出现中到大阴线为显著标志），KDJ 指标同步大幅下行，曲线 J 更是到达了 0 线，此后股价出现反弹，且曲线 J 拐头向上，曲线 K 在 20 线下方完成对曲线 D 的穿越，形成了低位金叉，此时意味着股价开始超跌反弹。

如图 6–5 所示，股价经过一波大幅下行后，K 线连续收出大阴线，表明空方实力到达极强状态，这也意味着这种状态很难持续太长时间。KDJ 指标在低位区域形成黏合形态，这是股价单边下行的典型特征。此后，该股股价出现了止跌反弹迹象，KDJ 指标随即出现低位金叉，并向上突破了 50 线，说明该股下行趋势有终结的可能。

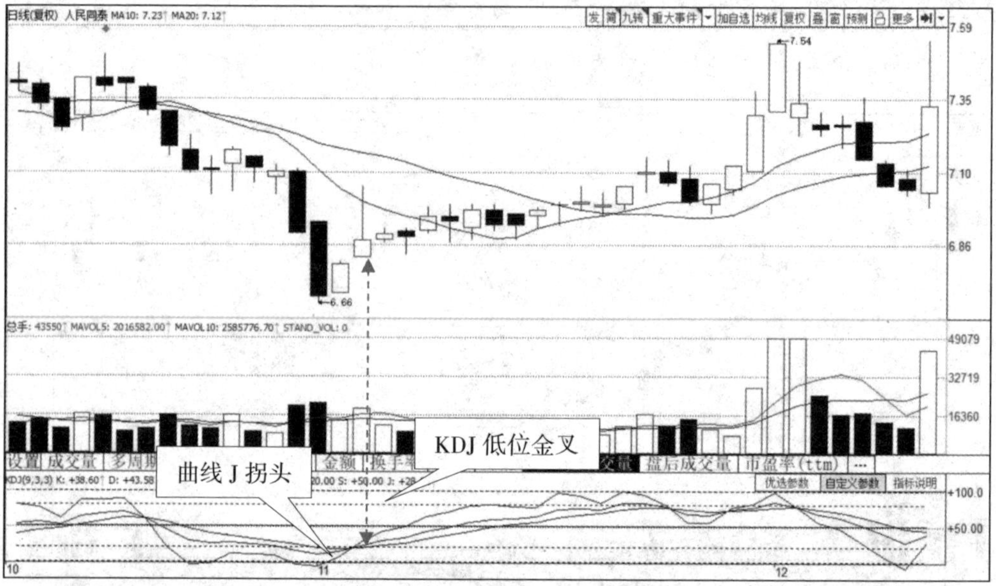

图 6–5　KDJ 指标超跌反弹

KDJ 指标超跌反弹的具体操作要点如下。

第一，股价经过一段时间的下跌后，股价 K 线连续收出大阴线，曲线 J 同步进入 0 线以下，说明空方在做最后一搏。这种情形，一方面说明空方实力较强，另一方面也说明这是一种不可持续的情形，未来股价反弹的概率很大。

第二，随着股价的反弹，曲线 K 迅速拐头向上，与曲线 D 形成低位金叉，且交叉点在 20 线下方。

第三，股价 K 线经历急跌后，特别是经过放量大跌，未来企稳反弹的概率相对更高。

下面来看天禾股份的案例，如图 6–6 所示。

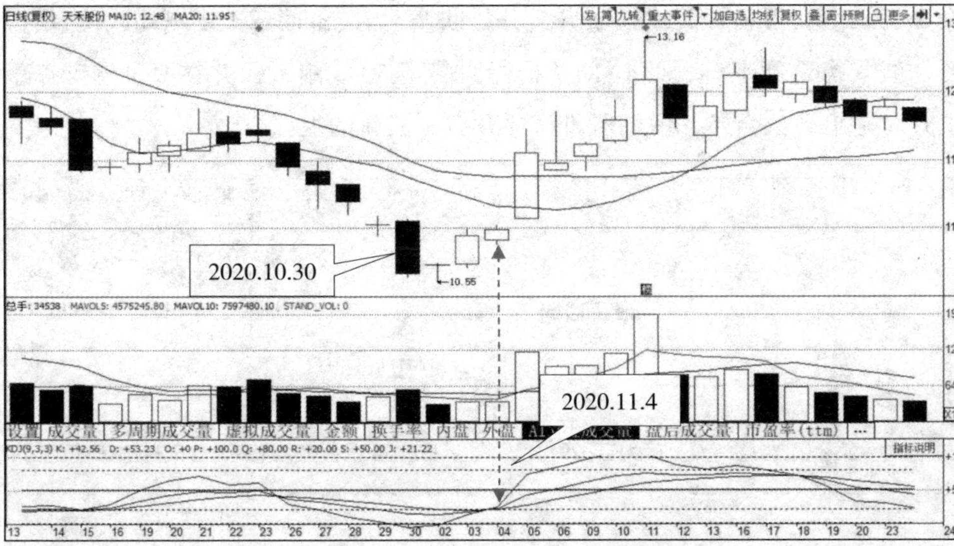

图 6-6 天禾股份（002999）KDJ 指标走势图

天禾股份的股价经过一波大幅下行后，2020 年 10 月 30 日再度收出一根大阴线。与此同时，曲线 J 进入了 0 线以下，表明空方实力到达极强状态，这也意味着这种状态很难持续太长时间。

该股股价经过前两个交易日的小幅上升后，2020 年 11 月 4 日再度收出一根小阳线。此时曲线 J 已经自 0 线外拐头向上，KDJ 指标则在 20 线附近位置形成低位金叉，这属于典型的看涨信号，喜欢抄底反弹的投资者可考虑少量建仓。

四、KDJ 指标高位金叉与股价二度起飞

股价经过一波上涨，KDJ 指标走出黄金交叉后，随之进入超买区域，此后股价出现调整走势，KDJ 指标迅速回落。接着，股价遇下方强力支撑重新上升时，若 KDJ 指标同步在 50 线附近形成二度金叉，则意味着股价将会重新进入上升通道，属于典型的看涨信号。

如图 6-7 所示，随着股价的第一波上升，KDJ 指标在 50 线下方出现了第

一个金叉。此后，股价经过一波上升后开始回调，当股价回调至中期均线位置时，因受均线支撑重新上升，此时 KDJ 指标回落至 50 线附近，并在股价遇支撑重新上升时走出高位金叉，说明股价将要开启一波新的上涨行情。

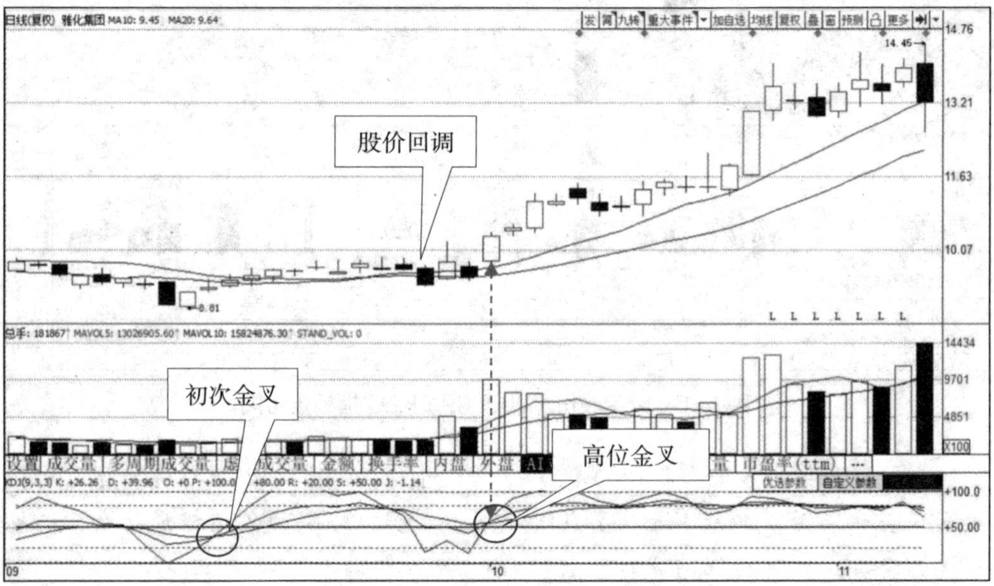

图 6-7　KDJ 指标高位二度金叉

KDJ 指标高位金叉与股价二度起飞的具体操作要点如下。

第一，股价经过一段时间的上升后，KDJ 指标出现低位金叉（交叉点应在 50 线下方）后进入超买区域，说明短线走势较强，且存在一定的回调整理需求。

第二，随着股价的回调，KDJ 指标自超买区域回落，但此后股价 K 线遇支撑重新上升时，KDJ 指标在 50 线附近形成了高位金叉（交叉点在 50 线上方）。

第三，股价 K 线回调时，成交量出现萎缩现象，当股价重新上升时，成交量同步出现放大态势。

下面来看东风科技的案例，如图 6-8 所示。

东风科技的股价自 2020 年 12 月 11 日的阶段低点启动上行，KDJ 指标同步拐头上行。2020 年 12 月 16 日该股股价小幅调整，KDJ 指标在 50 线下方形成黄金交叉。此后，该股股价经过小幅上升后进入调整走势。当股价 K 线回调至 10 日均线位置时，因受均线支撑重新上行，此时 KDJ 指标再度出现金叉，且交叉点位于 50 线上方，说明 KDJ 指标出现了高位金叉，该股股价很可能会展开一波新的上攻，投资者可考虑追涨买入该股。

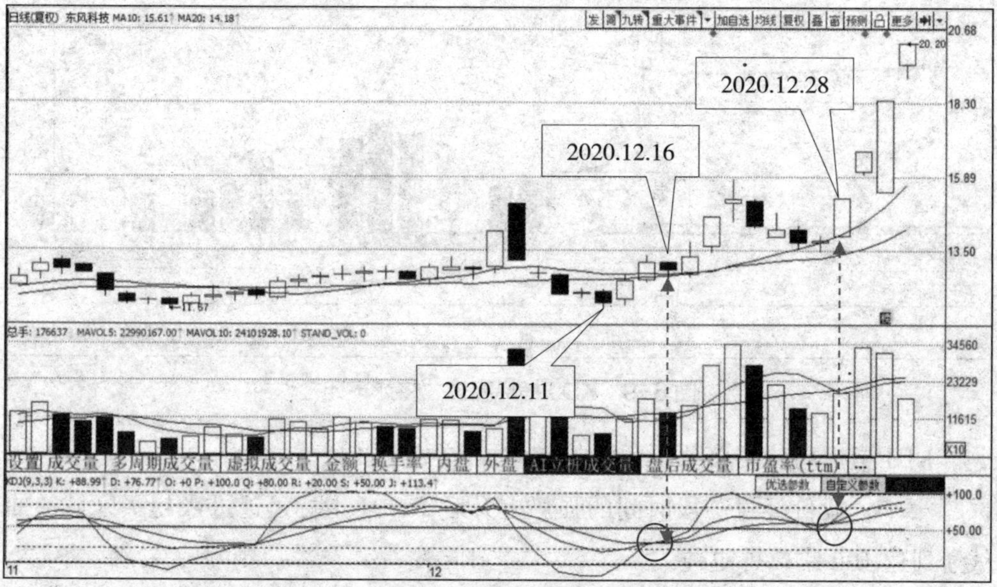

图 6–8　东风科技（600081）KDJ 指标走势图

五、KDJ 指标高位“将死不死”战法

股价经过一波上涨后，KDJ 指标随之进入超买区域。此后，当股价出现调整走势，KDJ 指标出现回落，但曲线 K 向下回落至曲线 D 附近时，因受曲线 D 的支撑重新上升，则意味着股价将进入新一波上升行情。

如图 6–9 所示，随着股价的第一波强势上升，KDJ 指标迅速进入超买区域。此后，该股股价出现小幅调整，KDJ 指标同步回落。当曲线 K 回落至曲线 D 附近时，因受曲线 D 的支撑重新上升，则意味着股价将延续之前的上升趋势，投资者可考虑追涨买入该股。

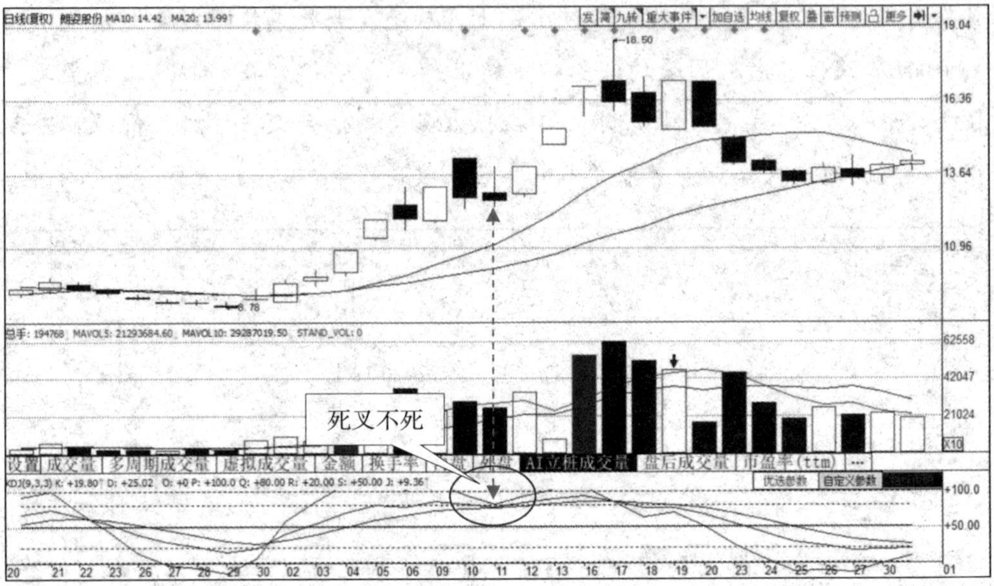

图 6-9　KDJ 指标高位“将死不死”

KDJ 指标高位“将死不死”的具体操作要点如下。

第一，股价经过一段时间的强势上升后，KDJ 指标迅速进入超买区域，曲线 J 到达 100 线以外更佳。

第二，随着股价的回调，KDJ 指标自超买区域回落，但有时曲线 K 还未跌破 80 线位置，就因为受到曲线 D 的支撑重新上升，这是典型的强势股回调特征。

第三，曲线 K 回调至曲线 D 附近时，偶尔跌破曲线 D 但迅速拉升而起，仍不影响对该形态的判断。

第四，股价 K 线回调时，成交量出现萎缩迹象，当股价重新上升时，成交量同步出现放大态势。

第五，出现该类形态前，若股价已经经历了较大规模的上涨，那么，该形态出现后，股价的上攻很可能属于主力的最后一波拉升，风险很大。按照此形态追涨的投资者需要合理控制仓位，并在发现行情不利时迅速撤出。

下面来看泽璟制药 -U 的案例，如图 6-10 所示。

自 2020 年 6 月中旬开始，泽璟制药的股价出现强势上升走势，KDJ 指标迅速进入超买区域。2020 年 7 月初，该股股价出现小幅横向调整，KDJ 指标中的曲线 K 同步向下回落。2020 年 7 月 9 日，股价 K 线重新上扬，曲线 K 回落至曲线 D 附近时，因受曲线 D 的支撑重新上升，则意味着股价将延续之前的上升趋势，投资者可考虑追涨买入该股。

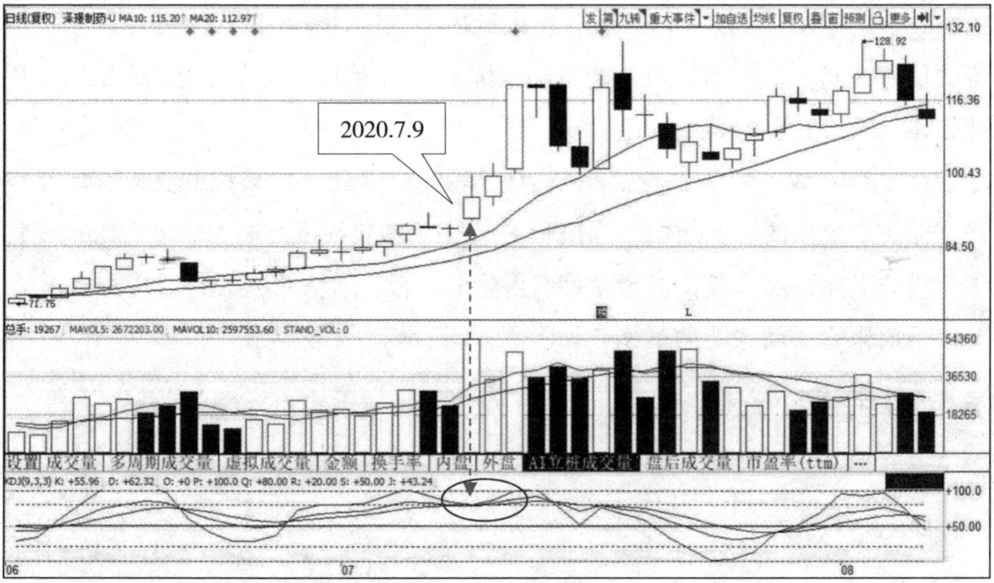

图 6-10 泽璟制药 -U（688266）KDJ 指标走势图

第二节 KDJ 指标与其他指标组合判断短线买卖点

KDJ 指标固然灵敏度很高，发出的短线交易信号也比较及时，但可靠性相对不足。若将 KDJ 指标与其他技术指标组合分析，无疑可以极大地提升 KDJ 指标发出的交易信号的准确性。

一、KDJ 指标双金叉与布林线中轨线反弹

股价经过一波小幅度上升后出现回调，若遇布林线中轨线支撑再度上涨，

此时 KDJ 指标继低位金叉后短期内第二次出现金叉，则意味着股价重新上涨的可能性较大。

1. 布林线中轨线支撑与反弹

布林线又称布林带，英文简称为“BOLL”，由约翰·布林格（John Bollinger）发明，并以其名字命名。该指标根据统计学中的标准差原理求出股价的信道区间，从而划定股价的波动范围，并预测未来可能的走势，同时利用波带显示股价安全的高低价位。

由于布林线中轨线本身是一条 20 日均线，因此，中轨线的支撑作用是三条指标线中最强的。实战中，当股价 K 线位于中轨线上方时，若能有效地获得中轨线的支撑，那么股价上行就是有保障的，投资者大可安心持股待涨。

下面来看厦门象屿的案例，如图 6-11 所示。

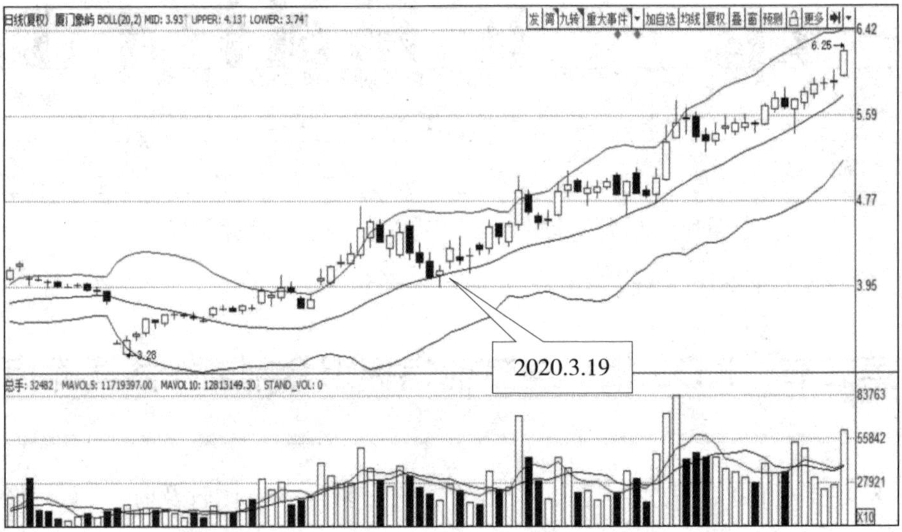

图 6-11　厦门象屿（600057）布林线指标走势图

厦门象屿的股价自 2020 年 2 月初开始启动了一波振荡上升走势。进入 3 月后，该股股价经过一波快速上升后出现回调，股价回调至布林线中轨线位置时，因受中轨线的支撑而重新上攻。鉴于中轨线对股价具有较强的支撑能力，投资者可考虑继续持股待涨。此后，该股股价几次出现回调，均因中轨线的支撑转而重新上攻，由此可见，中轨线对股价具有较强的支撑作用。

2. KDJ 指标双金叉与中轨线反弹

股价遇布林线中轨线支撑反弹向上时，KDJ 指标同步呈现双金叉形态，这属于股价上升的双保险，投资者可积极入场做多。

该技巧的具体操作要点如下。

第一，股价回调过程中，遇布林线中轨线后，因受中轨线的支撑再度上涨，说明股价有重新向上的可能。

第二，股价第一波上升，KDJ 指标出现低位金叉后回调，当股价再度反弹向上时，KDJ 指标在 50 线附近出现金叉。此金叉为短期内出现的第二次金叉，且这次交叉点要高于前一次。也就是说，这波上涨的幅度可能会很大，投资者可考虑加大仓位。

第三，KDJ 指标二度金叉时，若布林通道的喇叭口开始放大，则可增强股价上涨信号的有效性。

下面来看比亚迪的案例，如图 6–12 所示。

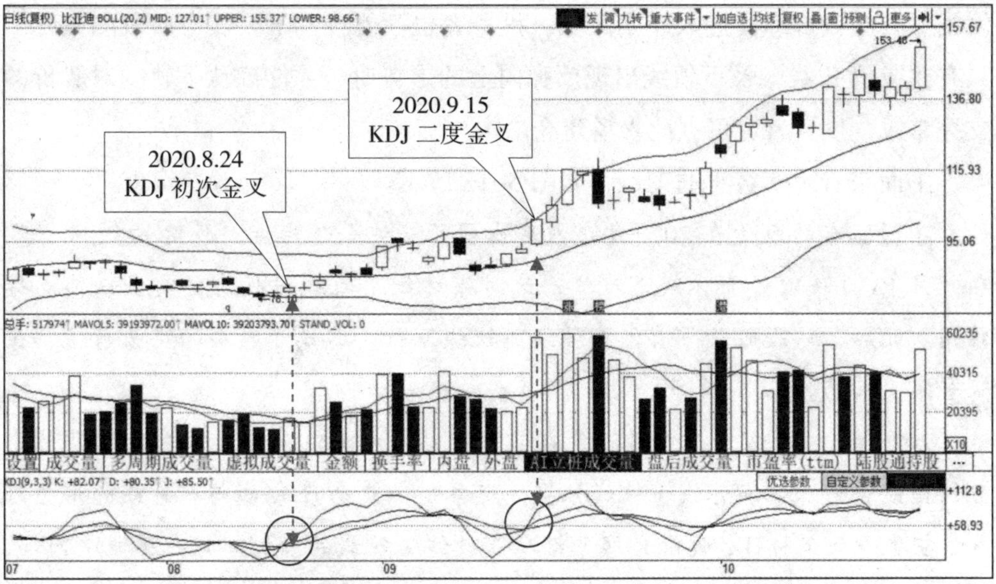

图 6–12　比亚迪（002594）KDJ 指标与布林线指标走势图

比亚迪的股价在 2020 年下半年一直处于振荡上行趋势中。2020 年 8 月，该股股价经过一段时间的调整后，于 8 月 24 日重新开始上涨，KDJ 指标同步形成低位金叉。此后，该股经过一段时间的上涨后，又开始了调整。

比亚迪的股价回调至布林线中轨线附近时，因受中轨线的支撑再度上涨。此时，KDJ 指标同步出现金叉，且交叉点位于 50 线附近，远远高于上一次的交叉点。至此，KDJ 指标双金叉形态正式形成，说明股价短期内上涨的概率很高，投资者可考虑买入该股。

二、KDJ 指标超卖反弹与布林线下轨线支撑

KDJ 指标超卖反弹向上，意味着股价可能结束下跌趋势。与此同时，股价 K 线在触及布林线下轨线后出现反弹迹象，将开启一波反弹行情。投资者可在控制仓位的前提下少量参与。

1. 布林线下轨线支撑与反弹

正常情况下，股价下行遇下轨线并不会必然获得支撑，有时可能会跌破下轨线。因此股价即使进入超卖区域，投资者也不能预判下轨线对股价的支撑。只有在股价 K 线触及下轨线出现反弹向上的走势时，才能确认下轨线对股价的支撑有效，投资者也可据此入场建仓。

下面来看宇通客车的案例，如图 6-13 所示。

宇通客车的股价在 2020 年 2 月底出现了一波杀跌走势，股价 K 线在 2020 年 3 月 13 日跌破了布林线下轨线，此时布林线下轨线对股价不具有任何支撑作用。此后，该股股价一直沿布林线下轨线下行，这属于典型的空头行情，投资者不宜入场。

2020 年 3 月 23 日，该股股价在前一交易日横盘的基础上再次收出阴线，且该阴线正好踩到布林线下轨线位置。观察前一交易日 K 线与布林线的形态可知，在前一个交易日，股价 K 线已经从布林线下轨线的外侧回归布林通道内部，这属于典型的股价企稳信号。此时，投资者需要密切关注下一交易日的股价走

势，只要股价反弹向上，就可以确认布林线下轨线对股价存在有效的支撑。

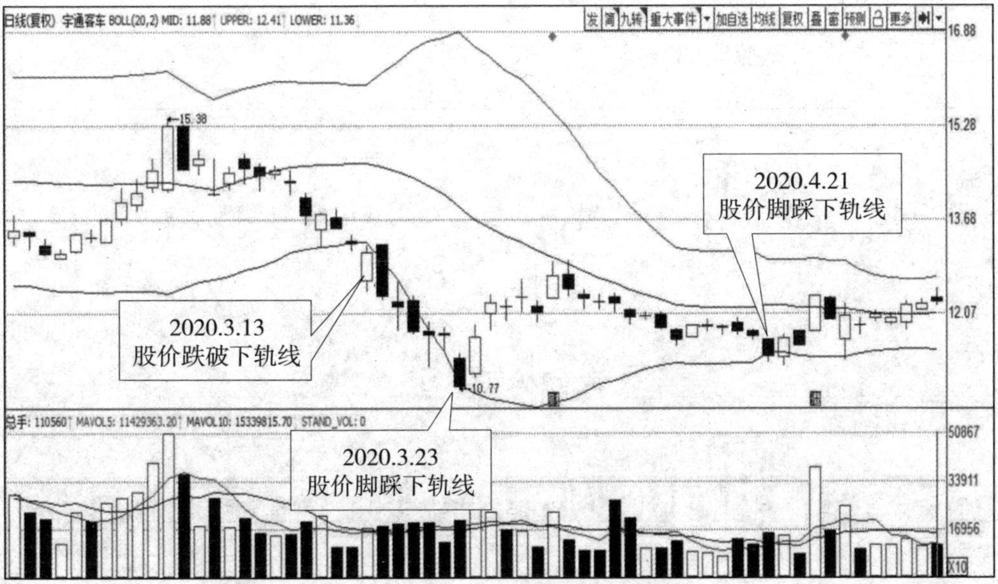

图 6-13　宇通客车（600066）布林线指标走势图

2020 年 3 月 24 日，该股股价高开高走，收出一根大阳线。由此可以确认，布林线下轨线对股价存在有效支撑，未来股价有继续上升的可能，投资者可考虑少量入场建仓。

2020 年 4 月 21 日，该股股价 K 线再度脚踩布林线下轨线。次日，该股股价再度上行，这种走势可进一步确认布林线下轨线对股价存在有效支撑。

2. KDJ 指标超卖反弹与布林线下轨线支撑

股价遇 KDJ 指标超卖反弹与布林线下轨线支撑的操作要点如下。

第一，股价经过一段时间的下跌后，在触及下轨线后反向上攻，且股价在反弹时，成交量出现放大现象。

第二，股价触及下轨线时，KDJ 指标已经进入超卖区域，当股价遇支撑反弹时，KDJ 指标同步自超卖区域反弹向上，若能在 20 线附近形成低位金叉则更佳。

第三，股价触及下轨线反弹时，布林通道的喇叭口同步收缩。当股价突破中轨线后，布林通道的喇叭口重新开始放大，说明股价即将进入上攻趋势，投资者可考虑积极入场。

下面来看联美控股的案例，如图 6-14 所示。

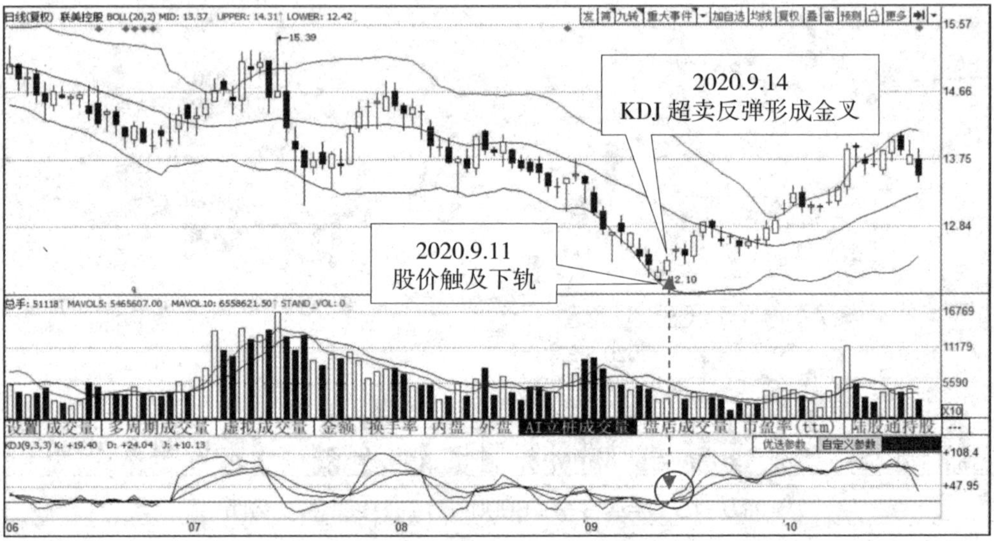

图 6-14　联美控股（600167）KDJ 指标与布林线指标走势图

联美控股的股价自 2020 年 5 月中旬开始出现了一波振荡下行走势。该股股价经过一段时间的下跌后，股价 K 线开始沿布林线下轨线下行，这是行情走弱的信号，投资者不宜进场。

2020 年 9 月 11 日，该股股价再度触及布林线下轨线后反弹向上。下一交易日（即 9 月 14 日），该股股价继续高开高走，且 KDJ 指标自超卖区域反弹向上，并在 20 线附近形成了低位金叉，这属于典型的看涨信号，激进型投资者可考虑进场抄底，但要控制好仓位。

三、KDJ 指标超买与均线金叉

实战中，短期均线出现金叉时，若 KDJ 指标同步进入超买区域，则意味着股价即将进入强势上升通道。

1. 均线金叉

均线是以“平均成本概念”为理论基础，采用统计学中的“移动平均”原理，将一定时间周期内的股价或指数的平均值标在价格图表中连成的曲线，用来显示股价或指数的历史波动情况，并以此来分析和预测后市的走向，为投资者提供操作依据。目前，均线是绝大多数证券交易软件 K 线图界面的默认技术指标。

均线黄金交叉简称均线金叉，是指周期较短的均线由下而上穿过周期较长的均线，而且这两条均线的方向都是向上的。均线金叉代表阻力线被向上突破，股价将继续上涨，通常是买入信号。

根据均线金叉进行操作时，应该注意以下几点。

第一，短期均线上穿上升中的长期均线形成金叉，投资者可以在金叉形成当天果断买入。

第二，均线形成金叉时，周期较长的均线应该是向上的。如果该均线走平或向下，则是一个虚假的金叉，不能视为买入信号。

第三，两条交叉的均线上倾角度越大，周期越长，看涨信号越强烈。

下面来看紫天科技的案例，如图 6-15 所示。

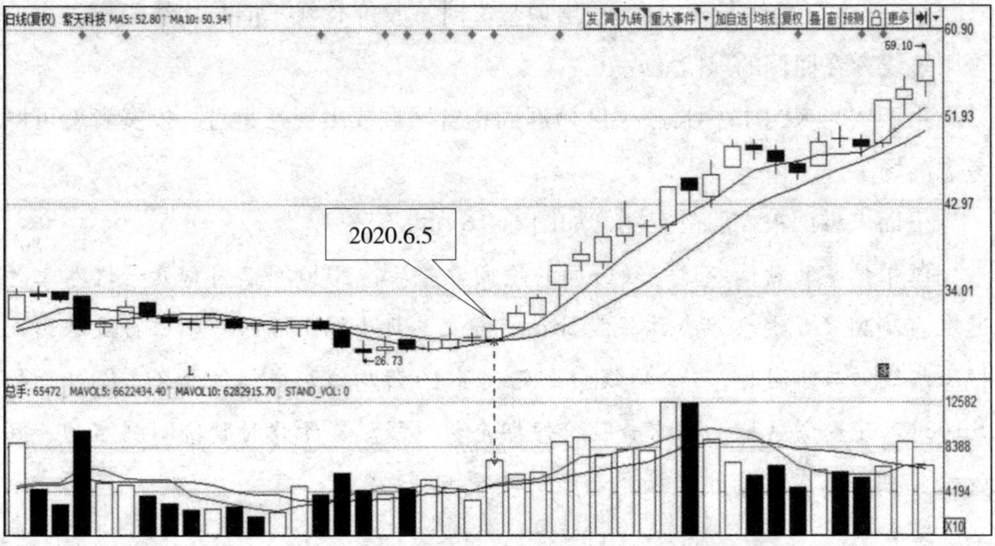

图 6-15 紫天科技（300280）日 K 线走势图

2020 年 6 月初，处于整理走势中的紫天科技股价开始反弹，从而带动 5 日均线、10 日均线向上移动。2020 年 6 月 5 日，5 日均线上穿处于上升状态的 10 日均线。与此同时，该股股价 K 线位于黄金交叉点的上方，成交量也放大了数倍，这属于比较明确的买入信号，投资者可考虑此时买入该股。

其后，该股股价一路上行，由此可见金叉发出的信号准确性较高。

2. KDJ 指标超买与短期均线金叉

短期均线，特别是 5 日均线与 10 日均线形成金叉时，若 KDJ 指标也同步进入超买区间，曲线 J 最好到达 100 线，则说明短期内买方力量极强，股价具有继续上攻的惯性，股价短线走高的概率极高。

该技巧的操作要点如下。

第一，5 日均线与 10 日均线形成金叉，意味着当前属于股价启动的初期，并未出现过大的涨幅，此时 KDJ 指标进入超买区域，则意味着多方力量十分强劲，足以支持股价继续上扬。

第二，KDJ 指标进入超买区域前，最好能出现金叉形态，这也是短线买入的一个强力信号。

第三，5 日均线与 10 日均线出现金叉时，股价 K 线不能与均线距离过大，否则短线存在回调的风险。

第四，当 KDJ 指标自超买区域返回正常区域或出现死叉时，投资者就可以考虑离场了。

下面来看深粮控股的案例，如图 6-16 所示。

深粮控股的股价经过一段时间的横向盘整后，2020 年 7 月初开始进入上升通道。2020 年 7 月 3 日，该股股价在前一交易日小幅上涨的基础上再度收出一根小阳线。与此同时，5 日均线向上突破了 10 日均线形成低位金叉。KDJ 指标此时进入了超买区域，意味着股价短期走势极强。鉴于此时股价刚刚启动，且股价 K 线并未远离均线，投资者可积极入场。

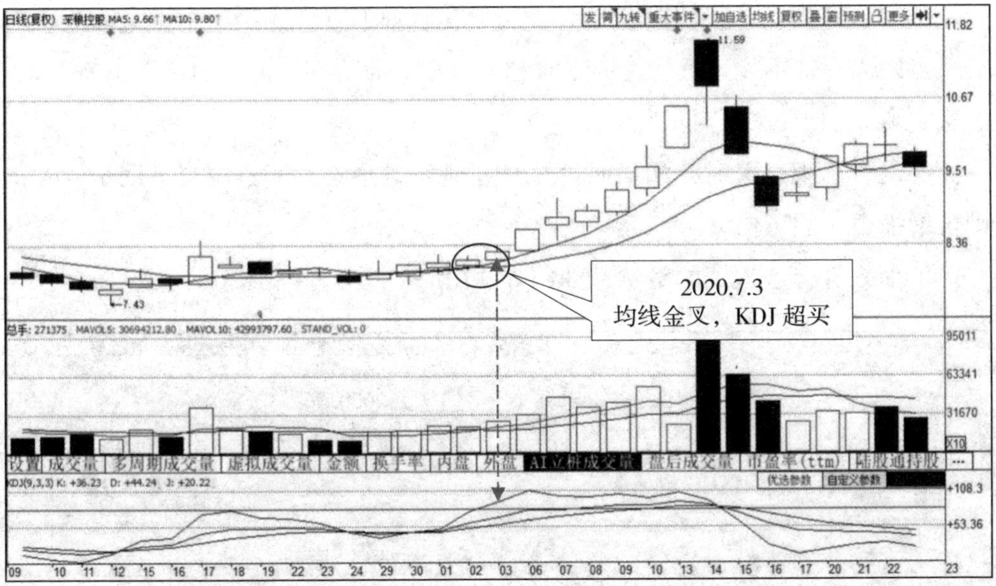

图 6-16 深粮控股（000019）KDJ 指标与日 K 线走势图

四、KDJ 指标与 MACD 指标金叉共振

KDJ 指标与 MACD 指标金叉共振，是指在 KDJ 指标发出短线金叉买入信号的同时，MACD 指标也同步发出波段金叉买入信号。从本质上来说，这属于双重买入信号，也是买入信号的强化版。

1. MACD 指标金叉

MACD 指标常常被称为最好用的振荡指标，是波段交易者最喜欢使用的技术指标。MACD 指标由 DIFF 线（快线）、DEA 线（慢线）、MACD 柱线以及 0 轴共同构成。其交叉与背离、对 0 轴的穿越等形态，对股价的涨跌都具有重要的指示作用。

一般情况下，有质量的金叉应该满足以下几项条件。

第一，DIFF 快线自下而上穿越 DEA 慢线时，交叉点应位于 0 轴上方，说明此时多头已经占据了主导地位。

第二，原则上，投资者交易时，尽量在 0 轴上方形成第一个金叉时买入。交叉点距离 0 轴不能过远，过远则有超买迹象，股价存在回调风险。也就是说，金叉距离 0 轴越近成色越好。

第三，出现金叉时，如果股价 K 线呈现突破形态，而且成交量同步放大，则可增强金叉的可信度。

下面来看合金投资的案例，如图 6–17 所示。

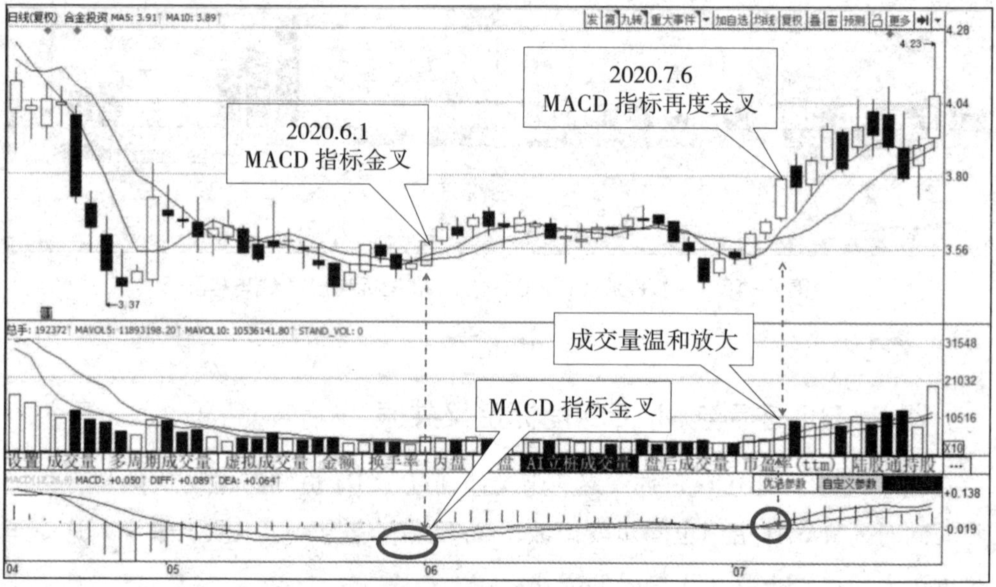

图 6–17　合金投资（000633）MACD 黄金交叉示意图

2020 年 5 月，合金投资的股价终结了下跌趋势，开始出现振荡盘整走势。MACD 指标自底部反弹向上。

2020 年 6 月 1 日，MACD 指标中的 DIFF 快线向上穿越 DEA 慢线形成金叉，其交叉点位于 0 轴下方。由于 MACD 的金叉距离 0 轴较远，因而金叉成色欠佳。

2020 年 7 月 6 日，该股股价 K 线启动上扬，MACD 指标出现二度金叉，且交叉点位于 0 轴附近。通常情况下，MACD 指标在此位置的金叉成色较好，投资者可考虑追涨买入该股。

其后，该股股价出现了一波快速上涨走势。

2. KDJ 指标与 MACD 指标金叉共振

MACD 指标金叉是对 KDJ 金叉买入信号的确认和强化，其具体操作建议如下。

第一，股价处于阶段底部或回调时，KDJ 指标率先形成金叉，随后 MACD 指标也出现金叉，两个金叉相隔的时间最好不要超过 3 个交易日。

第二，KDJ 金叉位于 50 线以下（以 20 线附近为最佳），MACD 金叉位于 0 轴上方附近，MACD 形成金叉时，成交量出现明显放大更佳。由于本形态要求 MACD 的金叉在 0 轴附近，因此，KDJ 的金叉极少会在 20 线附近出现，一般都在 50 线附近。

第三，出现两个金叉时，股价 K 线位于 30 日均线上方更好。

第四，20 日均线向上，MACD 出现金叉时，为该股的最佳买点。

下面来看北方稀土的案例，如图 6-18 所示。

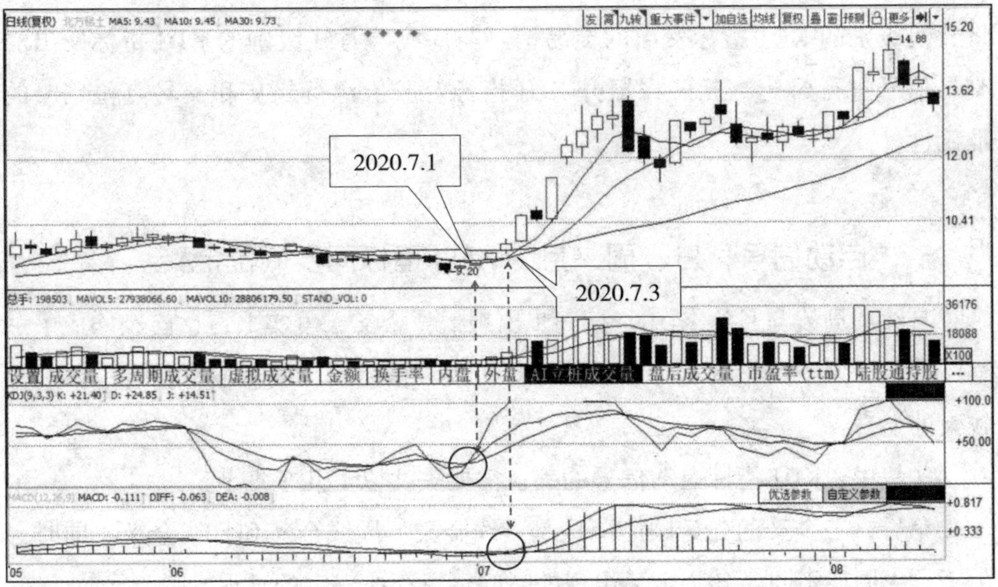

图 6-18　北方稀土（600111）KDJ 金叉与 MACD 金叉共振

北方稀土的股价在 2020 年上半年出现振荡上涨行情。2020 年 6 月初，该股出现了短暂的回调，MACD 指标和 KDJ 指标同步出现死叉形态。2020 年 7 月 1 日，该股 KDJ 指标率先触底反弹并形成低位金叉，且此交叉点位于 20 线附近，说明该交叉成色较好，投资者宜密切关注随后的股价走势。

2020 年 7 月 3 日，该股股价连续 3 个交易日上攻，成交量同步温和放大。与此同时，MACD 指标在该日出现金叉形态，且此交叉点位于 0 轴上方附近，同样含金量十足。至此，KDJ 指标与 MACD 指标金叉共振，此时股价已经顺利突破 30 日均线，说明股价短期内会有一波快速上涨行情。

第三节　KDJ 指标多周期买卖点识别

一般来说，日线级别的 KDJ 指标灵敏度最高，但其发出的交易信号准确度相对较低，周线与月线级别的 KDJ 指标发出的信号稳定性要提升很多。如果将日线级别的 KDJ 指标发出的交易信号与周线、月线级别的 KDJ 指标发出的交易信号进行对比，无疑将提升 KDJ 指标对股价运行趋势和交易点位判断的准确性。

一、启动信号：日、周、月线 KDJ 指标同步低位金叉

日线、周线与月线 KDJ 指标同步出现低位金叉，事实上，这已经构成了三金叉共振，属于典型的趋势启动信号。出现该信号后，股价通常会有一波规模较大的上升。

实战中，KDJ 指标启动信号的确认需要关注以下几个细节。

第一，三金叉的先后顺序应该是月线金叉、周线金叉和日线金叉。同时，由于分析周期不同，各个金叉出现的时间可以存在一定的延迟。

第二，当长周期 KDJ 指标出现金叉后，短周期在其后出现金叉，才被认为

是有效的。

第三，短周期 KDJ 指标出现金叉时，长周期 KDJ 指标应该处于明显的上升趋势，而非进入超买区域或出现死叉等卖出形态。

下面来看光启技术的案例，如图 6-19 所示。

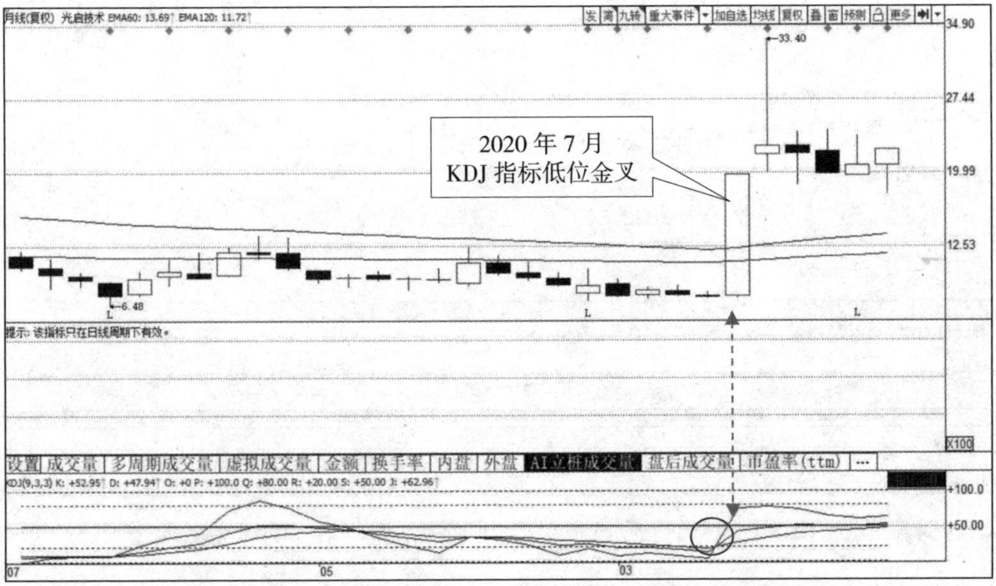

图 6-19　光启技术（002625）月线 KDJ 指标走势图

从月线 KDJ 指标走势来看，光启技术的股价在 2020 年 7 月结束了横向盘整，KDJ 指标同步形成低位金叉，这属于典型的看涨形态。我们可以再观察同时期的周线 KDJ 指标走势情况，如图 6-20 所示。

从图 6-20 中可以看出，光启技术的股价在 2020 年 7 月 3 日之后的一周里突然出现了加速上涨形态，KDJ 指标形成低位金叉。

下面再来看光启技术的日线走势情况，如图 6-21 所示。

从图 6-21 中可以看出，光启技术的股价自 2020 年 7 月 3 日开始启动上涨，KDJ 指标形成低位金叉。

不过，结合光启技术的周线与月线走势图可以看出，在 2020 年 7 月 3 日的下一个交易日（即 7 月 6 日），该股就已经出现了 KDJ 指标的多周期金叉共振，这说明该股已经正式进入上升趋势，投资者可考虑入场建仓。

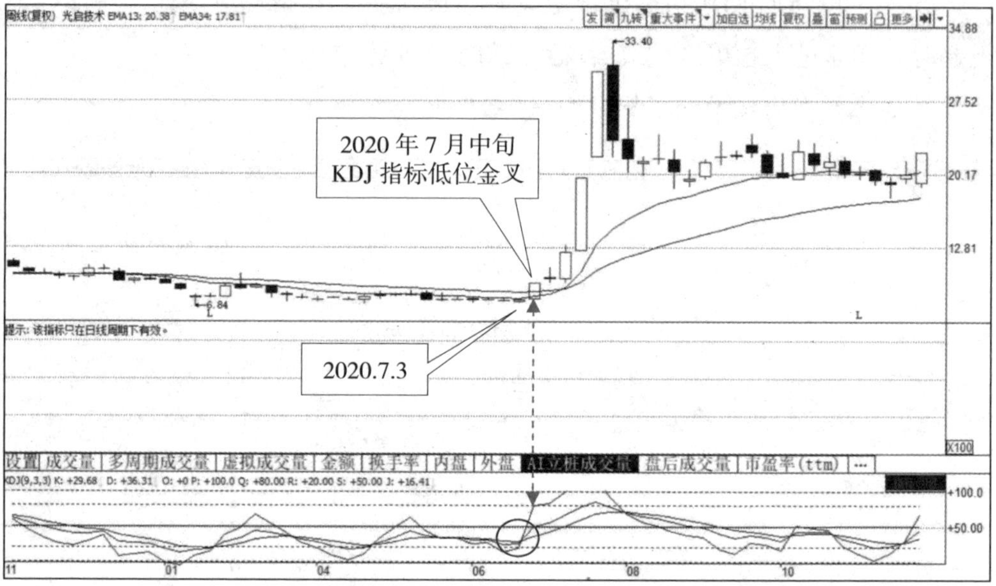

图 6–20　光启技术（002625）周线 KDJ 指标走势图

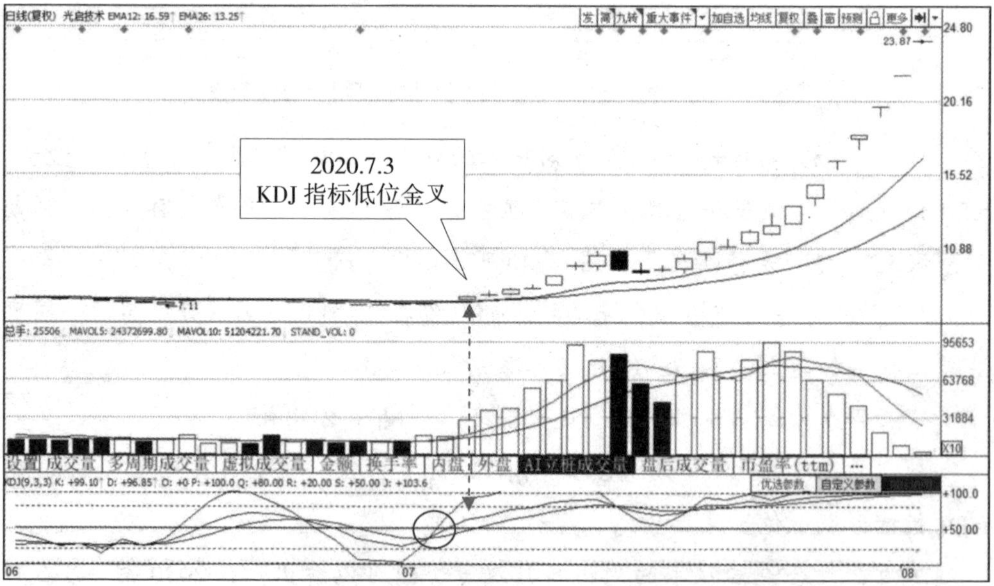

图 6–21　光启技术（002625）日线 KDJ 指标走势图

二、调整信号：日线金叉，周线、月线 KDJ 高位运行

通常情况下，日线级别的 KDJ 指标发出金叉买入信号时，若周线和月线 KDJ 指标已经在高位运行了一段时间，则意味着股价即将迎来调整行情，投资者宜谨慎观望，不宜再追加入场。

实战中，KDJ 指标调整信号的确认需要关注以下几个细节。

第一，通常情况下，日线金叉的交叉点可能会高于 20 线，这也可以看成股价处于高位的一个信号。周线和月线 KDJ 指标所处的位置，更说明股价已经在高位运行较长时间，未来存在回调的风险。

第二，日线出现金叉时，若周线或月线 KDJ 指标处于 80 线以上区域，更可增强该调整信号的准确性。

第三，日线出现金叉时，若股价已经出现了明显的高位滞涨现象，更可增强股价回落的概率。

下面来看雅克科技的案例，如图 6-22 所示。

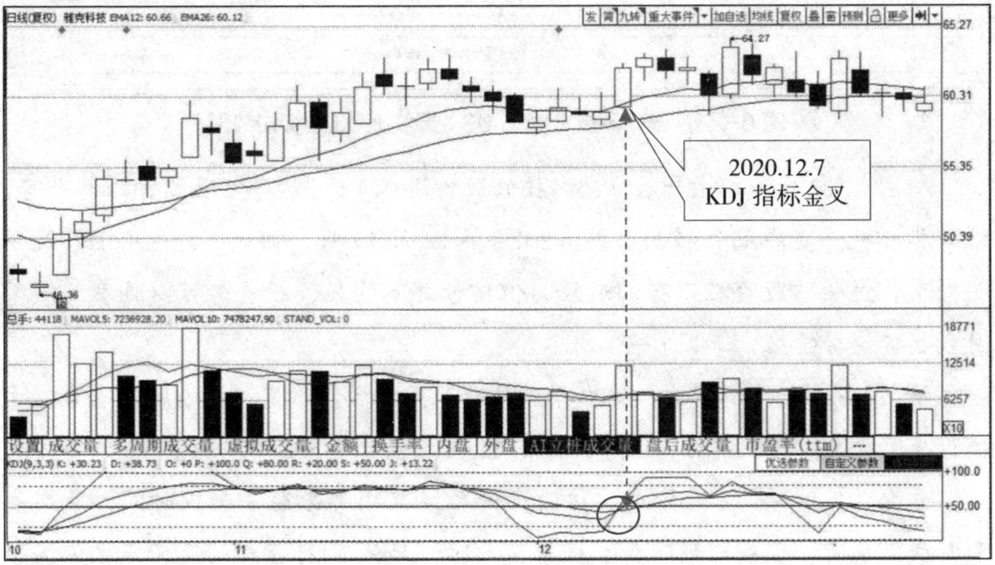

图 6-22 雅克科技（002409）日线 KDJ 指标走势图

从图 6-22 中可以看出，雅克科技的股价自 2020 年 11 月中旬以后一直处

于高位，并在 12 月初出现了小幅回调走势。

2020 年 12 月 7 日，该股股价重新上升，KDJ 指标在 50 线下方形成金叉。一般来说，该金叉的成色并不足，此时，投资者可参照 KDJ 指标的周线情况制定投资决策，如图 6-23 所示。

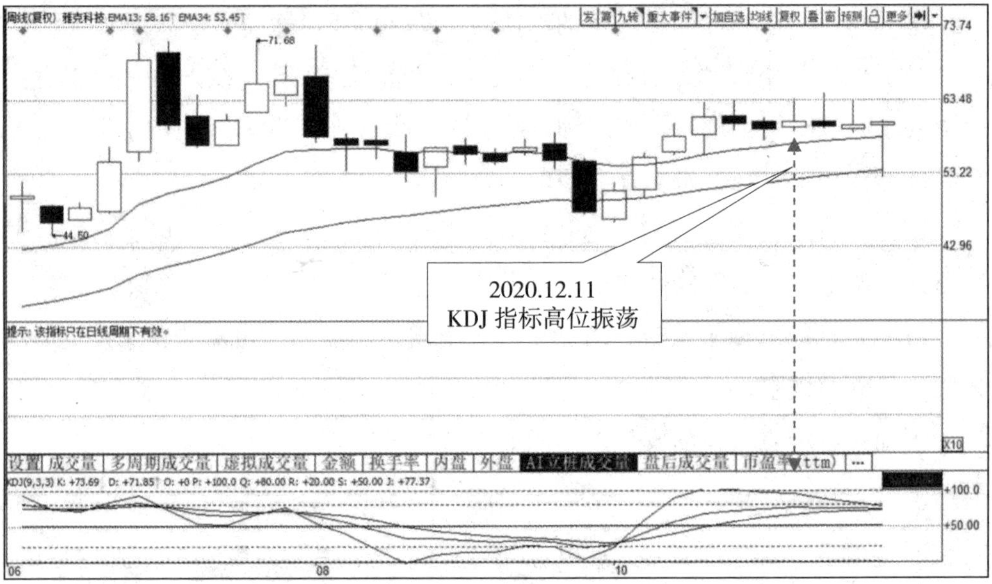

图 6-23　雅克科技（002409）周线 KDJ 指标走势图

从图 6-23 中可以看出，雅克科技的股价进入 12 月后一直呈横盘振荡态势，KDJ 指标也一直在高位横向盘整。2020 年 12 月 11 日，曲线 J 更是从 100 线拐头向下，说明该股存在下行的风险，但信号并不明显，投资者可以再参照一下月线指标走势情况，如图 6-24 所示。

从图 6-24 中可以看出，2020 年 7 月进入高位后，雅克科技的股价一直处于高位振荡状态。与此同时，KDJ 指标在 12 月已经自超买区域回落至 80 线下方。

总之，2020 年 12 月中旬，该股股价已经在顶部振荡了一段时间，从周线和月线上来看，已经出现了调整迹象，此时，日线 KDJ 指标的交叉点也偏高。综合以上分析，我们大致可以判断，该股股价未来出现调整的概率较高，投资者不宜再入场建仓或加仓。

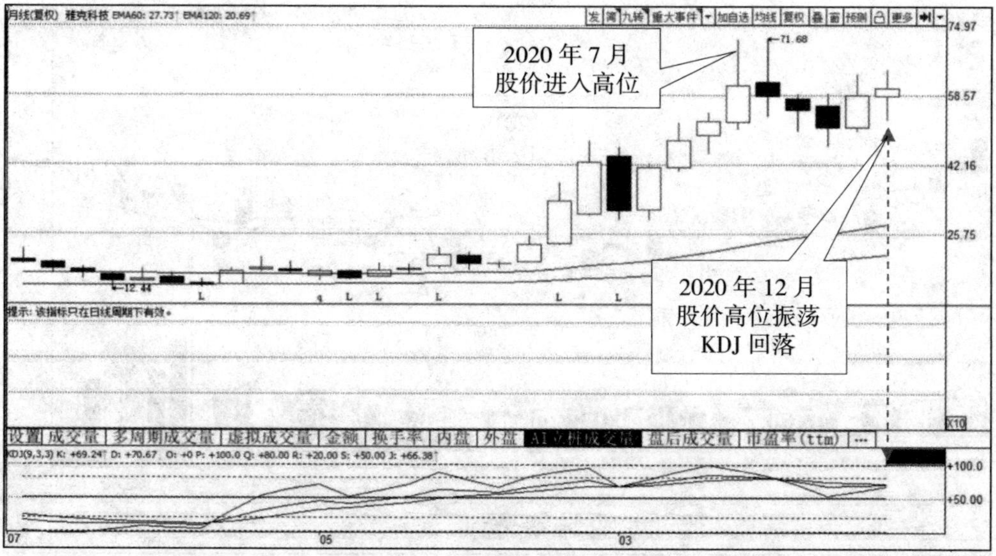

图 6-24　雅克科技（002409）月线 KDJ 指标走势图

三、反弹信号：日线金叉，周线向上，月线向下

股价经过一段时间的下跌后开始企稳，日线 KDJ 指标出现金叉，周线 KDJ 指标向上，而月线 KDJ 指标则向下，说明股价很可能出现的是反弹走势，投资者需谨慎。

实战中，KDJ 指标反弹信号的确认需要关注以下几个细节。

第一，通常情况下，月线 KDJ 指标最为滞后，当周线已经开始上升、月线仍旧下行时，说明短期走强只是引发了周线的上扬，还没有传导至月线，未来该股能否由反弹转为反转，还要看月线趋势能否转变。

第二，日线出现金叉时，若周线开始自底部反弹向上，月线已经出现触底迹象，投资者可继续观察月线有无拐头向上的可能。

第三，KDJ 指标发出反弹信号时，若股价 K 线上方存在长周期均线，且均线方向向下，投资者更不可轻易入场。

下面来看岱勒新材的案例，如图 6-25 所示。

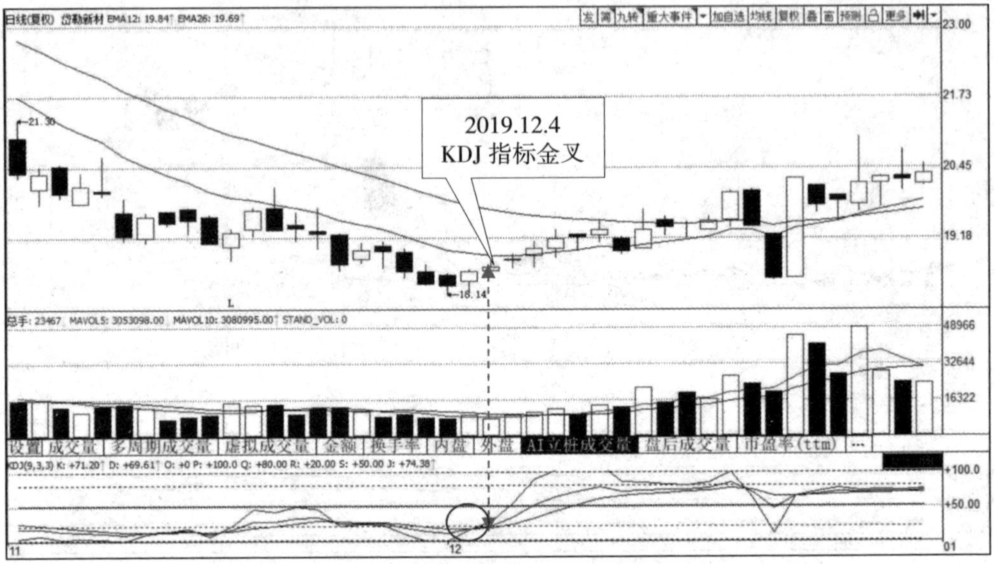

图 6-25　岱勒新材（300700）日线 KDJ 指标走势图

岱勒新材的股价从 2019 年年底开始了下行趋势。随着股价不断走低，KDJ 指标也同步进入超卖区域。

2019 年 12 月 4 日，该股股价出现了小幅反弹，KDJ 指标也同步出现低位金叉。我们再来看一下该股周线的走势情况，如图 6-26 所示。

岱勒新材的股价 2019 年下半年一直处于下行趋势。2019 年 12 月初，该股股价出现小幅反弹，KDJ 指标周线开始拐头向上。到 2019 年 12 月 6 日，KDJ 指标周线只是处于上行趋势，还未出现金叉。下面再来看一下该股的月线走势情况，如图 6-27 所示。

岱勒新材的股价到 2019 年 12 月仍处于下行趋势，KDJ 指标的月线也同步下行。从 KDJ 指标月线来看，该股没有任何上扬迹象。

综合以上分析可知，该股 KDJ 指标日线和周线上扬可能仅为该股下行趋势中的一个小反弹，未来不确定性很高，投资者宜继续保持观望。

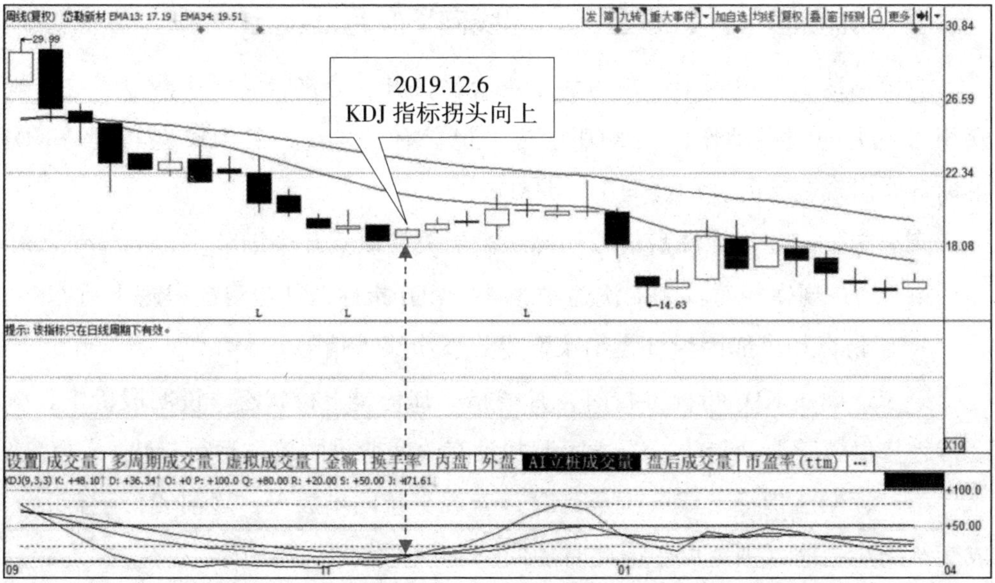

图 6-26 岱勒新材（300700）周线 KDJ 指标走势图

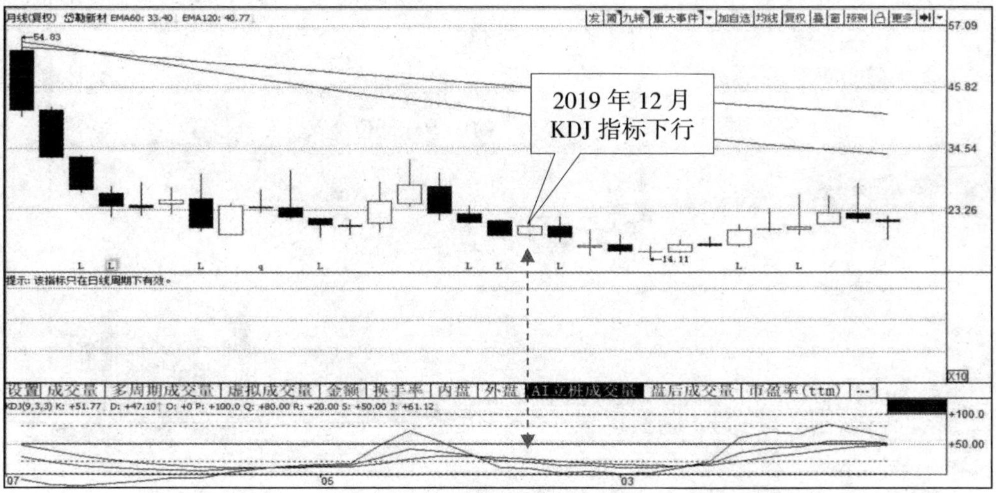

图 6-27 岱勒新材（300700）月线 KDJ 指标走势图

四、洗盘信号：日线金叉，周线向下，月线向上

股价振荡上升过程中，主力为了更容易拉升，会进行若干次洗盘。这类规模相对较大的洗盘动作，在 KDJ 指标上也会有所显现，最为典型的就是 KDJ 指标日线出现金叉时，周线向下，月线却向上。

实战中，KDJ 指标洗盘信号的确认需要关注以下几个细节。

第一，在规模相对较大的洗盘中，周线 KDJ 指标往往也可能呈现下行态势，日线 KDJ 指标却可能因为洗盘结束而率先发出买入信号。

第二，周线 KDJ 指标下行时，月线指标却仍呈上行状态，说明股价中长线运行趋势仍属于上升趋势，短线回调并没有改变股价的整体运行趋势。

第三，KDJ 指标形成低位金叉时，若成交量同步放大，之前股价下行时，成交量同步萎缩，则更可印证此时的回调属于主力的洗盘动作。

下面来看爱康科技的案例，如图 6–28 所示。

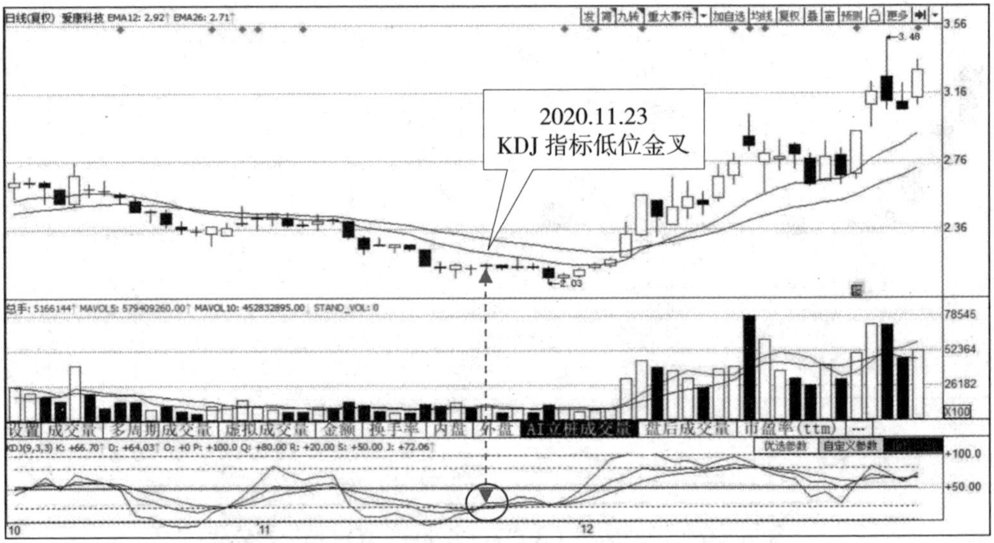

图 6–28　爱康科技（002610）日线 KDJ 指标走势图

爱康科技的股价自 2020 年 10 月初进入调整行情，股价与 KDJ 指标同步下行。2020 年 11 月 23 日，该股股价小幅反弹，KDJ 指标出现了低位金叉。一般

来说，此位置的金叉含金量相对较高，但此时股价仍处于多条均线之下，投资者可结合周线 KDJ 指标进行分析，如图 6-29 所示。

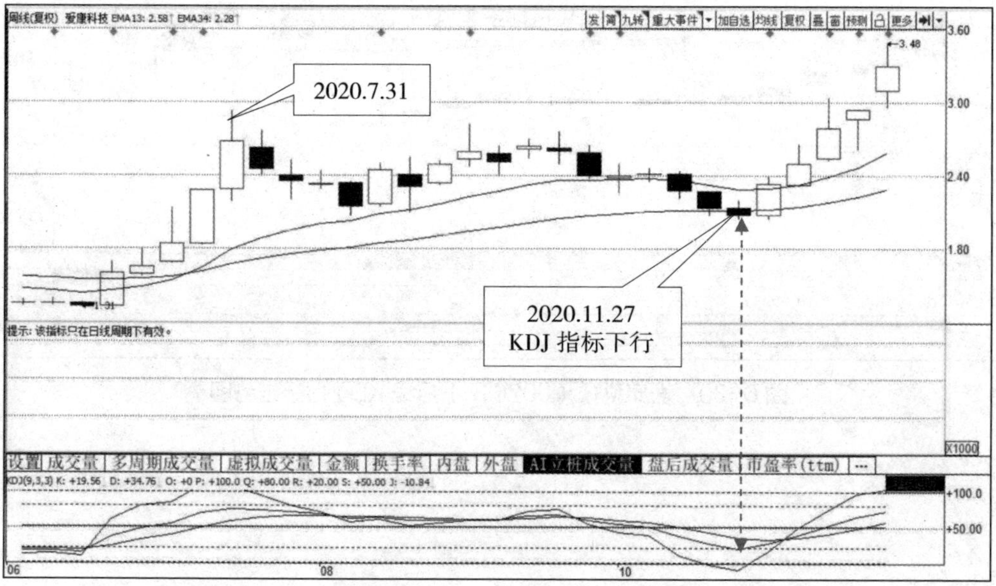

图 6-29　爱康科技（002610）周线 KDJ 指标走势图

从图 6-29 中可以看出，爱康科技的股价在 2020 年 7 月 31 日创下阶段新高后进入振荡调整行情，KDJ 指标同步走低。到了 11 月底的时段，KDJ 指标仍处于下行趋势，不过，曲线 J 已经到达 0 线之外，说明该股的下行趋势很难持续，未来存在反弹的可能。我们再来看一下该股的月线 KDJ 指标走势情况，如图 6-30 所示。

从图 6-30 中可以看出，爱康科技的股价在 2020 年 6 月 30 日出现回调低点后重新上升，KDJ 指标在此期间同步形成了多头风洞。此后，KDJ 指标开始了一波振荡上升趋势。到了 11 月底，KDJ 指标的上升趋势也没有发生改变。

基于以上分析可知，此时日线 KDJ 指标金叉，但周线仍向下运行，说明该走势只是主力洗盘时刻意制造的股价下跌假象。持股投资者可继续持股，持币投资者可在 KDJ 指标日线形成金叉时分批入场。

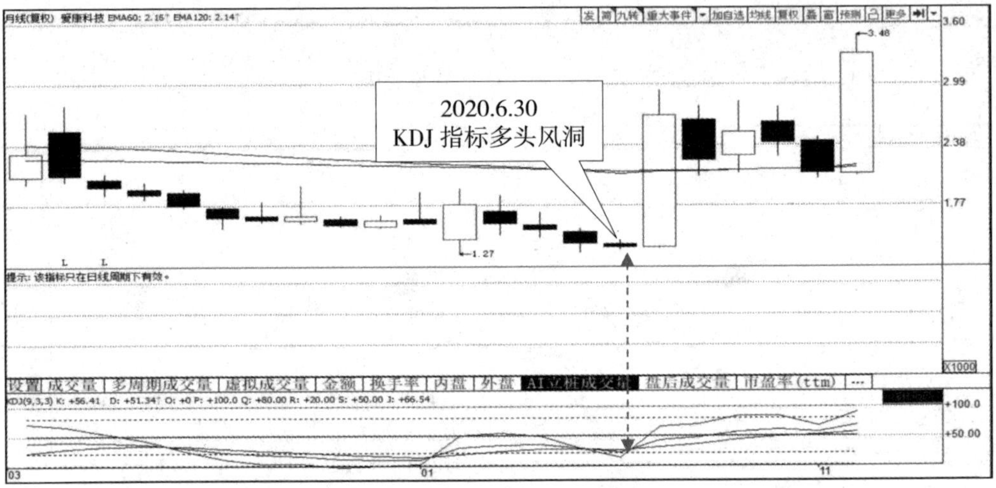

图 6-30　爱康科技（002610）月线 KDJ 指标走势图

第七章

雷霆一击——KDJ指标与超短线、涨停板追涨技术

对于超短线交易者来说，速度就是盈利，速度就是一切。

从某种意义上来说，KDJ 指标真正的舞台就在于超短线与涨停板的识别。在识别超短线攻击信号和涨停板追涨信号方面，KDJ 指标有其他技术指标无可比拟的优势——速度与灵敏度。

第一节　KDJ 指标超短线技法

事实上，上一章介绍的很多短线技法，同样可以应用于超短线交易。本节将向读者介绍几类适合超短线交易的基本技巧，供读者参考。

一、突破与 KDJ 超买技法

以 KDJ 指标为核心的股价突破买入技法，是通过对 KDJ 指标特殊形态的识别，追击启动强势上涨的股票以达到获利目标的操盘方法。

股价突破买入技法的操盘要点如下。

第一，大盘处于上涨或振荡上升行情中。一般来说，超短线操作所需的大盘环境相对宽松，只要大盘不是处于下行趋势，都可进行超短线操作。

第二，股价出现明显的突破上攻动作，这些突破动作主要是突破重要阻力位（如均线阻力位、前期高点）。

第三，KDJ 指标出现金叉，且进入超买区间，特别是曲线 J，可能很快就会进入 90 线以上，甚至突破 100 线，这是股价走强的一个显著特征。

第四，目标股当日股价强势上涨，且突破了均价线与前日收盘价。此时，投资者可以考虑买进目标股。买入时机：一是，股价冲高回调之后，再次突破均价线或受均价线支撑重新上涨之时；二是，股价冲高到达涨停板价位时，可以考虑追高买入；三是，如果股价开盘出现下跌，则要等到股价重拾升势，且股价突破均价线之后再买入。

第五，止盈设置。股价进入上攻区域后，KDJ 指标自超买区域回落至正常区域时止盈。

第六，止损设置。投资者买入股票后，股价不涨反跌，KDJ 指标立即出现死叉，并跌破 50 线，而股价 K 线同步跌破启动点之前三个交易内的最低点时止损。

下面来看弘亚数控的案例。

2020 年 6 月底，大盘出现大幅上涨行情。此后，大盘指数与弘亚数控的股价双双站到 30 日均线以上，说明大盘与弘亚数控短期走势趋于强势。

从 2020 年 7 月 1 日开始，上证指数走出了一波加速上涨行情，指数 K 线一直位于 5 日均线之上，且各条均线呈多头发散排列。与此同时，KDJ 指标已经进入超买区域，且呈现黏合状态，说明大盘指数已经进入单边上升行情，比较适宜进行超短线操盘，如图 7-1 所示。

弘亚数控的日 K 线走势如图 7-2 所示。

弘亚数控的股价自 2020 年 6 月初开始持续横向盘整。2020 年 7 月 1 日，在大盘大幅上攻的带动下，该股出现了放量上升走势，KDJ 指标同步出现低位金叉，不过，股价仍未形成对各条均线的突破，投资者可保持观望。

2020 年 7 月 6 日，该股股价再度放量上攻，且成功突破了各条均线的压制，各条均线形成了多头排列。与此同时，KDJ 指标中的曲线 J 接近 100 线，这属于典型的超买信号。基于以上判断，可以认定当日弘亚数控已经启动了短线上攻走势，投资者可在当日择机买入该股。

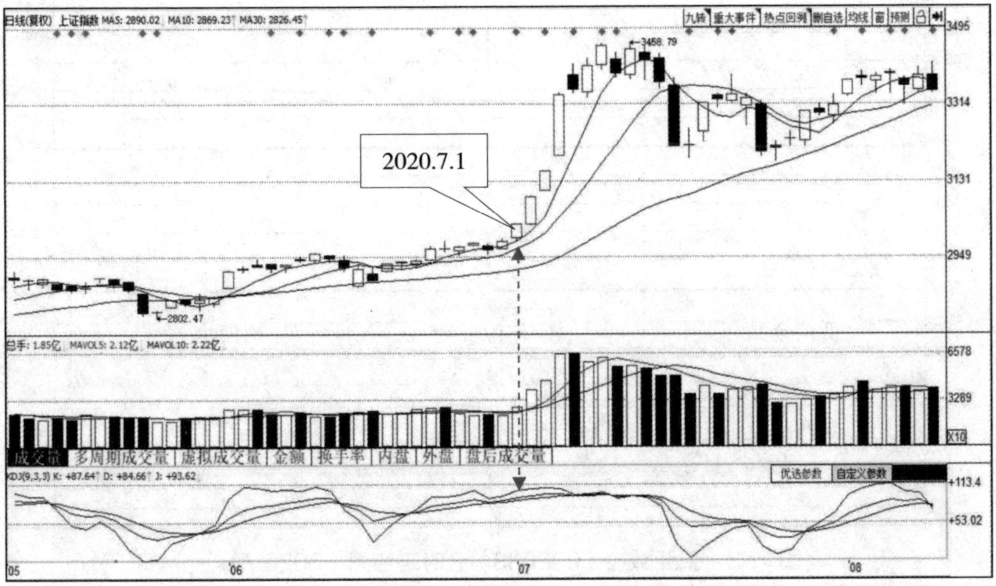

图 7-1 上证指数（000001）日 K 线走势图

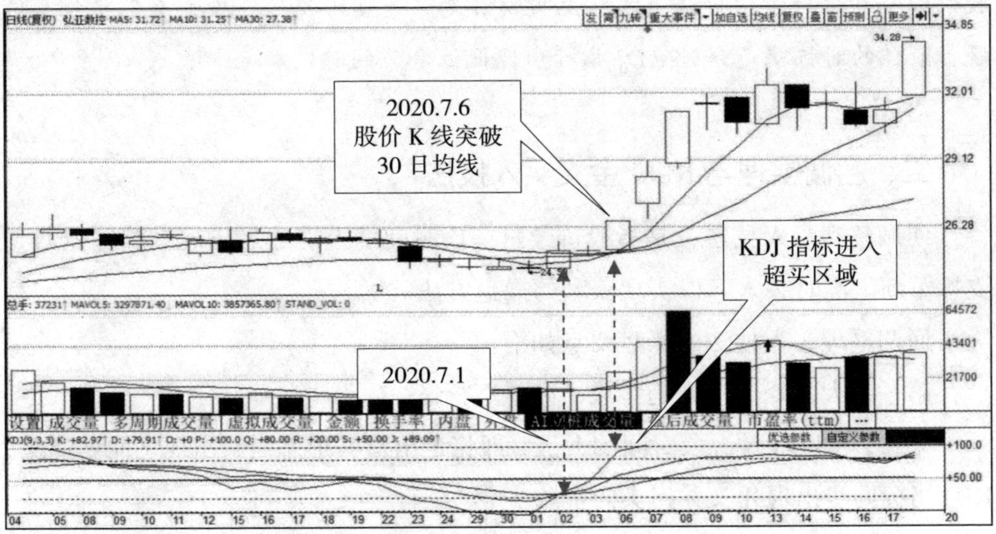

图 7-2 弘亚数控（002833）日 K 线走势图

下面来看弘亚数控的分时走势情况，如图 7-3 所示。

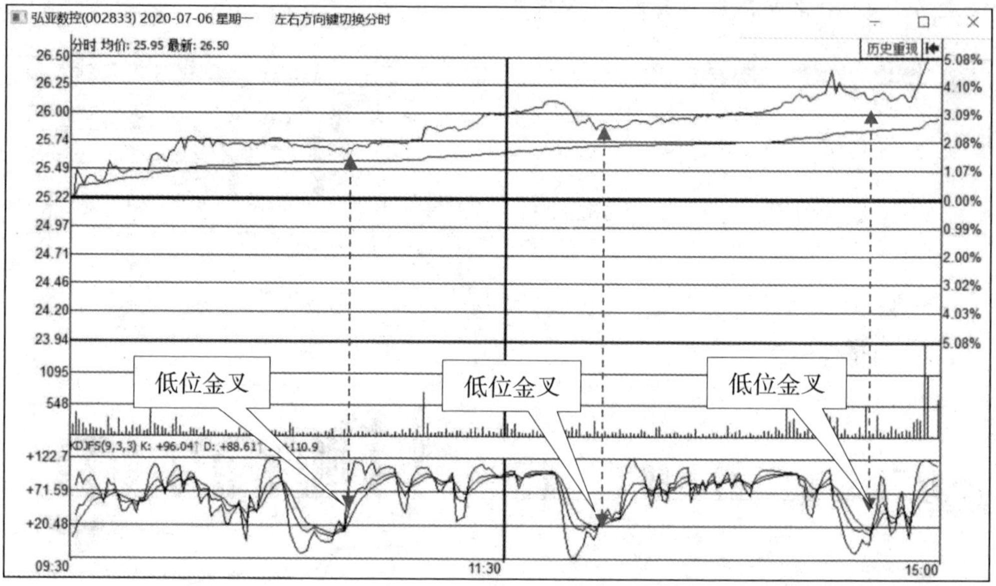

图 7-3 弘亚数控（002833）分时走势图（2020.7.6）

2020 年 7 月 6 日开盘之后，弘亚数控的股价线一直处于振荡上扬趋势，且股价线一直运行于均价线上方，说明股价走势一直比较强。投资者想要介入该股，最佳的时机就是分时 KDJ 指标出现低位金叉的时候。

二、回调整理与 KDJ 金叉买入技法

回调整理买入技法，是指股价经过一段时间的上涨之后出现调整，但遇到支撑重新上涨时买入，以实现获利的操盘方法。

回调整理买入技法的操盘要点如下。

第一，大盘处于上升趋势或横向整理行情。

第二，个股经过一段时间的上涨，即将走出盘整形态时，出现了回调迹象，KDJ 指标同步出现死叉并拐头向下。

第三，股价在某一支撑位获得支撑，KDJ 指标同步出现金叉（交叉点位于

20 线上方，位于 50 线上方更佳），且迅速进入超买区域，曲线 J 到达 100 线更好。

第四，目标股当日股价强势上涨，且突破了均价线与前日收盘价，与此同时，日 K 线位于 10 日均线以上，此时，投资者可以考虑买进目标股。买入时机：一是，股价冲高回调之后，再次突破均价线或受均价线支撑重新上涨之时；二是，如果股价开盘出现下跌，则要等到股价重拾升势，且股价线突破均价线之后再买入；三是，股价冲高到达涨停板价位时，可以考虑在涨停位追高买入。

第五，止盈设置。股价出现高位滞涨，且 KDJ 指标自超买区域反转向下跌破 80 线时止盈。

第六，止损设置。股价跌破先前的支撑位时止损。

下面来看盐津铺子的案例。

2020 年 7 月中下旬，大盘经过先前的一波上升后出现振荡整理行情。不过，上证指数与盐津铺子的股价双双回调至 30 日均线附近获得支撑，之后重新上行。上证指数的走势情况如图 7-4 所示。

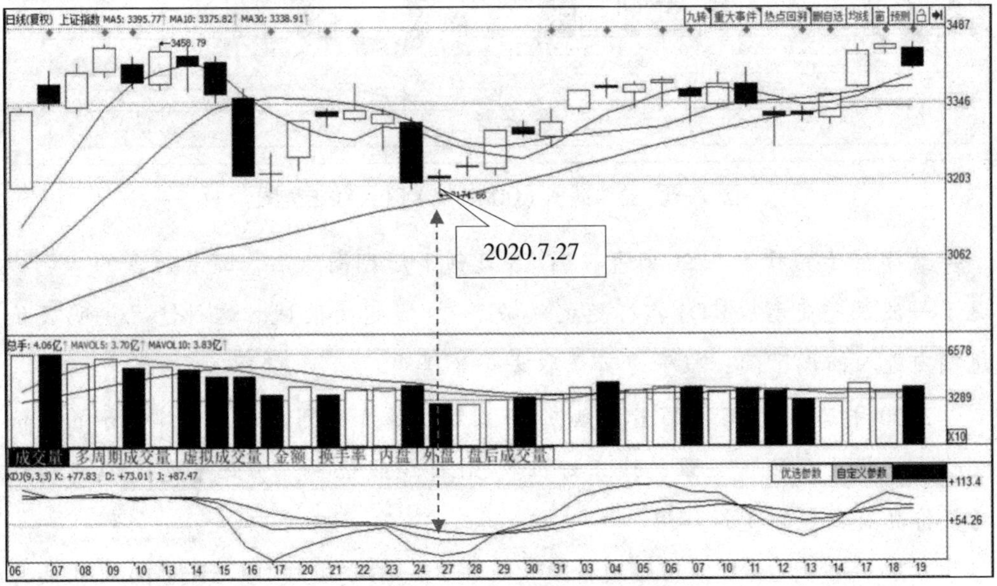

图 7-4　上证指数（000001）日 K 线走势图

从 2020 年 7 月中旬开始，上证指数走出了一波振荡回调走势，一度跌破 5 日均线和 10 日均线，KDJ 指标同步向下跌破了 80 线超买区域，说明大盘短线存在调整风险。其后，当大盘指数回调至 30 日均线附近时，因受 30 日均线的支撑重新振荡上升，KDJ 指标在 20 线上方同步出现金叉，这也属于典型的趋势向好信号，比较适宜投资者进行短线操作。

下面再来看盐津铺子的日 K 线走势，如图 7–5 所示。

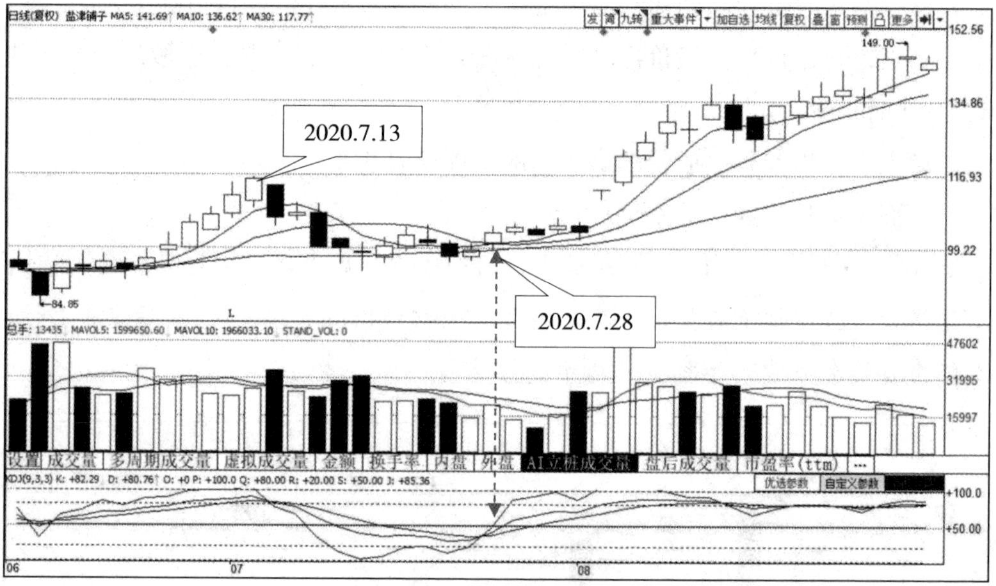

图 7–5　盐津铺子（002847）日 K 线走势图

盐津铺子的股价在 2020 年 7 月 13 日创下短期高点后，随着大盘的回调出现了一波调整走势，KDJ 指标随之跌破了 80 线超买区域。这种情况说明股价短期内进入回调区间，投资者可采取减仓等措施。

2020 年 7 月 27 日，随着大盘在 30 日均线位置受到支撑，盐津铺子的股价也收出一根小阳线，且该阳线正好位于 30 日均线位置，由此可见，30 日均线对股价具有较强的支撑作用。

2020 年 7 月 28 日，该股股价跳空上扬，一举突破 5 日均线和 10 日均线，KDJ 指标在 20 线上方形成金叉后，迅速向上突破 50 线，说明该股已经重新进入上升通道，投资者可在当日择机入场，买入股票。

下面再看盐津铺子的分时走势情况，如图 7-6 所示。

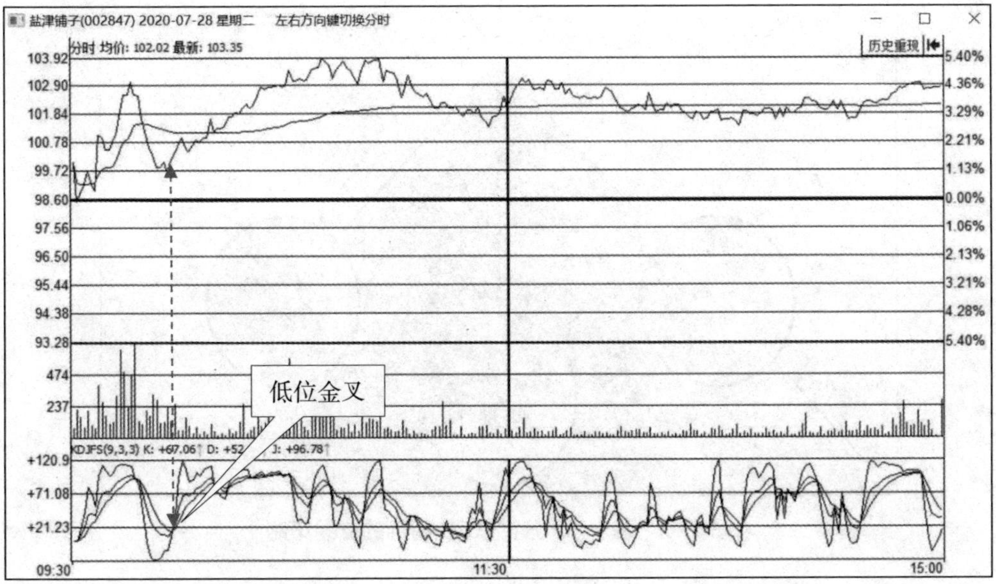

图 7-6 盐津铺子（002847）分时走势图（2020.7.28）

2020 年 7 月 28 日开盘后，盐津铺子的股价经历了一波上攻后出现回落走势，股价线一度跌破了均价线。此后，股价线重新上攻，分时图中 KDJ 指标同步在底部形成了低位金叉，说明该股股价短线有走强的可能，投资者可考虑分批入场买入该股。

三、分时 KDJ 指标金叉买入技法

对于超短线交易者而言，日线级别的 KDJ 指标发出的交易信号，有时也存在滞后的问题，将日线级别的 KDJ 指标切换为分钟线级别的 KDJ 指标，就成了很多超短线交易者的选择。60 分钟 KDJ 指标、30 分钟 KDJ 指标以及 15 分钟 KDJ 指标，都是超短线交易者喜欢使用的分析周期。不同周期的 KDJ 指标应用的分析方法大致相同，下面以 15 分钟 KDJ 为例，介绍其基本的金叉买入

技法。

基于 15 分钟 KDJ 指标的交易策略包括以下几个方面的内容，如图 7-7 所示。

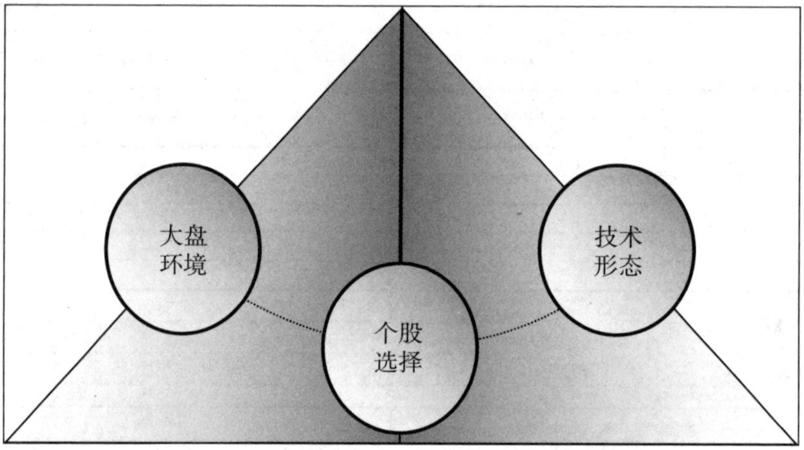

图 7-7　基于 15 分钟 KDJ 指标的交易策略

1. 大盘环境

对于超短线交易者来说，大盘中长期的运行环境并不重要，只要大盘短期或者数个交易日内是安全的，就满足了超短线交易的最低要求。大盘 K 线图短期呈上涨或盘整趋势为宜，如大盘指数位于 5 日均线上方，且大盘指数的 5 日均线方向向上更为适宜。

上证指数 2020 年下半年一直处于横向振荡走势中。尽管大盘指数出现了若干次振荡与回撤，但整体上并未出现明显的下行趋势，如图 7-8 所示。

2020 年 12 月 30 日，大盘指数启动上扬，KDJ 指标同步在 50 线上方形成了金叉，说明大盘指数与 KDJ 指标同步开启上扬走势。同时说明短期内大盘指数是安全的，有利于投资者进行超短线交易。

2. 个股选择

投资者可以利用交易软件的综合排序功能，筛选涨幅大于 3% 且换手率大于 1% 的股票。也就是说，备选股票应该是短线已经显露出强势的个股。

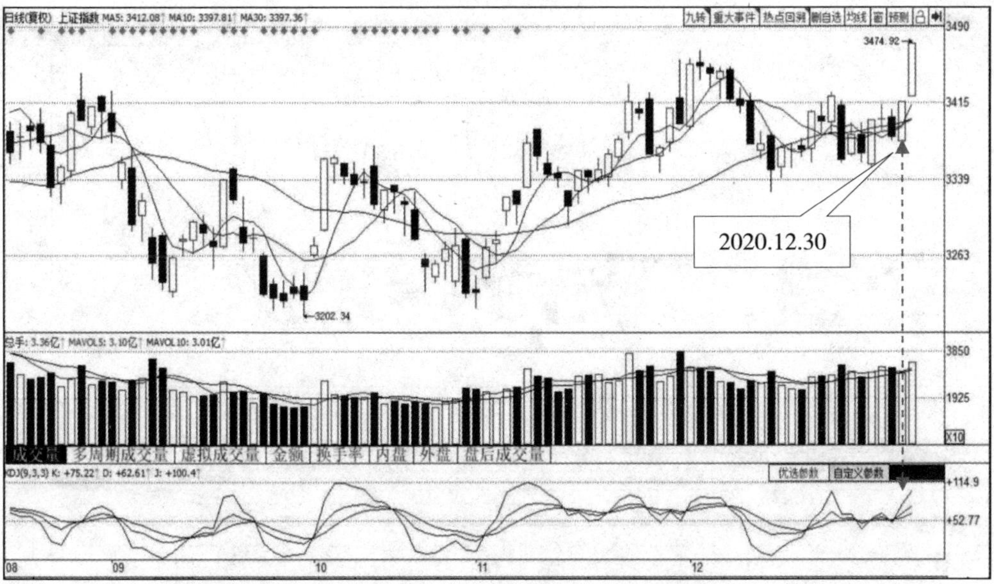

图 7-8　上证指数（000001）日 K 线走势图

3. 技术形态

股票的买入条件包括以下几种。

第一，5 日均线上穿 10 日均线，且均线系统呈现多头排列。

第二，KDJ 指标出现金叉或进入超买区域。

第三，成交量出现放大态势。

第四，15 分钟 K 线携量突破重要技术位。

下面来看中恒电气的 15 分钟 K 线图，如图 7-9 所示。

中恒电气的股价经过一段时间的底部振荡之后，2020 年 12 月 31 日启动了上涨走势。15 分钟 K 线放量向上突破了多条均线的压制，且 MA5 和 MA10 先后向上突破了 MA30，此后，均线系统开始呈现多头发散排列。

此时，再观察一下 KDJ 指标就可以发现，KDJ 指标在低位出现金叉后，迅速进入了超买区域，说明该股短线有走强的可能。投资者可以再参照一下该股的日线走势情况，如图 7-10 所示。

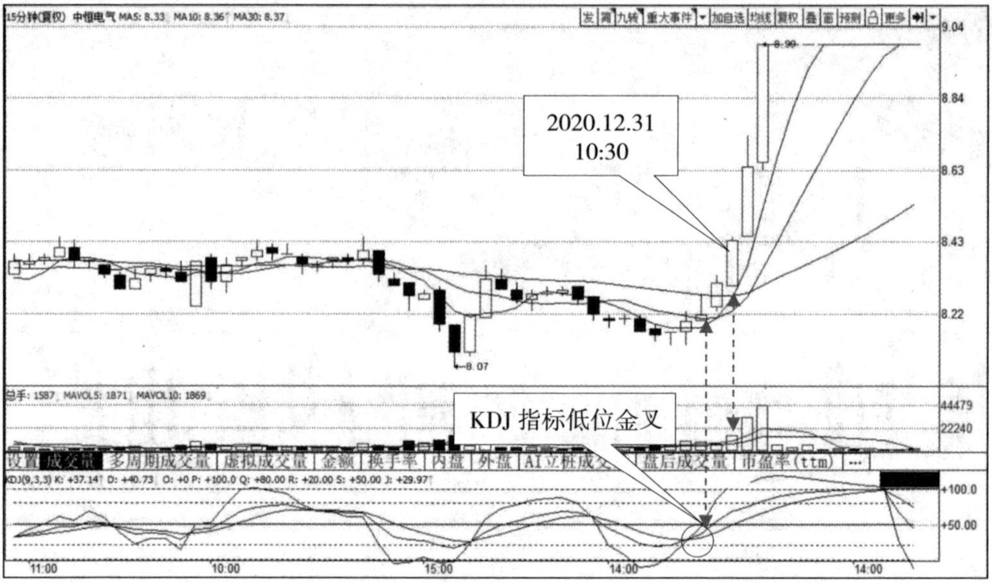

图 7-9　中恒电气（002364）15 分钟 K 线走势图

图 7-10　中恒电气（002364）日 K 线走势图

中恒电气的股价在 2020 年 12 月 31 日之前处于单边下行趋势。随着股价的持续下行，KDJ 指标进入了超卖区域。曲线 J 长期接近 0 线，说明股价经过长期下行之后，存在反弹的需求。

2020 年 12 月 31 日，该股股价突然拔地而起，KDJ 指标随之出现低位金叉，说明该股短期存在超跌反弹的可能。

综合以上分析，喜欢博反弹的超短线交易者可在 2020 年 12 月 31 日当天按照 15 分钟 KDJ 指标低位金叉形态入场买入股票，并在股价上涨乏力时出局。

四、KDJ 指标与布林线超买共振

KDJ 指标与布林线超买共振，是指在 KDJ 指标进入超买区间时，股价也同步到达布林线上轨线附近，曲线 J 最好到达 100 线，说明短期内买方力量极强，股价具有继续上攻的惯性，股价短线走高的概率极高。

布林线又称 BOLL 线，通过三条轨道线为股价波动绘制了一个大致的运行通道（信道区间），借以向投资者呈现股价正常的和非正常的波动情况，并对股价未来的运行趋势做出预测。

正常情况下，股价应该在布林通道区域内运行。股价上升必然会带动中轨线和上轨线上扬，股价突破了上轨线，则说明上轨线上移的速度落后于股价上涨的速度，说明短期内买方力量强盛，这种强盛是无法长期持续的，因而属于典型的超买信号。

1. 布林线超买的技术特征

布林线发出超买信号时，投资者应注意以下几点。

第一，股价 K 线突破布林线上轨线，发出超买信号，并不意味着股价会立即反转向下，因此，持股投资者只需继续持股待涨即可。

第二，由于布林线已经发出超买信号，因此并不建议持币者大量入场，当然，若此时布林通道的喇叭口并未出现明显放大，也可以考虑少量跟进，但必须注意控制风险。

第三，处于布林通道之外的股价 K 线若出现调整，且回归布林通道内部，这属于典型的上升趋势停顿信号，但并非彻底的反转信号，因此，投资者可进行减仓操作。

第四，股价 K 线自上而下回归布林通道内部时，若其他技术指标同步发出卖出信号，投资者应该考虑执行卖出操作。

下面来看赛升药业的案例，如图 7–11 所示。

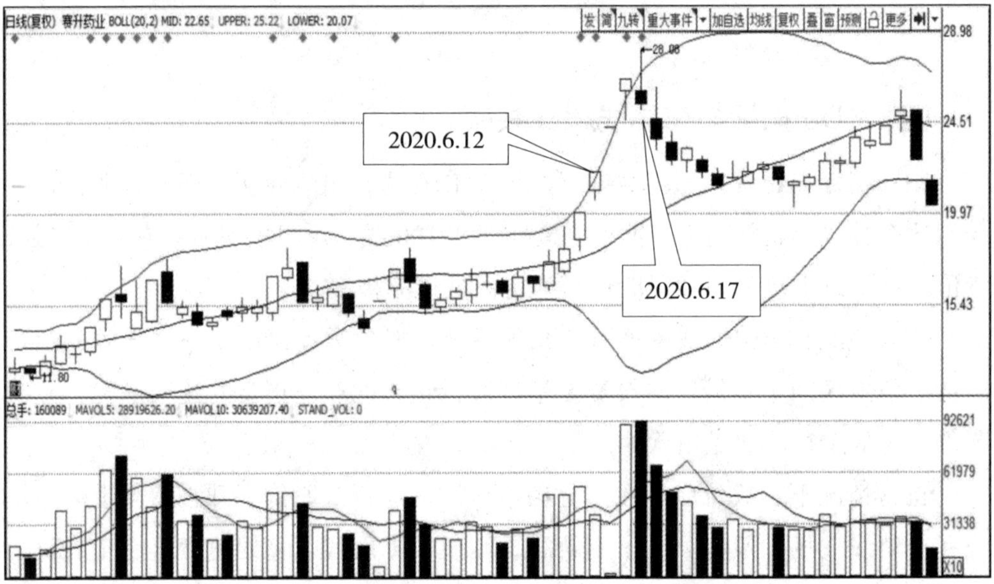

图 7–11　赛升药业（300485）布林线走势图

赛升药业的股价自 2019 年年底到 2020 年年初出现了振荡上升走势。2020 年 6 月 12 日，该股股价在前几个交易日上升的基础上以涨停报收。观察股价 K 线与布林线位置可以发现，此时股价 K 线已经突破了布林线上轨线，说明股价 K 线已经进入了超买区间，可能会迎来一波快速上升走势。持股的投资者可继续持有该股；持币的投资者则需谨慎对待，毕竟股价已经超买。

2020 年 6 月 17 日，该股股价低开高走低收，在 K 线图上留下了一根带长上影线的阴线，此时 K 线已经回归布林通道内部，说明股价 K 线已经回到正常的波动区间，这也是股价上涨乏力的信号，持股的投资者可考虑减仓操作，待股价跌破中轨线后可考虑清仓。

2. KDJ 指标与布林线超买共振的操作策略

该技巧的操作要点如下。

第一，股价到达或越过布林线上轨线时，成交量同步温和放大，这是股价继续走高的先决条件。

第二，KDJ 指标进入超买区域前，最好能够出现金叉形态，这也是短线买入的一个强力信号。

第三，布林通道的喇叭口随着布林线指标和 KDJ 指标进入超买区域，开始由收缩状态转为放大状态，这是股价进入高波动区域的典型特征。

下面来看日照港的案例，如图 7-12 所示。

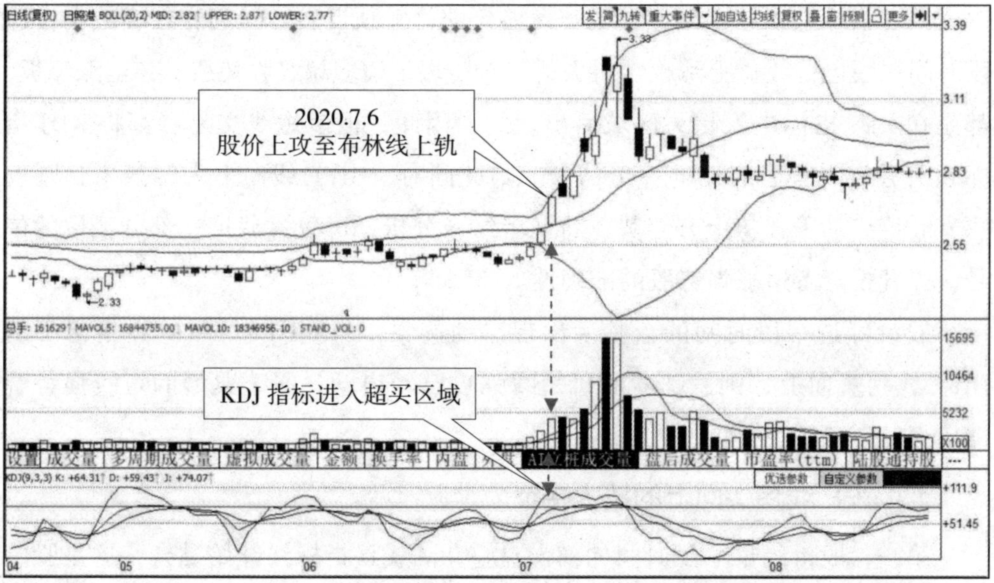

图 7-12 日照港（600017）KDJ 指标与布林线超买共振

日照港的股价经过一段时间的横向盘整之后，自 2020 年 7 月初开始进入上升通道。

2020 年 7 月 6 日，该股股价高开高走收出一根大阳线，且该阳线触及了布林线上轨线。从布林线指标来看，此时股价已经进入超买区域。观察当日的 KDJ 指标可知，当日 KDJ 指标也进入了超买区域，特别是曲线 J 已经到达 100 线。

按照 KDJ 指标的基本分析方法可知，当 KDJ 指标进入超买区域，股价也走出了强势上攻走势，但存在回调风险。同时，该股的成交量已经连续几个交易日呈现温和放大态势（没有出现巨量，说明可持续性较强），这也是股价继续上行的保障。

综合以上分析可知，日照港的股价走势出现了 KDJ 指标和布林线超买共振，这是一种比较经典的短线看涨信号。喜欢短线或超短线交易的投资者可积极入场做多，但同时要控制好仓位。

五、KDJ 指标超买与 DIFF 线拐头向上

KDJ 指标进入超买区域，意味着股价即将触顶反转，然而，在实战中，这段时间往往也是股价上涨幅度最大的一个阶段。很多超级强势股，甚至涨停板，都是在 KDJ 指标进入超买区域后出现的，因此，很多短线交易者都将 KDJ 指标超买看成强势股启动的一个信号。与此同时，DIFF 线向上大幅拐头，则意味着股价启动了强势上升趋势。将两者结合分析，可以过滤掉一部分无效的信号，提升投资者追涨强势股的准确性。

股价经过一段时间的盘整后出现启动迹象，与此同时，MACD 指标中的 DIFF 线拐头向上，则意味着股价短线强攻已经启动，属于典型的短线强势看涨信号。

1. DIFF 线拐头向上的技术特征

第一，股价经过一段时间的横向盘整，MACD 指标线开始黏合，这是股价即将选择突破方向的形态。

第二，股价启动前，MACD 指标应运行于 0 轴上方，表明整个市场仍处于多头主导的行情中。

第三，股价启动，DIFF 线拐头向上时，拐头幅度越大，说明股价上攻越急，短线上涨幅度越大。

第四，股价启动上攻时，成交量同步放量，是股价上攻的必要条件。

下面来看鄂尔多斯的案例，如图 7-13 所示。

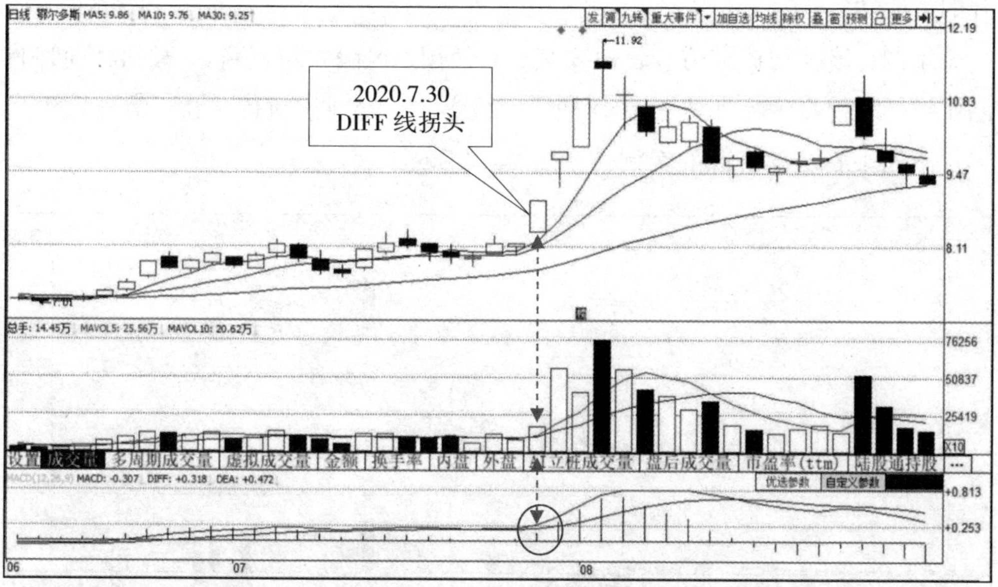

图 7-13 鄂尔多斯（600295）MACD 指标走势图

鄂尔多斯的股价自 2020 年 7 月初启动上攻，随后进入横向盘整区间。MACD 指标同步上升至 0 轴上方后出现横向黏合迹象，说明股价正在选择突破方向，投资者需要继续等待。

2020 年 7 月 30 日，鄂尔多斯的股价放量上攻，并以涨停报收。与此同时，DIFF 线拐头向上，这属于典型的短线买入形态。投资者可立即追涨买入，不过必须控制仓位，降低风险。

其后，该股股价出现了连续大幅上攻走势。

2. KDJ 指标超买与 DIFF 线拐头向上的操作策略

第一，股价经过一段时间的上升，KDJ 指标进入 80 线上方超买区域，说明股价即将启动快速上升行情，但同时面临转向的风险。

第二，若此时 MACD 指标刚刚越过 0 轴，DIFF 线出现拐头向上迹象，且 MACD 柱线同步大幅急速拉升，则意味着股价短线强攻已经启动。

第三，股价 K 线表现出某些突破形态，且成交量同步放大，可增强股价上升的可能性。

第四，该技巧比较适合超短线交易者使用，风险相对较高。一旦股价回调，KDJ 指标出现高位死叉或 MACD 柱线“缩头”，都应该执行减仓或清仓操作。

下面来看西部资源的案例，如图 7-14 所示。

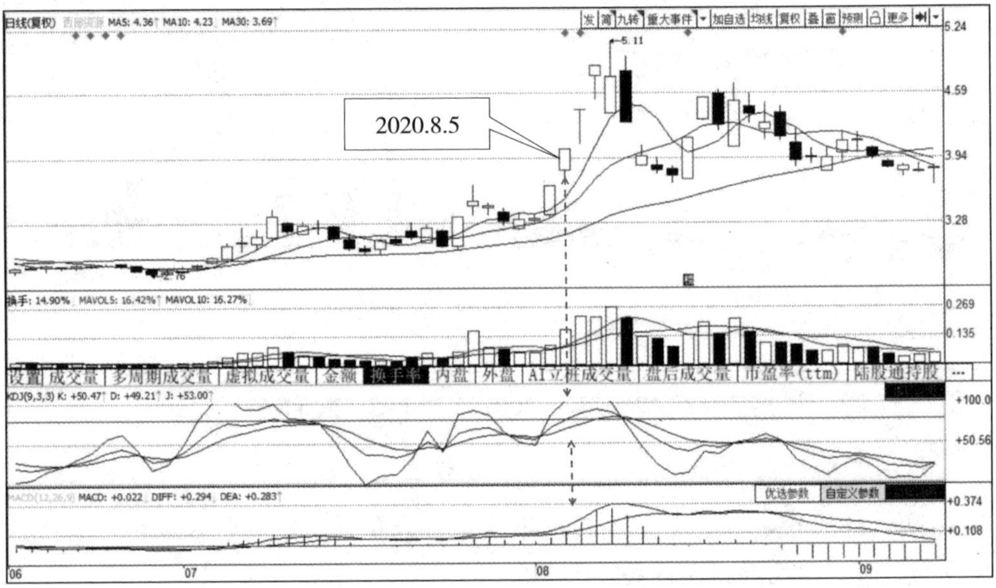

图 7-14　西部资源（600139）KDJ 指标超买与 DIFF 拐头

西部资源的股价自 2020 年 6 月底 7 月初出现了一波振荡上涨行情。进入 8 月之后，该股股价的上攻出现加速。

2020 年 8 月 5 日，该股股价在前一交易日涨停的基础上再度涨停，KDJ 指标进入超买区域，说明股价已经步入危险区，投资者宜谨慎。同时，MACD 指标中的 DIFF 线拐头向上，MACD 柱线同步出现急速拉伸状态，这都属于典型的短线强攻信号。

喜欢超短线交易的投资者可积极入场，并严格控制仓位，一旦股价出现回落，则需第一时间离场。

第二节 KDJ 指标追击涨停板技法

实战中，很多短线交易者都喜欢将 KDJ 指标应用于追击涨停板的操作中。本节尝试提供几种利用 KDJ 指标追击涨停板的技巧，供读者参考。

一、曲线 J 超买追击涨停板技法

曲线 J 超买追击涨停板技法，是通过追击涨停板以实现获利目标的操盘方法。3 日内追击涨停板的操盘要点如下。

第一，大盘处于上涨或反弹行情中。

第二，个股股价前一交易日涨停。

第三，KDJ 指标进入超买区域，且曲线 J 到达 100 线。

第四，目标股当日股价强势上涨，且突破了均价线与前日收盘价。

此时，投资者可以考虑买进目标股。买入时机：一是，股价冲高回调之后，再次突破均价线或受均价线支撑重新上涨之时；二是，股价冲高到达涨停板价位时，可以考虑追高买入；三是，如果股价开盘出现下跌，则要等到股价重拾升势，且股价线突破均价线之后再买入。

第五，止盈设置。由于本次操作属于追击涨停个股，止盈位可以高一些，如设定 10% 为止盈位或者曲线 J 拐头向下时止盈。

第六，止损设置。止损位可以设定为下跌 3%。

下面来看集泰股份的案例。

若将集泰股份列为操作标的，首先需对大盘走势进行预判。2020 年 5 月到 6 月的大盘走势如图 7-15 所示。

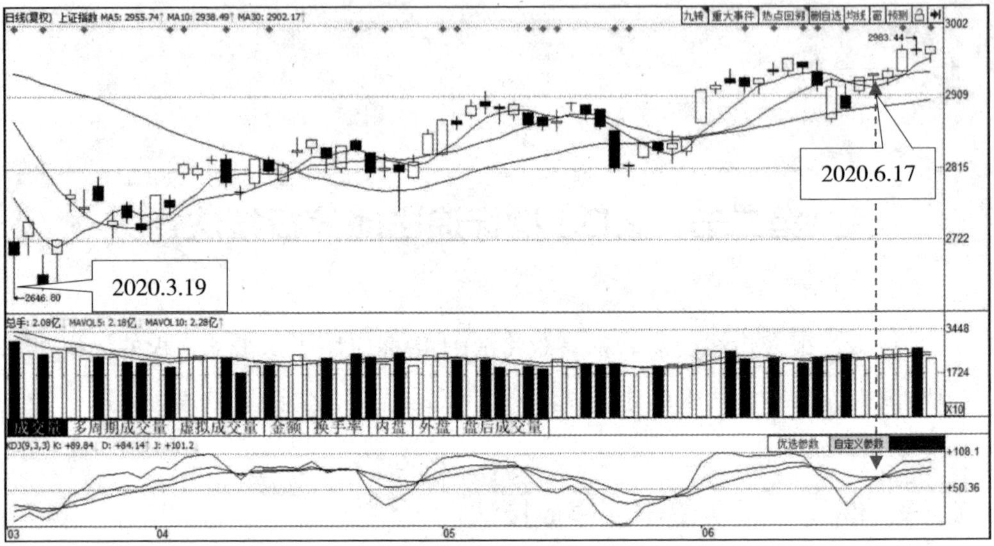

图 7-15　上证指数（000001）日 K 线走势图

从 2020 年 3 月 19 日开始，上证指数逐渐走出振荡上升趋势。其间指数出现了几次回调，但很快又重归上升通道。从 2020 年 6 月 17 日开始，上证指数 K 线重新站上 5 日均线，KDJ 指标形成了高位金叉，说明大盘已经重新启动了快速上升行情，此时非常适宜进行超短线追涨操作。

2020 年 6 月 18 日，集泰股份在前一交易日上攻的基础上高开高走，收出一个涨停板，成交量同步放大，如图 7-16 所示。

集泰股份的股价在 2020 年 6 月 18 日突然跳空高开高走，说明该股上涨势头明显加速。此时，KDJ 指标进入超买区域，且指标线 J 已经接近 100 线。当日该股收出涨停板，是股价快速上升的信号。伏击涨停板的交易者可考虑次日入场追涨。2020 年 6 月 19 日，该股股价开盘后出现了大幅振荡，如图 7-17 所示。

集泰股份的股价低开之后直接下行，不过很快股价重新上攻，并突破了均价线。与此同时，分时图中 KDJ 指标同步进入超买区域，说明股价短线有走强的可能。想要入场的投资者此时可考虑入场，买入该股。

其后，该股延续了之前的强势上升走势，并在下午再度封上涨停板。当股价不再涨停或达到止盈位时，可考虑执行卖出操作。

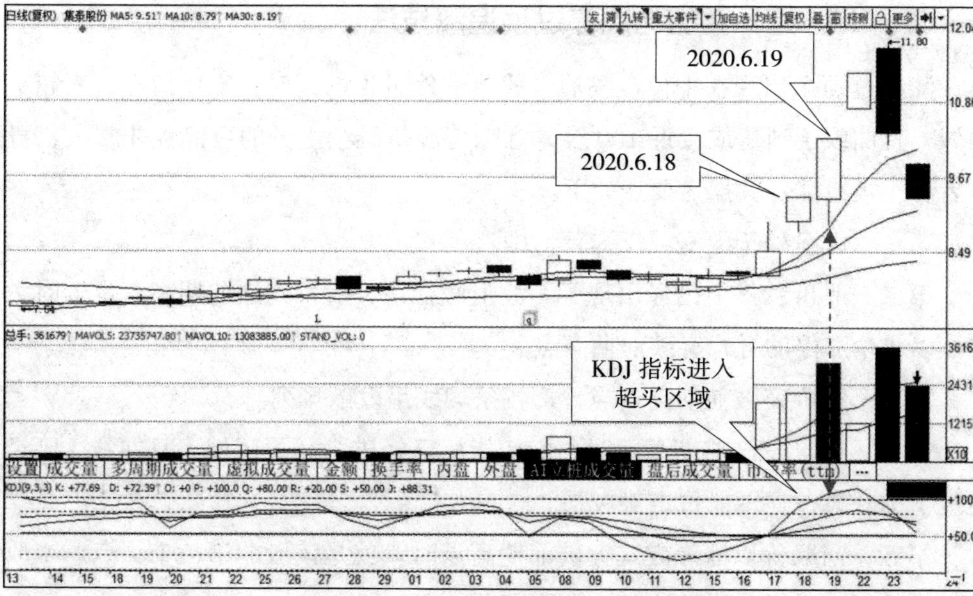

图 7-16　集泰股份（002909）日 K 线走势图

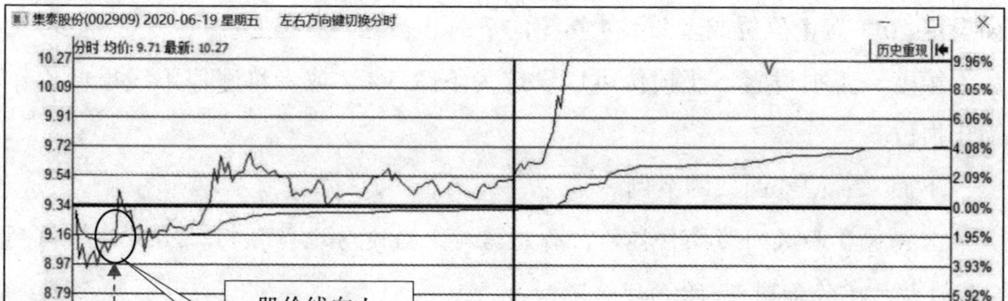

图 7-17　集泰股份（002909）分时走势图（2020.6.19）

二、KDJ 指标强势与涨停过顶追涨技法

涨停过顶多出现在中位盘整后。股价涨停过顶的同时，KDJ 指标进入超买区域，且曲线 J 到达或接近 100 线，意味着股价继续上升的可能性非常大，投资者可积极追涨。其操盘要点如下。

第一，大盘处于上涨或反弹行情中。

第二，股价涨停前已经出现了一波上涨行情，股价到达前期高点位置时，突然以放量涨停的方式突破前期高点。

第三，股价突破前期高点当日，各条均线呈发散排列。

第四，股价突破前期高点时，KDJ 指标已经进入超买区域，且曲线 J 已经越过了 100 线，显示股价走势极强。

第五，当股价以涨停方式突破前期高点时，就是该股的第一个买点。当股价突破重要阻力位时，是该股加仓的好时机。

第六，止盈设置。由于本次操作属于追击涨停个股，止盈位可以高一些，如设定 10% 为止盈位或者曲线 J 拐头向下时止盈。

第七，止损设置。止损位可以设定为下跌 5%，或者将涨停阳线最低价作为止损位。

下面来看德赛西威的案例。

若将德赛西威列为操作标的，首先需对大盘走势进行预判。2020 年 5 月到 6 月的大盘走势如图 7-18 所示。

从 2020 年 3 月 19 日开始，上证指数逐渐走出振荡上升趋势。其间指数出现了几次回调，但很快又重归上升通道。从 2020 年 6 月 30 日开始，上证指数 K 线出现了拐头向上迹象，KDJ 指标同步进入超买区域，说明大盘指数走势极强，非常适合进行超短线交易。

2020 年 6 月 1 日，德赛西威在前一交易日上攻的基础上高开高走，收出一个涨停板，成交量同步放大，如图 7-19 所示。

德赛西威的股价在 2020 年 6 月 1 日创下阶段高点后出现回调走势，此后该股股价曾一度反弹并接近 6 月 1 日的高点，但因受到前期高点的阻力再度回

调，说明 6 月 1 日的高点对股价具有较强的阻力。未来，一旦股价向上突破该高点，很有可能会迎来新一波上涨行情。

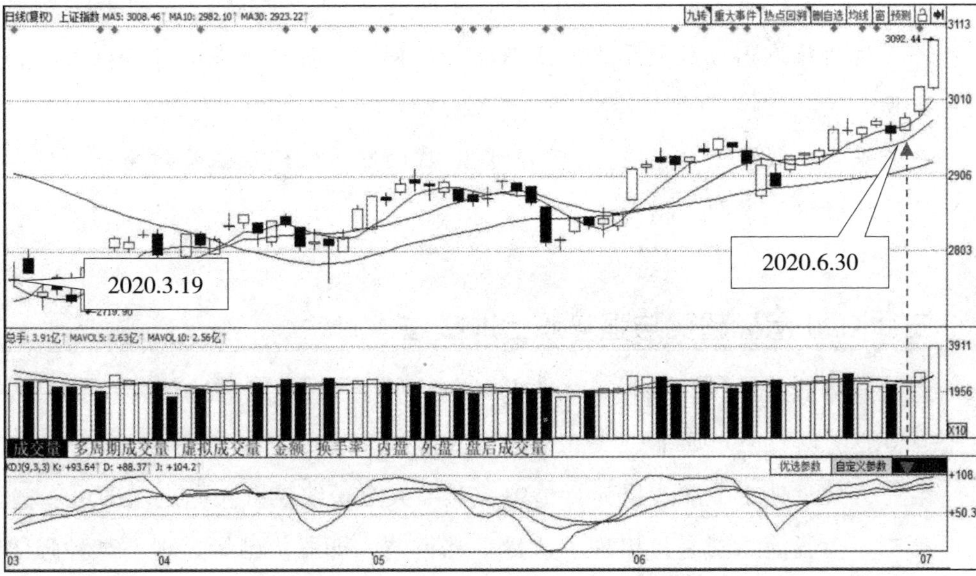

图 7-18 上证指数（000001）日 K 线走势图

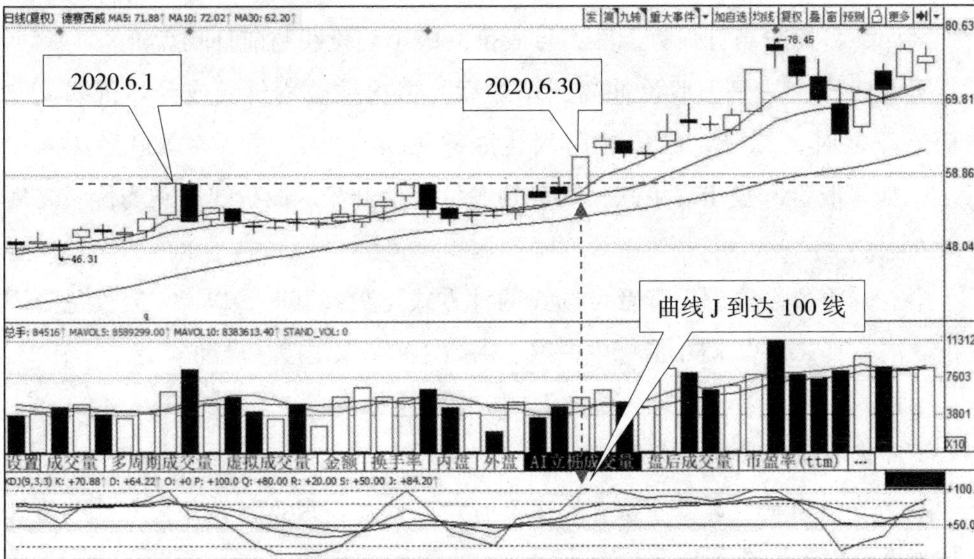

图 7-19 德赛西威（002920）日 K 线走势图

2020 年 6 月 30 日，德赛西威的股价再度来到 6 月 1 日创下的高点附近，此时该股并未放出多少成交量，就完成了对前期高点的突破，各条均线开始呈现多头排列。与此同时，KDJ 指标同步进入超买区域，且曲线 J 到达 100 线，说明短期内该股股价进入强势上升区间，投资者可在次日择机入场，买入该股。

一般来说，投资者可将 2020 年 6 月 30 日的涨停阳线最低价作为止损位，一旦股价跌破该位置即止损卖出。

三、KDJ 指标超买与强势股上冲技法

追击强势股技法，是通过追击强势股以实现获利目标的操盘方法。3 日内追击强势股的操盘要点如下。

第一，大盘处于上涨或反弹行情中，只要大盘短线没有大幅走低即可。

第二，个股前一交易日出现了放量上涨行情，即股价已经显现了某种强势状态，如加速上攻、突破前高等。

第三，KDJ 指标出现金叉后，进入超买区域，以曲线 J 到达 100 线为宜。

第四，目标股当日强势上涨，且股价突破了均价线与前日收盘价。

买入时机：一是，股价冲高回调之后，再次突破均价线或受均价线支撑重新上涨之时；二是，股价冲高到达涨停板价位时，可以考虑追高买入；三是，如果股价开盘出现下跌，则等到股价重拾升势，股价线突破均价线之后再买入。

第五，止盈设置。投资者可选择两种方式止盈：其一，以 5% 的收益为固定止盈位；其二，以 KDJ 指标中曲线 J 回归 100 线以内为止盈位。

第六，止损设置。以入场位向下 3% 作为止损离场点。

下面来看捷荣技术的案例。

2020 年 6 月底，大盘出现大幅上涨行情。此后，大盘指数与捷荣技术的股价双双出现横盘振荡走势。

从 2020 年 7 月 1 日开始，上证指数走出了一波加速上涨行情，上证指数 K 线一直位于 5 日均线之上，各条均线呈多头发散排列。与此同时，KDJ 指标已经进入超买区域，且呈现黏合状态，说明大盘指数已经进入单边上升行情，比较适宜进行超短线操盘，如图 7-20 所示。

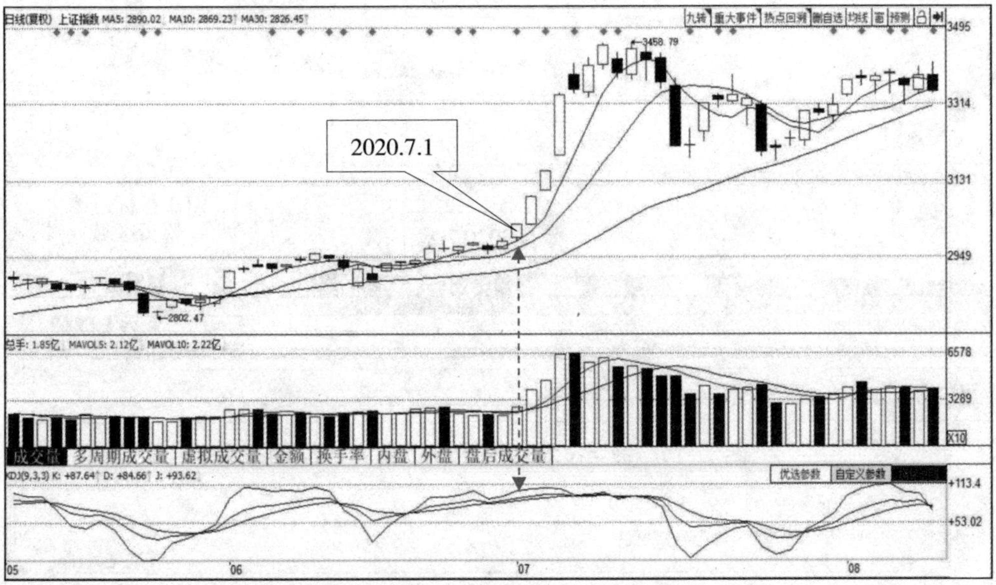

图 7-20　上证指数（000001）日 K 线走势图

捷荣技术的日 K 线走势如图 7-21 所示。

捷荣技术的股价自 2020 年 6 月初开始横向盘整。2020 年 7 月 2 日，在大盘大幅上攻的带动下，该股股价出现了放量上升走势，KDJ 指标同步出现低位金叉，说明该股有启动迹象，投资者可以保持关注。

2020 年 7 月 6 日，该股股价再度放量上攻，且成功突破了各条均线的压制，各条均线形成了多头排列。与此同时，KDJ 指标各条指标线开始进入超买区域，且曲线 J 到达 100 线，这属于典型的超买信号。鉴于之前几个交易日该股股价已经出现了上升态势，说明捷荣技术已经启动了快速上攻行情，投资者可在 7 月 6 日当天积极入场，追涨强势股。

投资者的具体买入时间点可以参照该股的分时走势图，股价线低开之后重新上涨，突破前日收盘价之时，就是买入时间点，如图 7-22 所示。

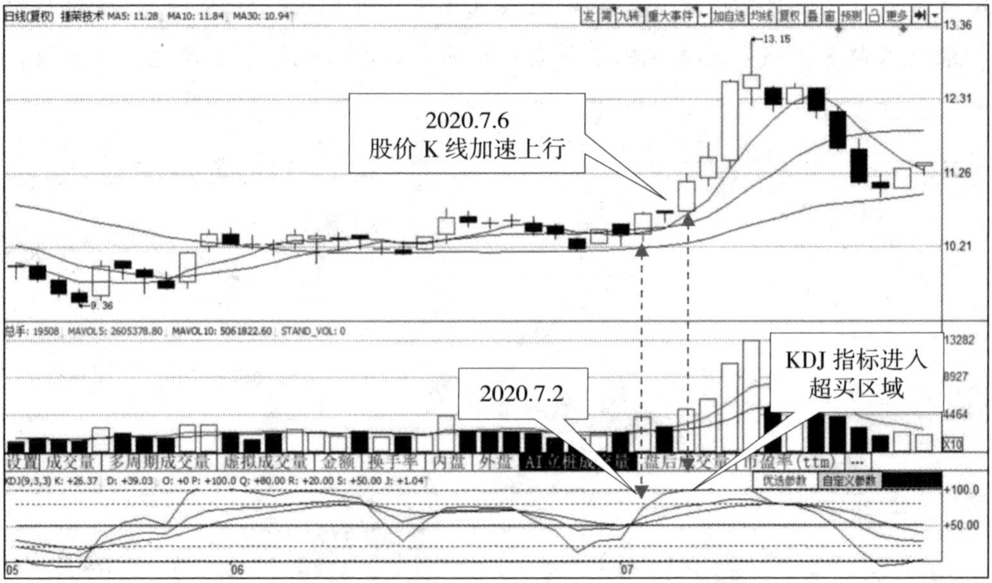

图 7-21　捷荣技术（002855）日 K 线走势图

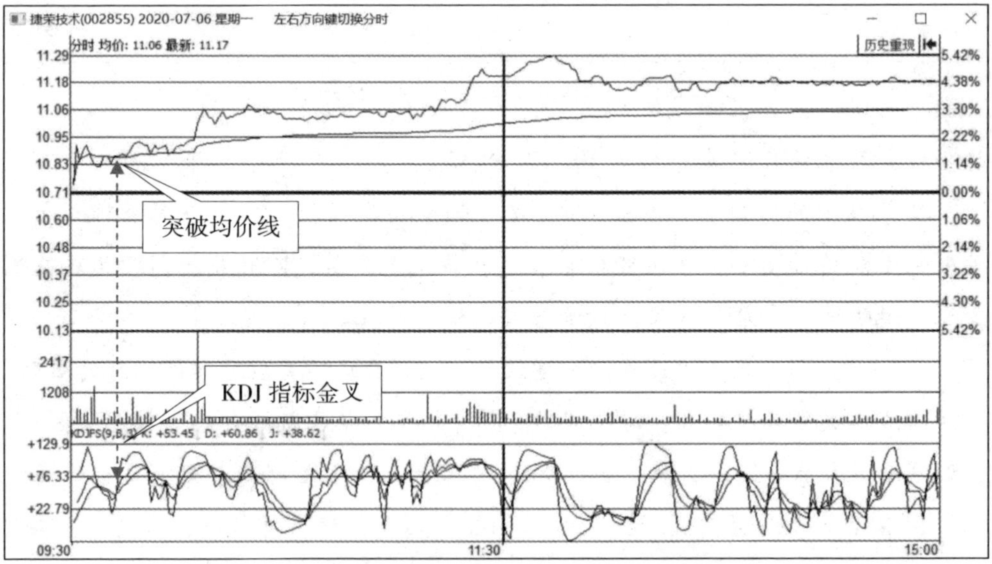

图 7-22　捷荣技术（002855）分时走势图（2020.7.6）

早盘时段，捷荣技术的股价高开高走，其后曾短暂跌破了均价线。不过，该股股价线很快又重新向上突破了均价线，与此同时，分时图中 KDJ 指标也同步形成了金叉形态，投资者可在此时追涨入场。